Couverture inférieure manquante

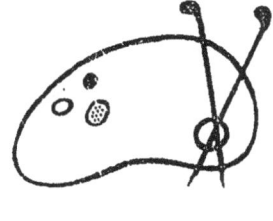

Typographie de couleur

LES COUV. SUP. ET INF. SONT RELIEES
A LA FIN DU VOLUME

DU N° . 2
AU N° 10

MANQUE N° 1 .

COLLECTION DES CHEFS-D'ŒUVRE DE FRANCE

Les Beaux Messieurs
de
Bois-Doré

N° 1

par
GEORGE SAND

10c.

LES

BEAUX MESSIEURS

DE BOIS-DORÉ

I

ÉMILE COLIN — IMPRIMERIE DE LAGNY

GEORGE SAND

LES

BEAUX MESSIEURS

DE BOIS-DORÉ

I

COLLECTION

DES CHEFS-D'ŒUVRE DE FRANCE

BEAUX MESSIEURS

DE BOIS-DORÉ

I

Parmi les nombreux protégés du favori Concini, don Antonio d'Alvimar, Espagnol d'origine italienne, qui signait Sciarra d'Alvimar, fut un des moins remarqués, et cependant un des plus remarquables par son esprit, son instruction et la distinction de ses manières. C'était un fort joli cavalier, dont la figure n'annonçait pas plus de vingt ans, bien qu'à cette époque il en déclarât trente. Petit plutôt que grand, robuste sans le paraître, adroit à tous les exercices, il devait intéresser les femmes par l'éclat de ses yeux vifs et pénétrants et par l'agrément de sa conversation, aussi légère et aussi charmante avec les belles dames qu'elle était nourrie et substantielle avec les hommes sérieux. Il parlait presque sans accent les principales langues de l'Europe, et n'était pas moins versé dans les langues anciennes.

Malgré toutes ces apparences de mérite, Sciarra d'Alvimar ne noua, dans les nombreuses intrigues de la cour de la régente, aucune intrigue personnelle ; du moins, celles qu'il put rêver n'aboutirent pas. Il a avoué depuis, en intime confidence, qu'il eût voulu plaire à Marie de Médicis ni plus ni moins, et remplacer, dans les bonnes grâces de cette reine, son propre maître et protecteur, le maréchal d'Ancre.

Mais *la balorda*, comme l'appelait Léonora Galigaï, ne fit point d'attention au petit Espagnol et ne vit en lui qu'un mince officier de fortune, un subalterne sans avenir. S'aperçut-elle, au moins, de la passion feinte ou vraie de M. d'Alvimar ? C'est ce que l'histoire ne dit pas et ce que d'Alvimar lui-même n'a jamais su.

Que, par son esprit et les agréments de sa personne, cet homme eût été capable de plaire si Concini n'eût pas occupé les pensées de la régente, c'est ce qu'il n'est pas impossible de supposer. Le Concini était parti de plus bas et n'était pas moitié si intelligent que lui. Mais d'Alvimar avait en lui-même un obstacle à la haute fortune des courtisans, un obstacle que son ambition ne pouvait vaincre.

Il était catholique exalté, et il avait tous les défauts des méchants catholiques de l'Espagne de Philippe II. Soupçonneux, inquiet, vindicatif, implacable, il avait pourtant la foi, mais une foi sans amour et sans lumière, une croyance faussée par les passions et les haines d'une politique qui s'identifiait avec la religion, « au grand déplaisir du Dieu bon et indulgent, dont le royaume n'est pas tant de ce monde que de l'autre, » c'est-à-dire, si nous comprenons bien la pensée de l'auteur contemporain de cette histoire, qui nous renseigne de temps en temps, le Dieu dont les conquêtes doivent s'étendre dans le monde moral par la charité, et non dans le monde des faits par la violence.

On ne saurait dire si la France n'eût pas subi quelque peu le régime de l'inquisition au cas où M. d'Alvimar se fût emparé du cœur et de l'esprit de la régente ; mais il n'en fut pas ainsi, et Concini, dont tout le crime fut de n'être pas né assez grand seigneur pour avoir le droit de voler et piller autant qu'un grand seigneur véritable de ce temps-là, demeura, jusqu'à sa mort tragique, l'arbitre de la politique incertaine et vénale de la régente.

Après le meurtre du maréchal d'Ancre, d'Alvimar, qui s'était fort compromis à son service dans l'affaire du *sergent de Paris* [1], fut forcé de disparaître pour n'être pas enveloppé dans le procès de la Léonora.

Il eût bien voulu se faufiler peu à peu dans le service du nouveau favori, le favori du roi, M. de Luynes ; mais il ne sut pas s'y prendre ; et, bien qu'il ne fût pas plus scrupuleux « qu'homme de cour de son temps, il sentit qu'il ne se pourrait ployer aux usages de la politique royale, qui voulait et devait céder bien des points aux calvinistes, chaque fois que l'on pouvait espérer d'acheter la soumission des princes qui exploitaient la religion des réformés au gré de leur ambition. »

Quand la reine Marie fut en disgrâce ouverte, Sciarra d'Alvimar crut de son intérêt de se montrer fidèle à sa cause. Il pensait que les partis ne sont jamais sans ressources et que tous ont leur jour. D'ailleurs, la reine,

---

1. Picard le cordonnier, sergent dans la milice bourgeoise, où il était très-influent. Concini voulant transgresser une consigne que Picard faisait respecter, le maréchal d'Ancre le fit bâtonner. La fureur du peuple fut telle, que d'Ancre jugea sa vie en danger et sortit de Paris. Deux valets qui avaient servi sa vengeance furent pendus.

dût-elle rester dans l'exil, pourrait encore faire la fortune de ses affidés. Tout est relatif, et d'Alvimar était si pauvre, que les dons d'une personne royale, quelque ruinée qu'elle fût, étaient encore une belle chance pour lui.

Il s'employa donc pour aider à l'évasion du château de Blois, comme il s'était employé, quelques années auparavant, dans les troisièmes ou quatrièmes rôles des diverses comédies politiques suscitées tantôt par la diplomatie de Philippe III, tantôt par celle de Marie de Médicis, à l'effet de faire réussir *les mariages* [1].

Ce M. d'Alvimar était, en général, suffisamment adroit pour le compte des autres, discret et apte au travail; mais on lui reprochait d'avoir la manie de donner son avis, « là où il se devait contenter de suivre celui des autres, » et de montrer une capacité dont il faut se résigner à laisser le mérite à « ses supérieurs, quand on n'est encore qu'un petit personnage. »

Il ne réussit donc pas, malgré son zèle, à attirer sur lui l'attention de la reine mère, et, lors de la retraite de Marie à Angers, il resta perdu dans les officiers subalternes, toléré plutôt qu'agréé.

D'Alvimar s'affecta de ces nombreux échecs. Rien ne lui servait, ni sa jolie figure, ni ses belles manières, ni sa naissance assez relevée, ni son savoir, sa pénétration, sa bravoure, sa causerie agréable ou instructive : « on ne l'aimait point. » Il plaisait tout d'abord, et puis, bien vite aussi, on se dégoûtait d'un fond d'amertume qu'il laissait tout à coup paraître; ou bien on se méfiait d'un fond d'ambition qu'il laissait mal à propos percer. Il n'était ni assez Espagnol ni assez Italien, ou bien, peut-

1. Celui de Louis XIII avec Anne d'Autriche, et celui d'Élisabeth, sœur du jeune roi.

être, il avait trop de l'un et de l'autre : un jour communicatif, persuasif et souple comme un jeune Vénitien ; un autre jour, hautain, têtu et sombre comme un vieux Castillan.

A tous ses mécomptes se joignait un certain remords secret qu'il ne révéla qu'à sa dernière heure, et que nous verrons les événements de ce récit arracher de vive force à l'oubli où il voulait l'ensevelir.

Malgré nos recherches, nous le perdons de vue plus d'une fois dans les années qui s'écoulèrent entre la mort de Concini et la dernière année de la vie de Luynes ; à l'exception de quelques mots de notre manuscrit sur sa présence à Blois et à Angers, nous ne trouvons, dans son histoire obscure et tourmentée, aucun fait digne de mention jusqu'à l'année 1621, où, pendant que le roi faisait si mal le siége de Montauban, le petit d'Alvimar était à Paris, toujours à la suite de la reine mère, réconciliée avec son fils après l'affaire des Ponts-de-Cé.

D'Alvimar avait alors renoncé à l'espoir de lui plaire, et peut-être bien lui aussi, dans son cœur « enfiélé, » la traitait-il de *balourde*, bien que, pour la première fois, elle eût fait preuve de bon sens en donnant sa confiance, et l'on dit son cœur, à Armand Duplessis ; c'était là un rival que d'Alvimar ne devait pas beaucoup espérer d'éconduire. De plus, la reine, conseillée par Richelieu, tournait sa politique dans le même sens que Henri IV et Sully. Elle combattait, pour le moment, l'influence espagnole en Allemagne, et d'Alvimar se voyait presque en disgrâce, lorsque, pour surcroît de malheur, il lui arriva une assez méchante affaire.

Il se prit de querelle avec un autre Sciarra, un Sciarra Martinengo que Marie de Médicis employait plus volontiers, et qui refusait de le reconnaître pour parent. Ils se

battirent : le Sciarra Martinengo fut grièvement blessé,
et il vint aux oreilles de Mario que M. Sciarra d'Alvimar
n'avait pas rigoureusement observé les lois du duel en
France.

Elle le manda devant elle et le réprimanda avec beaucoup de brutalité ; ce à quoi d'Alvimar répondit avec
l'aigreur qui depuis longtemps s'amassait en lui. Il réussit à quitter Paris avant que l'on fût en mesure de l'y
arrêter, et arriva, dans les premiers jours de novembre,
au château d'Ars, en Berry, dans le duché de Châ-
teauroux.

Il nous faut dire les raisons qui lui faisaient choisir ce
refuge, de préférence à tout autre.

Environ six semaines avant son malheureux duel,
M. Sciarra d'Alvimar s'était trouvé en relation de bonne
compagnie avec M. Guillaume d'Ars, un jeune homme
aimable et riche, descendant en droite ligne du brave
Louis d'Ars, qui avait fait la belle retraite de Venouze
en 1504, et qui fut tué à la bataille de Pavie.

Guillaume d'Ars avait été séduit par l'esprit de d'Alvimar et par la très-grande amabilité dont il était capable « à ses heures. » Il n'avait pas eu le temps de le
connaître assez pour partager l'espèce d'antipathie que
ce personnage malheureux inspirait presque fatalement,
au bout de quelques semaines, à ceux qui le fréquen-
taient.

M. d'Ars était, d'ailleurs, un garçon sans grande expérience du monde, et, on peut croire, sans grand souci
de pénétration. Élevé en province, il était, pour la première fois, lancé dans le monde de Paris quand il y
rencontra d'Alvimar et s'engoua de lui pour la manière
supérieure dont celui-ci entendait, à l'occasion l'équita-
tion, la vénerie et le jeu de paume. Généreux et pro-

digue, Guillaume mit sa bourse et son bras au service
de l'Espagnol, et l'engagea chaudement à le venir visiter
dans son château du Berry, où quelques soins le rappe-
laient.

D'Alvimar en usa discrètement avec son nouvel ami.
S'il avait beaucoup de défauts, on ne saurait lui reprocher d'avoir manqué de fierté en acceptant des offres
d'argent, et Dieu sait, pourtant, qu'il n'était pas riche et
que le soin de sa toilette et de ses chevaux réclamait
tout son mince revenu. Il ne se permettait point de folies,
et, par « grande sagesse d'épargne, venait à bout de paraître aussi bien monté et nippé que d'autres plus foncés
en écus. »

Mais, quand il se vit menacé d'un procès criminel, il
se souvint des avances et invitations à lui faites par le
gentilhomme berruyer, et prit le sage parti d'aller lui
demander asile.

D'après ce que Guillaume lui avait conté de son pays,
c'était, à cette époque, la plus tranquille province de
France.

M. le prince de Condé en était gouverneur, et, très-
content du gros lot par lequel il venait de se faire acheter, « il vivait, tantôt en son château de Montrond, à
Saint-Amand, tantôt en sa bonne ville de Bourges, où il
avait embrassé de son mieux le service du roi, et encore
mieux celui des jésuites. »

Cette tranquillité du Berry serait considérée, de nos
jours, comme un état de guerre civile, car il s'y passait
encore bien des choses que nous dirons en temps et
lieu; mais c'était un état de paix et d'ordre, si on le
compare avec ce qui se passait ailleurs, et surtout avec
ce qui s'y était passé au siècle précédent.

Sciarra d'Alvimar pouvait donc espérer n'être pas inquiété dans le fond d'un de ces châteaux du bas Berry, où, depuis quelques années, les calvinistes ne tentaient plus de coups de main, et où les seigneurs royalistes, anciens ligueurs, anciens *politiques* et autres, n'avaient plus l'occasion ou le prétexte d'aller repaître leurs hommes d'armes aux dépens de leurs voisins, amis ou ennemis.

D'Alvimar arriva au château d'Ars, un jour d'automne, vers huit heures du matin, accompagné d'un seul valet, vieil Espagnol qui se disait noble aussi, mais que la misère avait réduit à la domesticité, et qui ne paraissait guère d'humeur à trahir les secrets de son maître, car il ne disait quelquefois pas trois paroles par semaine.

Tous deux étaient bien montés, et, quoique leurs chevaux fussent chargés de lourdes mallettes, ils étaient venus de Paris en moins de six jours.

La première personne qu'ils virent « en la cour du castel » fut le jeune seigneur Guillaume mettant le pied à l'étrier pour faire plus qu'une promenade, car il était escorté de plusieurs de ses gens prêts à sortir avec lui, c'est-à-dire chargés de mallettes de voyage.

— Ah! vous arrivez bien! s'écria-t-il en courant embrasser d'Alvimar; je pars pour voir les fêtes que M. le Prince donne à Bourges, à l'occasion de la naissance de M. le duc d'Enghien, son fils [1]. Il y aura grandes journées de danse et de comédie, tir à l'arquebuse, feux d'artifice et mille autres choses divertissantes. Donc, vous voici, et je retarderai mon départ de quelques heures, afin que vous me puissiez accompagner. Venez en ma maison pour prendre repos et nourriture. Je m'occuperai de vous fournir un cheval frais, car celui que vous montez ne doit pas être bien disposé, malgré sa bonne mine, à faire aujourd'hui dix-huit lieues de plus.

1. Qui fut le grand Condé.

Quand d'Alvimar se vit seul avec son hôte, il lui confia qu'il ne pouvait être question pour lui de fêtes publiques et qu'il s'agissait, non de le mener à un divertissement, mais de le cacher dans son château pendant quelques semaines. Il n'en fallait pas davantage, en ce temps-là , pour faire oublier une affaire aussi fréquente et aussi simple que mort ou blessures données à un ennemi, soit en duel, soit autrement. Il ne s'agissait que de trouver un protecteur à la cour, et d'Alvimar comptait sur l'arrivée prochaine à Paris du duc de Lerme, dont il se croyait ou se disait parent. C'était là un personnage assez considérable pour obtenir sa grâce et même remettre sa fortune en meilleur chemin qu'auparavant.

Comment notre Espagnol raconta son duel avec le Sciarra Martinengo [1] ; comment il s'excusa de ne l'avoir point attaqué dans les règles, ou d'avoir été calomnié sur ce fait aussi bien auprès de la reine Marie que de M. de Luynes, c'est ce que Guillaume d'Ars n'examina pas avec beaucoup de soin. En loyal gentilhomme qu'il était, il avait été fasciné par d'Alvimar et ne se méfiait point. D'ailleurs, il se sentait plus désireux de partir que de rester, et jamais on n'eût pu le surprendre dans une plus mauvaise disposition pour discuter une question quelconque.

Il traita donc légèrement le fond de l'affaire et ne se fit souci que de la possibilité d'être retenu un jour de plus loin des fêtes de la capitale du Berry. Sans doute, il y avait pour lui, sous jeu, quelque amourette.

D'Alvimar, qui vit son embarras, le pressa de ne rien changer à ses projets et de lui indiquer quelque village ou ferme de ses domaines où il pût se tenir en sûreté.

1. C'était, sans doute, le fils ou le neveu d'un aventurier de ce nom que la reine Catherine avait fait gouverneur de Gien ; *grand assassin qui avait donné de sa personne au siége de Sancerre.*

— C'est dans mon propre château, et non dans une ferme ou village, que je vous veux héberger et cacher, répondit Guillaume. Pourtant, je crains pour vous l'ennui de cette réclusion, et, en y réfléchissant, je trouve un meilleur expédient. Mangez et buvez; après quoi, je vous conduirai moi-même chez un mien ami et parent qui ne demeure pas plus loin d'ici qu'une heure de chemin, et chez qui vous serez aussi sûrement et aussi agréablement qu'il est possible en notre pays du bas Berry. Dans quatre ou cinq jours, je viendrai vous y reprendre.

D'Alvimar eût préféré rester seul; mais, comme Guillaume insistait, la politesse le força d'accepter. Il refusa de boire ou manger, et, remontant à cheval, il suivit Guillaume d'Ars, qui prit avec lui son monde tout équipé pour le voyage, cette course devant le détourner médiocrement de la route de Bourges.

II

Ils sortirent du château par la garenne, gagnèrent, par la traverse, le grand chemin de Bourges, qu'ils laissèrent tout aussitôt sur leur gauche, passèrent encore par les sentiers pour rejoindre le grand chemin de Château-Meillant, en laissant sur leur droite la ville baroniale de La Châtre, et enfin quittèrent ce dernier chemin pour descendre, à travers les champs, au château et village de Briantes, qui était le but de leur voyage.

Comme le pays était bien réellement paisible, les deux gentilshommes avaient pris l'avance sur leur petite escorte, afin de pouvoir s'entretenir en liberté ; et voici comment le jeune d'Ars informa d'Alvimar :

— L'ami chez qui je vais vous caser, dit-il, est le plus singulier personnage de la chrétienté. Il faut vous attendre à renfoncer de bonnes envies de rire auprès de lui ; mais vous serez bien récompensé de la tolérance que vous aurez pour ses travers d'esprit par la grande bonté d'âme qu'il vous montrera en toute rencontre. C'est à ce point que vous pouvez oublier son nom et demander au premier passant venu, noble ou vilain, la demeure du *bon monsieur ;* on vous l'enseignera sans le confondre avec nul autre. Mais ceci demande explication, et, comme votre cheval n'a pas grande envie de courir et qu'il est tout au plus neuf heures, je vous veux régaler de l'histoire de votre hôte. Je commence, écoutez ! *Histoire du bon monsieur de Bois-Doré !*

» Comme vous êtes étranger et n'êtes venu en France que depuis une dizaine d'années, vous ne l'avez pu rencontrer, parce qu'il habite ses terres depuis le même temps environ. Autrement, vous eussiez bien remarqué, en quelque lieu que vous l'eussiez aperçu, le vieux, le bon, le brave, le fou, le noble marquis de Bois-Doré, aujourd'hui seigneur de Briantes, de Guinard, de Validé et autres lieux, voire abbé fiduciaire de Varennes, etc., etc.

» Malgré tous ces titres, Bois-Doré n'est pas de la haute noblesse du pays, et nous ne lui tenons que par alliance. C'est un simple gentilhomme que le feu roi Henri IV a fait marquis par amitié pure, et qui s'est enrichi, on ne sait pas trop comment, dans les guerres du Béarnais. Il faut croire qu'il y a eu un peu de pillerie dans son affaire, comme c'était la coutume du temps et comme c'est le droit de la guerre de partisans.

» Je ne vous conterai point ici les campagnes de Bois-

Doré, ce serait trop long; sachez seulement son histoire domestique. Son père, M. de...

— Attendez, dit M. d'Alvimar, ce M. de Bois-Doré est donc un hérétique?

— Ah! diable! répondit son guide en riant, j'oubliais que vous êtes un zélé, un véritable Espagnol! Nous ne tenons pas tant à ces disputes de religion, nous autres gens de par ici. La province en a trop souffert, et il nous tarde que la France n'en souffre plus. Nous espérons que le roi va en finir à Montauban avec tous ces enragés du Midi; nous leur souhaitons une belle frottée, mais non plus, comme faisaient nos pères, la hart et le bûcher. Tout s'en va en partis politiques, et, de nos jours, on ne se damne plus tant les uns les autres. Mais je vois que mon discours vous désoblige, et je me hâte de vous faire savoir que M. de Bois-Doré est aujourd'hui aussi bon catholique que bien d'autres qui n'ont point cessé de l'être. Le jour où le Béarnais reconnut que Paris valait bien une messe, Bois-Doré pensa que le roi ne pouvait pas se tromper, et il abjura sans éclat, mais franchement, je pense, les doctrines de Genève.

— Revenez à l'histoire de famille de M. Bois-Doré, dit d'Alvimar, qui ne voulut pas laisser voir dans quelle dédaigneuse suspicion il tenait les nouveaux convertis.

— C'est cela, reprit le jeune homme. Le père de notre marquis fut le plus rude ligueur de nos environs. Il fut l'âme damnée de M. Claude de la Châtre et des Barbançois, c'est tout dire. Il avait, en son château d'habitation, un beau petit appareil d'instruments de torture pour les huguenots qu'il pouvait happer, et ne se gênait point de planter ses propres vassaux sur le chevalet quand ils ne lui pouvaient payer leurs redevances.

» Il était si bien redouté et détesté de toutes gens,

qu'on ne l'appelait que le *cheti'monsieur*, et pour cause.

» Son fils, aujourd'hui marquis de Bois-doré, et qui, de son baptême, avait nom Sylvain, eut tant à souffrir de cette humeur perverse, qu'il prit de bonne heure la vie tout au rebours, et montra aux prisonniers et aux vassaux de son père une douceur et des condescendances peut-être trop grandes de la part d'un homme de guerre envers des rebelles et d'un noble envers des inférieurs; à preuve que ces manières-là, qui auraient dû le faire aimer, le firent prendre en mépris par la plupart, et que les paysans, qui sont gent ingrate et méfiante, disaient de lui et de son père :

» — L'un poise (pèse) au-dessus de son droit, l'autre ne poise rien du tout.

» Ils tenaient le père pour un homme dur, mais entendu, hardi et capable, après les avoir bien pressurés et tourmentés, de les bien secourir contre les exactions de la maltôte et les pilleries des routiers de guerre; tandis que, selon eux, le jeune M. Sylvain les laisserait dévorer et fouler, faute de cœur et de cervelle.

» Or, un beau jour, comme M. Sylvain s'ennuyait fort, je ne sais ce qui passa par la tête du jeune homme; mais il s'enfuit du château de Briantes, où monsieur son père rougissait de lui, et, le tenant pour imbécile, ne lui eût jamais permis de sortir de page, et il s'alla joindre aux catholiques modérés, qu'on appelait alors le tiers parti. Vous savez que ce parti donna souventes fois la main aux calvinistes; si bien que, de faiblesse en faiblesse, M. Sylvain se trouva, un autre beau matin, huguenot et grand serviteur et amé du jeune roi de Navarre. Son père, l'ayant su, le maudit, et, pour lui faire pièce, imagina, en son âge mûr de se remarier et de lui donner un frère

» C'était réduire à moitié l'héritage déjà assez mince de M Sylvain, lequel, comme huguenot, pouvait perdre son droit d'aînesse ; car le *cheti'monsieur* n'était pas bien riche, et ses terres avaient été maintes fois ravagées par les calvinistes.

» Mais voyez le bon naturel du jeune homme ! Loin de se fâcher ou seulement se plaindre du mariage de son père et de la naissance de l'enfant qui lui rognait en deux ses futurs écus, il se redressa fièrement en apprenant la nouvelle.

» — Voyez-vous, dà ! fit-il parlant à ses compagnons, M. mon père a passé la soixantaine, et le voilà qui engendre un beau garçon ! Eh dà ! c'est bonne race, dont j'espère tenir !

» Il poussa plus loin la débonnaireté ; car, sept ans après, son père s'étant absenté du Berry pour aller avec le Balafré contre M. d'Alençon, et notre gentil Sylvain ayant ouï que sa belle-mère était morte, ce qui laissait l'enfant sans grande protection au château de Briantes, revint secrètement au pays pour le défendre au besoin, et aussi, disait-il, pour le plaisir de le voir et de l'embrasser.

» Il passa tout un hiver auprès du marmot, jouant avec lui et le portant sur ses bras, comme eût fait nourrice ou gouvernante ; ce qui fit bien rire les gens d'alentour et penser qu'il était par trop simple et quasi innocent, comme ils disent pour parler d'un homme privé de raison.

» Quand le mauvais père revint après *la paix de Monsieur*, malcontent, comme vous pensez, de voir les rebelles mieux récompensés que les alliés, il se prit de fureur contre tout le monde, et contre Dieu même, qui avait laissé sa jeune dame mourir de la peste en son absence. Puis, ne sachant sur qui se venger, il prétendit que son fils aîné était revenu là, chez lui, à seules fins de faire périr par la sorcellerie l'enfant de sa vieillesse.

» C'était une grande noirceur de la part de ce vieux corsaire, car jamais l'enfant n'avait été mieux portant ni mieux soigné, et le pauvre Sylvain était aussi incapable d'un mauvais dessein que celui qui vient de naître... »

Guillaume d'Ars en était là de son récit, qui l'avait conduit jusqu'en vue de Briantes, lorsqu'une espèce de demoiselle bourgeoise, vêtue de noir, de rouge et de gris, portant la robe troussée et le collet monté, se trouva venir à sa rencontre et approcha de sa botte pour lui faire force révérences.

— Hélas ! monsieur, dit-elle, vous allez peut-être demander à dîner à mon honoré maître, le marquis de Bois-Doré ? Mais vous ne le trouverez point : il est à la Motte-Seuilly pour la journée, nous ayant donné congé jusqu'à la nuit.

Cette nouvelle contraria beaucoup le jeune d'Ars ; mais il était trop bien élevé pour en laisser rien paraître et, prenant son parti tout de suite :

— C'est bien, demoiselle Bellinde, dit-il en se découvrant courtoisement ; nous irons jusqu'à la Motte-Seuilly. Bonne promenade et bonjour !

Puis, pour ravaler sa contrariété, il dit à d'Alvimar, en l'invitant à tourner bride avec lui :

— N'est-ce pas que voilà une gouvernante très-ragoûtante et dont la bonne mine donne une savoureuse idée du logis de ce cher Bois-Doré ?

Bellinde, qui entendit cette réflexion faite à voix haute et d'un ton jovial, se rengorgea, sourit, et, appelant un petit valet d'écurie dont elle se faisait escorter comme d'un page, elle tira de ses larges manches deux petits

chiens blancs qu'elle lui fit poser doucement sur le gazon
comme pour les faire promener, mais, en réalité, pour
se tenir tournée vers les cavaliers et faire apprécier
plus longtemps son habillement de belle sergette neuve
et sa taille rondelette.

C'était une fille de trente-cinq ans, haute en couleur,
et dont les cheveux tiraient sur le rouge, ce qui n'était
pas désagréable à voir ; car elle en avait une quantité et
les portait crépés sous son toquet, au grand déplaisir
des dames du pays, qui lui reprochaient de vouloir ou-
tre-passer sa condition. Mais elle avait l'air méchant,
même en faisant l'agréable.

— Pourquoi l'appelez-vous Bellinde ? demanda d'Alvimar à Guillaume Est-ce un nom de ce pays ?

— Oh ! nullement ; son nom est Guillette Carcat ;
mais M. de Bois-Doré l'a baptisée, suivant sa coutume :
c'est une manie que je vous expliquerai tantôt. J'ai à
vous raconter d'abord la suite de son histoire.

— C'est inutile, reprit d'Alvimar en arrêtant son cheval ; malgré votre bonne grâce et votre courtoisie, je
vois bien que je vous suis un embarras considérable.
Poussons jusqu'à ce château de Briantes, et vous m'y
laisserez avec une lettre que vous écrirez à M. de Bois-
Doré pour me recommander à lui. Puisqu'il doit revenir
à la nuit, je l'attendrai en me reposant.

— Non pas, non pas ! s'écria Guillaume ; j'aimerais
mieux renoncer aux réjouissances de Bourges, et je
l'eusse déjà fait, n'était la parole que j'ai donnée à quelques amis de m'y trouver ce soir. Mais, certes, je ne
vous quitterai pas sans vous avoir recommandé moi-
même à un ami agréable et fidèle. La Motte-Seuilly n'est
pas à une lieue d'ici, et il n'est pas besoin de fatiguer
nos chevaux. Prenons le temps, j'arriverai à Bourges

une heure ou deux plus tard, et, en ce moment de fêtes, je trouverai encore les portes ouvertes.

Et il reprit l'histoire de Bois-Doré, que d'Alvimar écouta fort peu.

Celui-ci était préoccupé de sa sûreté et ne trouvait pas le pays qu'il parcourait bien propre à son dessein de se tenir caché.

C'était un pays plat et ouvert, où, en cas de fâcheuse rencontre, il n'était guère possible de se mettre à l'abri d'un bois ou seulement d'un bouquet d'arbres. La terre fromentale est trop bonne par là pour qu'on y ait jamais souffert d'ombrage. Fine et rouge, elle s'étend au soleil sur les larges ondulations d'une plaine immense, triste à la vue, quoique bornée de belles collines et semée d'élégants castels.

Pourtant Briantes, dont nos voyageurs s'étaient fort approchés, avait présenté à d'Alvimar un aspect plus rassurant.

A dix minutes de chemin du château, la plaine s'abaisse tout d'un coup et vous conduit, en pentes adoucies, vers un étroit vallon bien ombragé.

Le castel lui-même ne se voit que quand on est dessus, comme on dit dans le pays, et le mot est juste, car le clocheton ardoisé de sa plus haute tour s'élève fort peu au-dessus du plateau, et, quand, de la plaine, on le voit briller au soleil couchant, on dirait d'une mince lanterne dorée posée sur le bord du ravin.

Il en est à peu près de même du château de la Motte-Seuilly [1], situé plus bas que la plaine du Chaumois, mais non pas aussi agréablement que Briantes, car, au lieu

---

1. Aujourd'hui Feuilly ; jadis et successivement Seuly, Sully et Seuilly.

d'un joli vallon, il est tristement planté dans une région plate et sans étendue.

Avant d'arriver au chemin de traverse qui y conduit, Guillaume avait raconté succinctement à son compagnon les autres vicissitudes de la vie de M. Sylvain de Bois-Doré : comme quoi son père avait voulu l'enfermer dans sa tour pour l'empêcher de retourner avec les huguenots ; comme quoi le jeune homme s'était sauvé par-dessus les murs et avait été rejoindre son cher Henri de Navarre, avec lequel, après le trépassement du roi Henri III, il avait guerroyé neuf ans ; comme quoi, enfin, ayant de son mieux contribué à le mettre sur le trône, il était revenu vivre dans ses terres, où son tyran de père avait cessé de vivre et de faire enrager un chacun.

— Et de son jeune frère, qu'est-il advenu? dit d'Alvimar, qui faisait effort pour s'intéresser à ce récit.

— Ce jeune frère n'est plus, répondit d'Ars. Bois-Doré l'a peu connu, car son père l'avait engagé de bonne heure au service du duc de Savoie, où il est mort d'une façon...

Ici, Guillaume fut encore interrompu par un incident qui parut contrarier beaucoup d'Alvimar, soit qu'il commençât à prendre intérêt aux renseignements de son compagnon, soit qu'il eût, en qualité d'Espagnol, une répugnance marquée pour les interrupteurs.

III

C'était une bande de bohémiens, qui, couchée tout à plat dans un fossé, se releva comme une volée de moi-

neaux à l'approche des cavaliers et fit faire un écart au
cheval de M. d'Alvimar. Mais c'étaient des moineaux
trop bien apprivoisés ; car, au lieu de s'envoler au loin,
ils se jetèrent presque dans les jambes des chevaux,
sautant, criant et tendant la main d'une façon piteuse et
grimacière.

Guillaume ne songea qu'à rire de leurs manières
étranges, et, très-généreusement, leur fit l'aumône ;
mais d'Alvimar se montra singulièrement bourru et ne
fit que leur dire en les menaçant de son fouet :

— Loin, loin ! loin de moi, canaille !

Il alla même jusqu'à vouloir frapper un garçonnet qui
s'attachait à sa botte avec cet air à la fois moqueur et
suppliant des enfants dressés au métier de *quémandeux*
sur les chemins. Celui-ci évita le fouet, et Guillaume,
qui se trouvait en arrière, le vit ramasser une pierre qu'il
eût lancée à d'Alvimar, si un autre gars plus âgé, de la
bande, ne l'eût retenu en le grondant et en le menaçant.

Mais l'incident ne finit pas là : une petite femme assez
belle, quoique bien flétrie et mal accoutrée, prit l'enfant
et, lui parlant comme si elle eût été sa mère, le poussa
du côté de Guillaume, puis se mit à courir aussi après
d'Alvimar, en lui tendant la main, mais en le regardant,
comme si elle eût voulu ne jamais oublier sa figure.

D'Alvimar, irrité de plus en plus, poussa son cheval
du côté de cette femme, et l'eût renversée si elle ne se
fût garée vivement ; et même il porta la main sur la
crosse d'un de ses pistolets de selle, comme s'il ne lui
eût rien coûté de tirer sur ces mauvaises bêtes d'idolâtres.

Les bohémiens se regardèrent alors entre eux et se
serrèrent comme pour se consulter.

— *Avanti ! avanti !* s'écria Guillaume à d'Alvimar.

Il aimait à dire des mots italiens pour faire voir qu'il était allé à la cour de la reine mère, ou bien peut-être s'imaginait-il qu'un *i* à la fin des mots suffisait pour les rendre inintelligibles à ces égyptiens.

Pourquoi *avanti !* lui dit d'Alvimar sans vouloir presser l'allure de son cheval.

— Parce que vous avez fâché ces oiseaux noirs. Voyez ! ils se rassemblent comme des grues en détresse, et, ma foi ! ils sont une vingtaine et nous ne sommes que sept.

— Comment donc, mon cher Guillaume, vous craignez quelque chose de la part de ces animaux faibles et poltrons ?

— Je n'ai pas grand'coutume de craindre, répondit le jeune homme un peu piqué ; mais je trouverais bien déplaisant d'avoir à faire feu sur ces pauvres loqueteux, et je suis étonné de l'humeur qu'ils vous ont causée, quand il était si facile de vous en débarrasser avec quelque menue monnaie.

— Je ne donne jamais à ces gens-là, dit Sciarra d'Alvimar d'un ton sec et bref qui surprit le bienveillant Guillaume.

Celui-ci sentit que son compagnon avait ce qu'on appellerait aujourd'hui mal aux nerfs, et il s'abstint de le blâmer. Seulement, il insista pour doubler le pas ; car la bande de bohémiens, marchant plus vite que les chevaux ne trottaient, les suivait et les devançait, distribués en deux bandes qui bordaient les deux côtés du chemin.

Ces gens n'avaient pourtant pas l'air hostile, et il était difficile de deviner quelle était leur intention en escortant ainsi nos cavaliers.

Ils se parlaient entre eux dans une langue inintelli-

gible, et ne paraissaient occupés ue de la femme qui
marchait à leur tête.

L'enfant que M. d'Alvimar avait voulu frapper de son
fouet se tenait à côté de M. d'Ars, comme s'il eût compté
sur sa protection, et paraissait prendre grand intérêt à
cette course extraordinaire. Guillaume remarqua que ce
petit garçon était moins sale et moins noir que les autres
et que ses traits agréables et délicats n'avaient aucun
rapport de type avec celui des bohémiens.

S'il eût fait la même attention à la femme que d'Alvimar avait offensée et menacée, il eût remarqué aussi
que, sans ressembler le moins du monde à cet enfant,
elle ne ressemblait pas davantage à ses autres compagnons de misère. Elle avait un air plus noble et plus
doux. Elle n'était pas non plus de race européenne, bien
qu'elle portât le costume montagnard des Pyrénées.

Ce qu'il y avait de surprenant, c'est que, tout en ayant
très-bien compris le geste que Sciarra avait fait pour
prendre son pistolet, malgré le naturel craintif des mendiants et bateleurs de cette espèce, elle marchait hardiment près de lui, n'essayant plus de l'importuner, n'ayant
point l'air de le menacer, mais le regardant toujours
avec une très-grande attention.

La chose parut véritablement insolente à d'Alvimar,
et, pour bien peu, il eût écouté les suggestions de son
humeur fantasque et violente.

Guillaume y prit garde, et, craignant quelque fâcheuse
affaire et d'être forcé de prendre parti pour le gentilhomme hautain contre la canaille inoffensive, il poussa
son cheval entre Sciarra et la petite femme, fit signe à
celle-ci de s'arrêter, et lui parla ainsi, moitié riant, moitié sérieux :

— Vous plairait-il nous dire, reine des genêts et des

bruyères, si c'est pour nous faire honte ou honneur que vous nous suivez de la sorte, et si nous devons prendre en gré ou en déplaisir la cérémonie que vous nous faites ?

L'Égyptienne (car on traitait alors indifféremment d'Égyptiens ou de Bohémiens ces hordes errantes d'origine inconnue) secoua la tête et fit un signe au jeune gars qui avait ôté la pierre des mains de l'enfant.

Il s'approcha, et, d'un ton patelin, avec une mine insolente, parlant français sans aucun accent :

— Mercédès, dit-il en désignant la femme silencieuse, n'entend pas la langue de Vos Seigneuries. C'est moi qui parle pour ceux des nôtres qui ne savent pas s'expliquer.

— Bien, dit Guillaume, tu es l'orateur de la troupe ; comment t'appelles-tu, toi, monsieur l'effronté ?

— *La Flèche*, pour vous obéir. J'ai l'honneur d'être né Français, dans la ville dont je porte le nom.

L'honneur est pour la France, assurément ! Or donc, maître La Flèche, dis à tes camarades de nous laisser aller en paix. Je vous ai donné assez, pour un homme en voyage, et ce ne serait pas me remercier comme il faut que de nous faire avaler votre poussière. Adieu, et laissez-nous, ou, si vous avez quelque requête nouvelle à me présenter, faites vite, nous sommes pressés.

La Flèche traduisit rapidement les paroles de Guillaume à celle qu'il appelait Mercédès, et qui semblait être l'objet d'une déférence particulière de sa part et de celle des autres.

Elle lui répondit quelques mots en espagnol, et La Flèche, s'adressant à d'Ars :

— Cette bonne fille, dit-il, demande humblement les noms de Vos Seigneuries, afin de prier pour elles.

Guillaume se mit à rire.

— Voilà, dit-il, une requête plaisante. Conseille, ami La
Flèche, à cette bonne fille, de prier pour nous sans nous
nommer. Le bon Dieu nous connaît bien, et nous ne lui ap-
prendrions rien de nous qu'il ne sache mieux que nous-
mêmes.

La Flèche salua humblement de son bonnet crasseux,
et nos voyageurs, poussant leurs montures, eurent bientôt laissé les bohémiens derrière eux.

— Ah çà! dit d'Alvimar à Guillaume en voyant poin-
dre à l'horizon bas et court les clochetons de la Motte-
Seuilly, vous ne m'avez point dit où nous allions. Ce château est celui d'un autre de vos amis, à qui je ne serai
sans doute pas importun?

— Ce château est celui d'une dame jeune et belle qui
vit là avec son père, et tous deux vous recevront avec
courtoisie. Tous deux vous retiendront jusqu'au soir, non-
seulement pour ne pas être privés de la compagnie de
M. de Bois-Doré, qu'ils estiment beaucoup, mais encore
pour vous prouver que nous ne sommes point des sauvages, dans notre pauvre pays de campagne, et que
nous savons exercer l'hospitalité à la vieille mode de
France.

D'Alvimar répondit qu'il n'en doutait nullement, et sut
dire à son compagnon des paroles obligeantes, car nul
homme n'était mieux appris; mais son esprit amer se
tourna bien vite vers un autre objet.

— D'après tout ce que vous m'avez conté de ce Bois-
Doré, mon futur hôte, c'est, dit-il, un vieux mannequin
dont les vassaux se gaussent à cœur-joie?

— Non pas! répondit M. d'Ars. Ces bohémiens ne
m'ont pas laissé finir. J'allais vous dire que, lorsqu'il revint au pays enrichi et emmarquisé, on fut étonné de

voir qu'il était aussi brave qu'un lion, malgré son air bénin, et que, s'il avait des façons comiques, il avait aussi des vertus chrétiennes dont on se pouvait trouver fort bien.

— Faites-vous entrer la tempérance et la chasteté dans le compte de ces vertus chrétiennes ?

— Pourquoi non, je vous prie?

— Parce que cette gouvernante à l'ardente crinière, que nous avons vue à la porte de son domaine, m'a semblé un peu bien verte pour un homme aussi mûr.

— Honni soit qui mal y pense ! dit Guillaume en souriant. Je ne jurerais pas que notre marquis ait été insensible aux gentillesses des filles d'honneur de la reine Catherine; mais il y a longtemps de cela ! Je crois fort que vous pourriez en conter à la Bellinde sans lui faire de tort ni de peine. Mais nous voici arrivés. Je n'ai pas besoin de vous dire que de tels propos ne sont pas de saison ici. Notre belle veuve, madame de Beuvre, n'est point une prude; mais, à son âge et dans sa position...

Nos cavaliers passaient sur le pont-levis, qui, en raison de la tranquillité du pays, était baissé tout le jour; la herse était levée.

Ils entrèrent donc sans obstacle ni cérémonie dans la cour du manoir, où ils mirent pied à terre.

— Un instant! dit Sciarra d'Alvimar à Guillaume, au moment de se présenter; je vous prie, à cause des valets, de ne point dire mon nom ici.

— Ni ici ni ailleurs, répondit M. d'Ars. Vous n'avez guère d'accent étranger; il n'est donc pas même besoin de vous dire Espagnol. Pour lequel de mes amis de Paris voulez-vous que je vous fasse passer?

— Je serais très-gêné de jouer un personnage différent du mien; j'aime mieux rester à peu près moi-même et prendre seulement un des noms de ma famille. Je serai, si vous le voulez bien, un Villareal, et j'aurai pour prétexte à ma fuite de Paris...

— Vous parlerez vous-même en confidence au marquis et arrangerez les choses comme vous l'entendrez. Je n'ai rien autre à faire que de lui dire combien vous êtes mon ami, que vous fuyez quelque persécution, et que je le prie d'avoir soin de vous comme de moi-même.

IV

Le château de la Motte-Seuilly (c'est le nom qui a prévalu), encore debout et à peu près intact aujourd'hui, est un petit manoir composé d'une tour d'entrée hexagone toute féodale, d'un corps de logis tout nu percé, de fenêtres très-espacées, avec deux autres corps en retour, l'un desquels est flanqué d'un donjon. Dans le bâtiment de gauche, les écuries voûtées à fortes nervures, les cuisines et logements des gens de suite ; dans celui de droite, la chapelle à fenêtre ogivale, du temps de Louis XII, traverse au-dessus d'une courte galerie à air libre, que soutiennent deux piliers trapus, entourés de nervures en relief, comme de gros troncs étreints par des lianes.

Cette galerie conduit à la grande tour ou donjon, qui date, comme la tour d'entrée, du xiiᵉ siècle. Elle contient des chambres rondes très-sobrement mais très-joliment ornées de colonnes engagées avec des socles à griffes. L'escalier, qui tourne dans une petite tour accotée à la grande, aboutit à une de ces antiques charpentes, savamment et hardiment agencées, qui sont encore des objets d'art.

Celle-ci porte, au centre de ses rayons, un *cheval de bois* ou chevalet, instrument de torture dont l'application fut encore froidement réglée par une ordonnance de 1670. Cette horrible machine date de la construction de l'édifice, car elle fait corps avec la charpente [1].

C'est dans ce manoir exigu, pauvre et morne, que la belle Charlotte d'Albret, femme du sinistre César Borgia, passa quinze ans et mourut, toute jeune encore, après une vie de douleur et de sainteté.

On sait que l'infâme cardinal, le bâtard du pape, l'incestueux, le débauché, le sanguinaire, l'amant de sa sœur Lucrèce et l'assassin de son propre frère et rival, se débarrassa un jour des dignités de l'Église pour chercher femme et fortune en France.

Louis XII voulait rompre son propre mariage avec Jeanne, la fille de Louis XI, pour épouser Anne de Bretagne. Il lui fallait l'assentiment du pape. Il l'obtint moyennant qu'il donnerait le Valentinois et la main d'une princesse au bâtard, au cardinal condottiere.

Charlotte d'Albret, belle, érudite et pure, fut sacrifiée; quelques mois après, délaissée et considérée comme veuve.

Elle acheta ce triste castel et vint y élever sa fille [2]. Son unique plaisir au dehors était d'aller voir à Bourges, sa mystique compagne d'infortune, Jeanne de France, la

1. On en peut voir le dessin exact, ainsi que celui du château, de l'if et des débris de la tombe de Charlotte d'Albret, dans le bel ouvrage de MM. de la Tremblais et de la Villegille : *Esquisses pittoresques sur le département de l'Indre*.

2. Louise Borgia, mariée plus tard à **Louis de la Trémouille**, puis à **Philippe de Bourbon-Busset**.

reine répudiée, devenue la bonne duchesse de Berry et la fondatrice de l'Annonciade.

Mais Jeanne mourut, et Charlotte, alors âgée de vingt-quatre ans, prit le deuil, qu'elle ne quitta plus, et ne sortit plus de la Motte-Seuilly jusqu'à sa propre mort, qui arriva neuf ans après, en 1514.

Son corps fut transporté à Bourges et enseveli auprès de celui de Jeanne, pour être, un demi-siècle plus tard, exhumé, profané et brûlé par les calvinistes, ainsi que celui de l'autre pauvre sainte. Son cœur reposa en paix un peu plus longtemps dans la chapelle rustique de la Motte-Seuilly, dans un joli monument que lui fit élever sa fille.

Mais, de cette triste destinée, aucun vestige terrestre ne devait être respecté. En 1793, les paysans, reportant sur cette tombe la haine qu'ils avaient pour leur seigneur, brisèrent le mausolée, dont les élégants débris gisent épars aujourd'hui sur le pavé. La statue de Charlotte est dressée contre le mur, rompue en trois morceaux. L'église, abandonnée, s'affaisse sur elle-même. Le cœur de la victime était sans doute scellé dans quelque précieux coffret d'or ou d'argent : qu'est-il devenu ? Vendu peut-être à vil prix, peut-être bien seulement caché et enfoui par un retour de peur ou de dévotion, ce pauvre cœur gît peut-être encore dans quelque chaumière de village, à l'insu du nouvel occupant, sous la pierre du foyer ou sous l'épine de la haie.

Aujourd'hui, le castel, restauré, s'égaye un peu au soleil, que la disparition d'un grand pan de mur laisse entrer dans son préau sablé ; l'eau des anciens fossés, qu'alimente, je crois, une source voisine, coule en petite rivière assez gracieuse dans le jardin anglais, nouvellement dessiné.

L'if monstrueux, qui date du temps de Charlotte d'Albret, appuie ses vénérables segments affaissés sur des quartiers de roche pieusement disposés pour soutenir sa monumentale décrépitude. Quelques fleurs et un cygne solitaire jettent comme un sourire mélancolique autour du douloureux manoir.

L'horizon est toujours maussade, le paysage navrant, la tour sinistre, et pourtant notre siècle artiste aime ces demeures sombres, ces vieux nids désolés, fortes constructions d'un passé dur et amer que le peuple, ne sait plus, qu'il ne comprenait déjà plus en 1793, puisqu'il brisait la tombe de l'humble Charlotte, et laissait debout le triomphant chevalet de la Motte-Seuilly.

Au temps où se passe notre récit, ce manoir, fermé de toutes parts, était à la fois plus lugubre et plus confortable qu'aujourd'hui. On vivait dans l'ombre froide de ces petites forteresses : donc, on savait s'arranger pour y vivre.

Les grandes cheminées, toutes revêtues de fonte dans l'intérieur de l'âtre, envoyaient une vive chaleur dans les vastes appartements. Les tentures étaient déjà remplacées, sur les murs, par des papiers feutrés d'une épaisseur et d'une beauté remarquables ; au lieu de nos jolis rideaux de perse qui frissonnent aux vents coulis des fenêtres, on avait les plis pesants des damas, ou, dans les habitations plus modestes, des étoffes de bourre de soie qui duraient cinquante ans. Sur les carreaux de grès des corridors et des salles, on étendait des tapis de nouvelle fabrique qui étaient mélangés de laine, de coton, de lin et de chanvre.

On faisait de très-beaux parquets marquetés, et, dans nos provinces du Centre, on mangeait dans la belle faïence de Nevers, tandis que les dressoirs étalaient ces bizarres gobelets de verre de couleur qui ne servaient qu'aux jours d'apparat, et qui représentaient des monuments, des plantes, des navires ou des animaux fantastiques.

Donc, malgré la médiocre apparence du corps de logis réservé aux appartements de maîtres (car déjà les seigneurs n'habitaient plus le faîte de leurs vieux donjons féodaux), M. d'Alvimar trouva un intérieur agréable, propre et d'une certaine élégance, qui sentait, sinon la richesse, du moins une aisance véritable.

La Motte-Seuilly était passée, par le mariage de Louis Borgia, dans la maison de la Trémouille, à laquelle M. de Beuvre appartenait par sa mère.

C'était un rude et brave gentilhomme, qui ne se gênait point pour dire ses opinions et ses croyances. Sa fille unique, Lauriane [1] , avait épousé à douze ans, son cousin Hélyon de Beuvre, âgé de seize ans.

On avait tenu ces deux enfants éloignés l'un de l'autre, avec d'autant plus de facilité que la province ressentait un contre-coup d'agitation à laquelle MM. de Beuvre ne croyaient pouvoir se dispenser de prendre part. Ils quittèrent la Motte le jour même du mariage, pour aller au secours de la duchesse de Nevers, qui s'était déclarée pour le prince de Condé, et qu'assiégeait, dans sa bonne ville, M. de Montigny (François de la Grange).

En essayant de pénétrer hardiment dans Nevers, sous les yeux des catholiques, le jeune Hélyon avait été tué. Au retour de cette campagne, M. de Beuvre eut donc la douleur d'annoncer à sa fille chérie que, de vierge, elle passait sans transition à l'état de veuve.

Lauriane pleura beaucoup son jeune cousin. Mais

---

1. Saint Laurian est un des saints les plus fêtés de l'ancien Berry.

peut-on pleurer sans relâche à douze ans ? Son père lui
donna, d'ailleurs, une si belle poupée ! une poupée qui
avait un corps de jupe tout en drap d'argent, et des
souliers en velours rouge découpés en queue d'écre-
visse ! Et puis, quand elle eut quatorze ans, il lui amena
de Bourges un si joli petit cheval brandin qui provenait
des haras de M. le prince ! et puis enfin, Lauriane, qui
n'était, lors de son mariage, qu'une mince et pâle fillette,
devint, à quinze ans, une petite blonde si fraîche, si élégante, si aimable, qu'il n'y avait pas grand danger
qu'elle restât veuve.

Mais elle était si tranquille avec son père et si complétement maîtresse dans le petit château qu'il lui avait
constitué en dot, qu'elle ne se sentait nullement pressée
de convoler en secondes noces. Ne s'appelait-elle pas
madame ? Et une des grandes raisons qui décident les
filles au mariage, n'est-elle pas le désir enfantin d'être
appelées ainsi ? Et les cadeaux, les fêtes, la parure de
noces ?

Lauriane disait naïvement :

— J'ai eu déjà tous les plaisirs et toutes les peines du
mariage.

Cependant, quoiqu'il eût une assez belle fortune gou-
vernée par lui avec prudence, et que sa vie retirée lui
permettait désormais d'arrondir, M. de Beuvre ne trouvait pas aisément à nouer pour sa fille de nouveaux projets de mariage.

Il avait embrassé le parti de la Réforme au moment
où la Réforme, épuisée d'hommes et d'argent, n'avait
plus, dans nos provinces, qu'à se tenir coite et à se faire
tolérer.

Autour de lui, tout était catholique ou faisait sem-
blant de l'être ; car, en Berry, le calvinisme n'eut qu'un

moment de puissance, et une vrai place forte. Mais

L'an mil cinq cent soixante-deux,

où

Bourges n'avait prestres ne gueux,

était déjà loin, et Sancerre, la *fâcheuse montagne,* avait désormais ses murailles rasée *jusqu'au niveau du sol.*

Le caractère berrichon n'est ni persécuteur ni fanatique, et, après un moment de surprise et d'excitation, où les passions de dehors avaient enivré le peuple et la bourgeoisie, on était retombé sous l'empire de la peur des grands, qui est le fond de la politique constante de cette province.

Les grands, de leur côté, avaient, suivant leur coutume invariable, vendu leur soumission. Condé était devenu zélé catholique ; M. de Beuvre, qui avait d'abord servi le père et ensuite perdu son propre gendre au service de la cause du fils, était, comme de raison, tout à fait dans sa disgrâce et ne se montrait plus à Bourges. Des jésuites lui avaient été envoyés par le prince, à l'effet de l'engager à abjurer solennellement.

De Beuvre n'était pas exalté en fait de réligion. Il avait cédé à des passions politiques en embrassant la foi de Luther, et il sentait bien qu'il s'était trompé quant à sa fortune. Il s'y était pris trop tard pour qu'on eût besoin de l'acheter désormais. On se contentait de chercher à l'intimider, et on lui avait adroitement fait entendre qu'il ne pourrait pas marier sa fille dans le pays, s'il persistait dans l'hérésie. Après avoir fièrement relevé la tête devant les menaces, il s'était senti ébranlé

devant la crainte du célibat de Lauriane et de son patri-
moine tombant en quenouille.

Mais Lauriane l'avait empêché de céder. Élevée par lui
assez tièdement dans la religion protestante, elle y était
médiocrement instruite, et mêlait volontiers, dans son
cœur, les pratiques et les prières des deux cultes.

Elle ne courait pas au prêche par les longs mauvais
chemins d'Issoudun ou de Linières, et, quand elle passait près d'une église catholique, elle ne bondissait pas
d'indignation au son de la cloche. Mais elle montrait
parfois, à travers sa douceur souriante et enfantine, les
germes d'une grande fierté ; et quand elle vit son père
souffrir à l'humiliante idée de l'abjuration publique, elle
vint à son secours avec une énergie surprenante, disant
aux jésuites de Bourges :

— Vous n'avez que faire de me vouloir convertir en
vue d'un beau mari catholique ; car j'ai juré en mon
cœur d'être plus volontiers à un vilain mari de ma
communion.

V

Il y avait peu de semaines que cette visite avait eu
lieu à la Motte-Seuilly, lorsque arriva celle de M. Sciarra
d'Alvimar, présenté par Guillaume d'Ars.

Ils furent reçus par le père et la fille, M. de Bois-
Doré étant allé *courre un lièvre* avec le garde de M. de
Beuvre.

Ce fut une nouvelle contrariété pour Guillaume, qui

se voyait retardé d'heure en heure, et qui commençait à désespérer d'aller à Bourges ce jour-là.

Sciarra d'Alvimar se présenta avec grâce, et dès les premiers mots de sa conversation, de Beuvre, qui s'y connaissait, non pour avoir beaucoup vu Paris, mais pour avoir hanté les petites cours de province, où l'on était tout aussi grand seigneur qu'à celle du roi, reconnut qu'il avait affaire à un homme du meilleur monde.

Quant à d'Alvimar, frappé de la grâce et de la jeunesse de Lauriane, il la prenait pour une fille puînée de M. de Beuvre, et il attendait toujours d'être présenté à la veuve dont M. d'Ars lui avait parlé.

Ce ne fut qu'au bout d'un quart d'heure qu'il comprit que cette belle enfant était la maîtresse de la maison.

On dînait alors à dix heures du matin, et Guillaume, ayant couru dans la prairie à la recherche du marquis, revint prendre congé.

— Le marquis est prévenu, dit-il à Sciarra; il arrive; il m'a juré d'être votre hôte et votre ami jusqu'à mon retour. Donc, je vous laisse en bonne compagnie, et je vais faire de mon mieux pour regagner le temps perdu.

On voulut en vain le retenir à dîner. Il partit après avoir baisé la main de la belle Lauriane, serré celle de son bon voisin M. de Beuvre et embrassé d'Alvimar, en lui jurant de venir, avant la fin de la semaine, le reprendre à Briantes pour le conduire en son château d'Ars et l'y garder le plus longtemps possible.

— Or donc, dit M. de Beuvre à d'Alvimar, offrez votre main à la châtelaine, et mettons-nous à table. Ne soyez pas étonné si nous n'attendons point notre ami Bois-Doré. Il a coutume, quand il a chassé seulement un quart

d'heure, de faire une toilette d'une heure, et, pour rien
au monde, il ne voudrait se présenter devant une
dame, — même devant celle-ci, qui est à ses yeux comme
sa fille, car il l'a vu naître, — sans s'être lavé, parfumé,
rhabillé de la tête aux pieds. C'est son plaisir, et il n'y
a pas grand mal. Nous ne nous gênons point avec lui, et
nous le gênerions en retardant notre repas pour l'attendre.

— N'aurais-je pas dû, dit d'Alvimar quand on l'eut
fait asseoir au haut bout de la table, aller présenter mes
respects à M. de Bois-Doré, dans sa chambre, avant de
me mettre à dîner ?

— Non ! dit Lauriane en riant, vous l'eussiez bien cha-
griné en le surprenant à sa toilette. Ne nous demandez
pas pourquoi ; vous le comprendrez de vous-même sitôt
que vous l'aurez vu.

— Et, d'ailleurs, ajouta M. de Beuvre, vous ne lui devez de prévenances qu'à cause de votre jeune âge ; car
en qualité d'hôte *fiduciaire*, c'est lui qui vous doit toutes
les avances. Or, je me charge de vous présenter à lui,
M. d'Ars m'ayant confié ce soin-là.

En parlant du jeune âge de d'Alvimar, M. de Beuvre
partageait l'erreur qu'il faisait naître à première vue.

Quoiqu'il fût alors près de la quarantaine, il paraissait
être au-dessous de la trentaine, et peut-être M. de Beuvre
comparait-il intérieurement le beau visage de son hôte
temporaire avec celui de sa chère Lauriane. Sa préoccupation constante était de lui trouver, en dehors du
pays, un mari qui n'exigerait pas l'abjuration solennelle.

Il ignorait, le bon gentilhomme, que les jésuites ré-
gnaient déjà partout, et que le Berry était encore une des
provinces les moins travaillées par leur propagande.

Il ignorait aussi que d'Alvimar fût, dans son âme,

un parfait chevalier de la sainte dame *Inquisition*.

Guillaume, qui voulait assurer à son ami un accueil cordial, s'était bien gardé de le peindre comme un orthodoxe trop chatouilleux. Catholique lui-même, mais tolérant et même peu croyant, comme la plupart des jeunes gens du monde, il n'avait soulevé, ni en le présentant au maître du logis, ni en le recommandant à M. de Bois-Doré, la question religieuse, à laquelle ces personnes n'attachaient, pas plus que lui, une importance dominante dans leurs relations. Mais il avait dit à l'écart, et en deux mots, à M. de Beuvre, que M. de Villareal (le nom convenu d'Alvimar) était de bonne famille, le fait était certain, et en belle passe de faire fortune, Guillaume le croyait, M. d'Alvimar cachant sa pauvreté avec tout l'orgueil dont un Espagnol est capable sur ce point-là.

Le premier service fut distribué avec toute la lenteur des valets berrichons, et dégusté avec la méthodique lenteur des gens bien appris qui ne veulent point passer pour des gloutons.

Cette patiente déglutition, ces longues pauses entre chaque bouchée, ces récits de l'amphitryon entre chaque plat, sont encore articles de savoir-vivre, chez les vieillards, en Berry. Les paysans de nos jours renchérissent sur ce principe de bonne éducation, et quand on mange avec eux, on peut être bien sûr de rester trois heures durant assis à table, ne fût-ce que devant un morceau de fromage et une bouteille de piquette.

D'Alvimar, dont l'esprit actif et inquiet ne pouvait s'endormir dans les jouissances de la réfection, profita de la majestueuse mastication de M. de Beuvre pour causer avec sa fille, laquelle mangeait vite et peu, s'occupant de son père et de son hôte plus que d'elle-

Il fut surpris de trouver tant d'esprit chez une fille de campagne, qui, sauf une ou deux courses à Bourges et à Nevers, n'était jamais sortie des terres de son domaine.

Lauriane n'était pas très-cultivée, et peut-être n'eût-elle pas écrit une longue lettre sans y faire quelque faute de français; mais elle parlait bien, et, à force d'entendre parler son père et ses voisins sur les affaires du temps, elle connaissait et jugeait bien l'histoire, depuis le règne de Louis XII et les premières guerres de religion.

Pourtant, comme elle se faisait la gloire de descendre de Charlotte d'Albret, et que ce souvenir était vénérable et vénéré par elle, elle n'eut point occasion de laisser voir à d'Alvimar qu'elle était hérétique, et, d'ailleurs, la civilité de ce temps-là voulait qu'on ne s'expliquât jamais inutilement sur ses propres croyances, même entre gens de la même communion, car les nuances étaient nombreuses et la controverse était partout.

En outre de ce tact délicat et ce grand bon sens qu'elle possédait, elle avait dans l'esprit un tour de franchise et de malice, amalgame tout berrichon, qui fait de l'alliance de deux contraires une manière de voir et de dire assez originale.

Elle était du pays où l'on dit la vérité en riant, et où chacun sait qu'il est compris sans avoir besoin de se fâcher.

D'Alvimar, qui était plus despote que goguenard et plus vindicatif que sincère, se sentit un peu intimidé devant cette jeune fille, et cela, sans trop pouvoir se rendre compte du pourquoi.

Il lui semblait parfois qu'elle devinât son caractère, sa vie ou sa récente aventure, et qu'elle eût l'air de lui dire:

« Après tout, nous n'en sommes pas moins de bonnes gens, prêts à vous obliger. »

Enfin, il fut question de servir le rôt, et, au milieu d'un grand bruit de portes et de cliquetis d'assiettes, M. de Bois-Doré parut, précédé d'un petit serviteur richement équipé, qu'il traitait tout bas de page, comme pour justifier ce vers, qui n'avait pas encore accusé le ridicule de ses pareils :

> Tout marquis veut avoir des pages,

et contrairement aux ordonnances, qui ne permettaient plus les pages qu'aux princes et grands seigneurs de haut vol.

Malgré sa mélancolie habituelle et son malaise présent, d'Alvimar eut peine à s'empêcher de rire à l'apparition de son hôte *fiduciaire*.

M. Sylvain de Bois-Doré avait été un des beaux hommes de son temps. Grand, bien fait, noir de cheveux avec la peau blanche, des yeux magnifiques, de beaux traits, robuste et léger de son corps, il avait plu à beaucoup de dames, mais sans inspirer jamais de passion durable ou violente. C'était la faute de sa propre légèreté et de l'économie qu'il faisait de ses propres émotions.

Une bonté sans limites, une loyauté très-grande eu egard à son temps et à son milieu, une prodigalité princière dans les chances fortuites de la richesse, une parfaite philosophie aux heures de la *débine* (c'était son mot), toutes les qualités aimables et faciles des aventuriers champions du Béarnais, ne suffisaient pas pour faire un héros passionné, comme on les aimait du temps de sa jeunesse.

C'était une époque exaltée et sanguinaire où la galanterie avait besoin d'un peu de férocité pour s'élever à l'attachement romanesque, et Bois-Doré, hors du combat, où il se portait vaillamment, était d'une mansuétude révoltante. Il n'avait assassiné aucun mari, aucun frère; il n'avait égorgé aucun rival dans les bras de ses maîtresses infidèles; Javotte ou Nanette le consolaient aisément des trahisons de Diane ou de Blanche. Il passait donc alors, malgré son goût pour les romans de pastorale et de chevalerie, pour un petit esprit et un cœur tiède.

Il avait pris d'autant mieux son parti d'être joué et berné par les dames, qu'il ne s'en était jamais aperçu. Il se savait beau, libéral et brave; ses aventures étaient courtes mais nombreuses; son cœur avait besoin de plus d'amitié que d'emportement, et, par sa discrétion et sa douceur de mœurs, il avait mérité de rester l'ami de tout le monde. Il s'était donc trouvé heureux sans se tracasser pour être adoré, et, franchement, il avait aimé un peu toutes les belles sans en adorer aucune.

On l'eût bien accusé d'égoïsme si le reproche eût été facile à concilier avec celui qu'on lui faisait d'être trop bon et trop humain. Il était bien un peu la caricature du bon Henri, que plusieurs traitaient d'ingrat et de traître, et que tous aimaient quand même, après l'avoir fréquenté.

Mais le temps avait marché, et c'était encore là une chose dont messire de Bois-Doré n'avait pas daigné s'apercevoir. Son corps souple s'était durci et roidi, sa belle jambe s'était séchée, son noble front s'était dégarni, son grand œil s'était entouré de rides comme le soleil de rayons, et, de toute sa jeunesse envolée, il n'avait conservé que des dents, un peu longues, mais encore blan-

ches et bien rangées, avec lesquelles il affectait de casser
des noisettes au dessert, pour que l'on y fît attention. On
disait même, chez ses voisins, qu'il était fort contrarié
si l'o.. oubliait d'en mettre pour lui sur la table.

Quand nous disons que M. de Bois-Doré ne s'était pas
aperçu des outrages du temps, c'est une façon d'exprimer le contentement qu'il avait encore de lui-même ;
car il est certain qu'il se vit vieillir et qu'il combattait
l'effet des ans avec une vaillante obstination. Je crois
que la plus grande énergie dont il se sentit capable fut
employée à cette bataille.

Lorsqu'il vit ses cheveux blanchir et s'en aller, il fit
exprès le voyage de Paris pour se commander une perruque chez le meilleur faiseur. Déjà la perruquerie devenait un art ; mais les chercheurs de détails nous ont
appris que, pour avoir des raies de tête en soie blanche
avec cheveux implantés un par un, il fallait dépenser
au moins soixante pistoles.

M. de Bois-Doré ne s'arrêta pas devant cette baga-
telle, lui qui était riche désormais et qui mettait fort bien
douze à quinze cents francs de notre monnaie à un habillement de demi-toilette, cinq à six mille à un habit de
gala. Il courut essayer des perruques : d'abord il s'éprit
d'une blonde crinière qui lui allait merveilleusement bien
au dire du perruquier.

Bois-Doré, qui ne s'était jamais vu blond, commençait à le croire, lorsqu'il en essaya une châtain qui, toujours au dire du vendeur, lui allait tout aussi bien. Les
deux étaient du même prix ; mais Bois-Doré en essaya
une troisième qui coûtait dix écus de plus et qui jeta le
marchand dans l'enthousiasme : celle-là était véritablement la seule qui fît ressortir les avantages de M. le
marquis.

Bois-Doré se souvint du temps où les dames disaient qu'il était rare de voir une chevelure aussi noire que la sienne avec une peau aussi blanche.

— Ce perruquier doit avoir raison, pensa-t-il.

Et, pourtant, il s'étonna quelques instants devant la glace, de voir que cette crinière sombre lui donnait l'air dur et violent.

— C'est surprenant, se dit-il, comme cela me change ! Cependant, c'est ma couleur naturelle. J'avais, dans ma jeunesse, l'air aussi doux que je l'ai encore. Mes épais cheveux noirs ne me donnaient pas cette mine de mauvais garçon.

Il ne lui vint pas à l'idée que tout est en parfaite harmonie dans les opérations de la nature, soit qu'elle nous fasse, soit qu'elle nous défasse, et qu'avec ses cheveux gris il avait la mine qu'il devait avoir.

Mais le perruquier lui répéta tant de fois qu'il ne paraissait plus que trente ans avec cette belle perruque, qu'il la lui acheta et lui en commanda sur-le-champ une seconde, par économie, disait-il, afin de ménager la première.

Néanmoins, il se ravisa le lendemain. Il se trouvait plus vieux qu'auparavant avec cette tête de jeune homme, et c'était l'avis de tous ceux qu'il avait consultés.

Le perruquier lui expliqua qu'il fallait mettre d'accord les cheveux, les sourcils et la barbe, et il lui vendit la teinture. Mais alors Bois-Doré se trouva si blême au milieu de ces taches d'encre, qu'il fallut encore lui expliquer que le fard était nécessaire.

— Il paraît, dit-il, que quand on commence à user d'artifice, il n'est plus possible de s'arrêter ?

— C'est la coutume, répondit le rajeunisseur ; choisissez d'être ou de paraître.

— Mais je suis donc vieux ?

— Non, puisque vous pouvez encore paraître jeune moyennant mes recettes.

Depuis ce jour, Bois-Doré porta perruque ; sourcils, moustaches et barbe peints et cirés ; badigeon sur le museau, rouge sur les joues, poudres odorantes dans tous les plis de ses rides ; en outre, essences et sachets de senteur sur toute sa personne : si bien que, quand il sortait de sa chambre, on le sentait jusque dans la basse-cour, et que, s'il passait seulement devant le chenil, tous ses chiens courants éternuaient et grimaçaient pendant une heure.

Quand il eut bien réussi à faire, d'un beau vieillard qu'il était, une vieille marionnette burlesque, il s'avisa encore de gâter son port, qui avait la dignité de son âge, en faisant barder de doubles lames d'acier ses pourpoints et ses hauts-de-chausses, et en se tenant si droit, que, chaque soir, il se mettait au lit avec une courbature.

Il en serait mort, si, heureusement pour lui, la mode n'eût changé.

Les rigides pourpoints serrés de Henri IV s'élargirent en casaque légère sur la poitrine des jeunes favoris de Louis XIII. Les braies en cerceau firent place à la culotte large et flottante, obéissant à toutes les inflexions du corps.

Bois-Doré eut quelque peine à admettre ces innovations, et à se séparer de ses inflexibles fraises *godronnées*, pour se mettre un peu plus à l'aise dans les *rotondes* légères. Il regretta fort les passements ; mais, peu à peu, les rubans et les dentelles le séduisirent, et, après un court voyage qu'il fit à Paris, on le vit revenir habillé à la mode des jeunes gens du bel air, et affecter leur désinvolture nonchalante et brisée, s'étendant sur les fau-

teuils, prenant des poses lasses, se relevant en trois
temps quand il était assis ; en un mot, faisant, avec sa
haute taille et ses traits accentués, ce personnage de
petit marquis fadasse. que, trente ans plus tard, Mo-
lière trouva complet dans son ridicule et mûr pour sa
satire.

Cette manière d'être aida Bois-Doré à cacher la pesan-
teur réelle de ses années sous un déguisement qui faisait
de lui une sorte de fantôme comique.

D'Alvimar le trouva même effrayant à première vue.
Il ne comprenait rien à cette profusion de boucles d'é-
bène sur cette face ridée, à ces gros sourcils terribles
sur des yeux si doux, à ce fard éclatant qui avait l'air
d'un masque follement posé sur une figure respectable
et bienveillante.

Quant au costume, il était, par sa recherche, par la
quantité de galons, de broderies, de rosettes et de panaches, on ne peut plus ridicule en plein jour, à la campagne, outre que les couleurs tendres et pâles, que notre
marquis affectionnait, juraient davantage avec l'aspect
léonin de sa moustache hérissée et de sa crinière d'em-
prunt.

Mais l'accueil que lui fit le vieux gentilhomme détrui-
sit agréablement, chez d'Alvimar, l'effet rébarbatif de
cette mascarade.

M. de Beuvre s'était levé pour présenter l'ami de Guillaume au marquis, et pour lui rappeler qu'il était chargé
de lui pour plusieurs jours.

— C'est un plaisir et un honneur que je réclamerais
pour moi-même, dit M. de Beuvre, si j'étais dans ma
propre maison ; mais je ne dois pas oublier que je suis
chez ma fille, et, d'ailleurs, cette maison est moins riche
et moins ornée que la vôtre, mon cher Sylvain, et nous

ne voulons pas priver M. de Villareal des douceurs qui
l'y attendent.

— J'accepte l'hyperbole, répondit Bois-Doré, si elle
peut éblouir M. de Villareal au point de le faire rester
longtemps sous ma garde.

Et, ouvrant ses deux grands bras couverts de manchettes jusqu'aux coudes, il embrassa le prétendu Villareal en lui disant avec un bon rire qui montrait ses
grandes dents blanches :

— Fussiez-vous le diable, monsieur, du moment que
vous m'êtes confié, vous devenez pour moi comme un
frère.

Il se garda bien de dire « comme un fils. » Il eût craint
de révéler le chiffre de ses années, chiffre qu'il croyait
mystérieux, depuis qu'il l'avait oublié lui-même.

Villareal d'Alvimar se fût bien passé de cette accolade,
de la part d'un catholique de si fraîche date, d'autant
plus que les parfums dont le marquis était imprégné lui
ôtèrent le peu d'appétit qu'il avait, et qu'après l'avoir
embrassé, il lui serra vigoureusement les mains entre
ses doigts secs, armés de bagues énormes. Mais d'Alvimar devait songer avant tout à sa propre sûreté, et il
sentit, à l'accent cordial et résolu de M. Sylvain, qu'il
était réellement placé en des mains loyales et dévouées.

Il prit donc son parti de reconnaître la double hospitalité dont il était l'objet, en se montrant sous son meilleur jour, et, lorsqu'il sortit de table, les deux vieux
gentilshommes étaient enchantés de lui.

Il eût pourtant bien souhaité de prendre quelque repos ; mais le châtelain le provoqua aux échecs et ensuite
au billard avec Bois-Doré, qui se fit battre.

D'Alvimar aimait le jeu et n'était pas indifférent au
gain de quelques écus d'or.

Les heures s'écoulaient dans une intimité pour ainsi dire escomptée, puisque ces amusements n'amenèrent aucun entretien assez suivi pour mettre ces trois personnes à même de se connaître.

Madame de Beuvre, qui s'était retirée après le repas, reparut vers quatre heures, au moment où elle vit faire dans le préau les préparatifs du départ de ses hôtes.

Elle leur proposa de prendre l'air dans les jardins avant de se séparer.

VI

On était alors à la fin d'octobre. Les jours, devenus courts, étaient encore doux et clairs, l'été de Saint-Martin s'étant prolongé jusque-là. Les arbres, tout à fait dépouillés, dessinaient leur belle silhouette sur le soleil rouge qui se couchait derrière les noires broussailles de l'horizon.

On marchait sur un lit de feuilles sèches dans les allées de buis et d'ifs taillés qui donnaient aux jardins de ce temps-là une roideur propre et digne.

Dans les fossés, de belles vieilles carpes suivaient les promeneurs, habituées à recevoir les miettes de pain que leur apportait Lauriane.

Un petit loup apprivoisé la suivait aussi comme un chien, mais asservi et brutalisé par le grand épagneul favori de M. de Beuvre, animal jeune et folâtre, qui ne montrait aucune aversion pour ce compagnon suspect, et qui le roulait et le mordillait avec la brusquerie superbe d'un enfant de qualité daignant jouer avec un vilain.

D'Alvimar, au moment d'offrir son bras à la belle Lauriane, s'arrêta en voyant M. de Bois-Doré s'approcher d'elle dans la même intention.

Mais, à son tour, le courtois marquis recula.

— C'est votre droit, lui dit-il : un hôte tel que vous doit primer tous les amis; mais sachez le prix du sacrifice que je vous fais.

— J'en sens tout le prix, répondit d'Alvimar, au bras de qui Lauriane appuya légèrement sa petite main; et, de toutes les bontés que vous avez pour moi, j'estime celle-ci être la plus grande.

— Je vois avec plaisir, reprit Bois-Doré en marchant à la gauche de madame de Beuvre, que vous entendez la galanterie française comme le feu roi, notre Henri, de douce mémoire.

— J'espère l'entendre mieux, s'il vous plaît.

— Oh! ce serait beaucoup promettre!

— Nous autres Espagnols, nous l'entendons, du moins, autrement. Nous croyons que l'attachement fidèle à une seule femme est préférable à la galanterie envers toutes.

— Oh! alors, mon cher comte... Vous êtes comte, n'est-ce pas, ou duc?... Pardon, mais vous êtes grand d'Espagne, je le sais, je le vois... Vous donnez dans la fidélité parfaite du roman? Rien de plus beau, mon cher hôte, rien de plus beau, sur ma parole!

M. de Beuvre appela Bois-Doré à quelques pas de là pour lui montrer je ne sais quel arbre nouvellement planté, et d'Alvimar profita de cette interruption pour demander à Lauriane si M. de Bois-Doré avait voulu se moquer de lui.

— Nullement, répondit-elle ; il faut que vous sachiez que notre cher marquis fait sa nourriture favorite du roman de M. d'Urfé, et qu'il le sait quasi par cœur.

— Comment faire accorder ces goûts de belle passion avec ceux de l'ancienne cour ?

— C'est bien aisé. Quand notre ami était jeune, il aimait, dit-on, toutes les dames. En vieillissant, son cœur s'est refroidi ; mais il prétend cacher cela, comme il croit cacher ses rides, en feignant d'avoir été converti à la vertu des beaux sentiments par l'exemple des héros de l'*Astrée*. Si bien que, pour s'excuser de ne faire la cour à aucune belle, il se vante d'être fidèle à une seule qu'il ne nomme point, que personne n'a jamais vue et ne verra jamais, par la bonne raison qu'elle n'existe que dans son imagination.

— Est-il possible qu'à son âge il se croie encore forcé de feindre l'amour ?

— Il le faut bien, puisqu'il veut passer pour jeune. S'il avouait que les femmes lui sont devenues aussi indifférentes les unes que les autres, pourquoi prendrait-il la peine de se barbouiller la figure et de porter de faux cheveux ?

— Vous pensez donc qu'il n'est pas possible d'être jeune sans être épris de quelque femme ?

— Cela, je n'en sais rien, répondit gaiement madame de Beuvre ; je n'ai point d'expérience et ne connais pas le cœur des hommes. Mais j'entends quelquefois dire qu'il en est ainsi, et M. de Bois-Doré semble en être persuadé. Que vous en semble, à vous, messire ?

— Il me semble, dit d'Alvimar, curieux des opinions de la jeune dame, que l'on peut vivre longtemps d'un amour passé, en attendant un amour à venir.

Elle ne répondit pas et regarda le ciel avec ses beaux grands yeux bleus.

— A quoi songez-vous? lui demanda-t-il avec une familiarité peut-être un peu trop tendre.

Lauriane parut étonnée de cette question indiscrète. Elle le regarda droit au visage, d'un air qui semblait dire : « Qu'est-ce que cela vous fait? » Mais, sans s'armer, en paroles, d'aucune dureté inutile, elle lui dit en souriant :

— Je ne pensais à rien.

— C'est impossible, reprit d'Alvimar; on pense toujours à quelque chose ou à quelqu'un.

— On pense vaguement, si vaguement, qu'en une minute on ne s'en souvient plus.

Lauriane ne disait pas la vérité. Elle avait pensé à Charlotte d'Albret, et nous traduirons tout ce qui s'était passé dans sa courte rêverie.

Cette pauvre princesse lui était comme apparue pour lui faire la réponse que sollicitait d'Alvimar, et cette réponse, la voici : « Une jeune fille qui n'a point aimé accepte quelquefois, à la légère, l'amour qui se présente, parce qu'elle se sent impatiente d'aimer, et quelquefois elle tombe dans les bras d'un scélérat qui la torture, la flétrit et l'abandonne. »

D'Alvimar était loin de deviner le bizarre avertissement que venait de recevoir cette jeune âme; il crut à un peu de coquetterie, et le jeu lui plut, bien qu'il eût l'âme aussi froide qu'un marbre.

Il insista.

— Vous avez, je gage, songé, dit-il, à un amour plus vrai que celui dont M. de Bois-Doré vous donne la comédie, à un amour tel que vous pourriez, sinon le ressentir, du moins l'inspirer à un galant homme?

A peine eut-il prononcé ces paroles de provocation banale, mais d'un ton qu'il sut rendre ému et qu'il crut

persuasif, qu'il sentit le bras de Lauriane tressaillir, s'ar
racher du sien, et, en même temps, il la vit pâlir et
reculer.

— Qu'est-ce donc? s'écria-t-il en tâchant de reprendre son bras.

— Rien, rien, dit-elle en s'efforçant de sourire. J'ai vu
là une couleuvre dans les joncs, j'ai eu peur; je vais
appeler mon père pour la tuer.

Et elle se mit à courir vers M. de Beuvre, laissant
d'Alvimar battre avec sa canne les joncs du talus pour
chercher la maudite bête.

Mais aucune bête, laide ou belle, ne se montra, et,
quand il chercha des yeux madame de Beuvre, il la vit
quitter le jardin et rentrer dans le préau.

— Voilà une herbe sensitive, pensa-t-il en la regardant s'éloigner, soit qu'elle ait peur du serpent, soit
plutôt que mes paroles aient causé ce trouble soudain...
Ah! pourquoi les reines et les princesses, qui tiennent
en leurs mains les hautes destinées, n'ont-elles pas
cette amoureuse candeur des petites dames de campagne!

Pendant que sa vanité expliquait ainsi l'émotion de
Lauriane, celle-ci était montée à la chapelle de Charlotte
d'Albret, non pour prier, elle ne fréquentait pas cet ora-
toire catholique, ordinairement fermé comme le sanctuaire d'une mémoire respectable, mais pour s'assurer
d'un fait qui venait de la bouleverser.

Il y avait, dans cette petite chapelle, un portrait
déjà bien noirci et bien enfumé par les années, que l'on
ne montrait jamais à personne, mais que l'on gardait
là où on l'avait trouvé, par respect pour l arrangement
des choses qui avaient été à l'usage de la sainte de la
famille.

Lauriane n'avait vu ce portrait que deux fois en sa vie. Une fois par hasard, pendant qu'une vieille femme, chargée de tenir la chapelle propre, avait ouvert, pour l'épousseter, l'espèce d'armoire qui le renfermait.

Lauriane était alors enfant. Ce portrait lui avait fait peur, sans qu'elle sût pourquoi.

La seconde fois, et il n'y avait pas longtemps, son père lui racontait, avec certains détails de tradition, l'histoire de la pauvre duchesse, et il lui avait dit :

— Et pourtant notre sainte aïeule ne haïssait pas ce *monstre*. Soit qu'elle l'eût aimé un instant avant de savoir de quels crimes il était souillé, soit que, poussée uniquement par la charité chrétienne, elle se fît un devoir de prier pour lui, elle avait son portrait dans la chapelle.

Lauriane, comprenant de qui cette vieille peinture était l'effrayante image, elle avait voulu la revoir. Elle l'avait regardée avec attention, avec sang-froid, se jurant à elle-même de ne jamais épouser l'homme qui aurait le moindre trait de ressemblance avec cette figure terrible.

Malgré le calme de cet examen, le spectre était resté quelque temps devant ses yeux, et, involontairement, chaque fois qu'une physionomie sinistre se présentait devant elle, elle la comparait avec le type abhorré ; mais elle avait oublié cette préoccupation, car elle était naturellement gaie, tranquille, et aussi brave que la plupart des jeunes châtelaines de ce temps de trouble et de danger, dont on était à peine sorti.

Aussi, en voyant d'Alvimar, il ne lui était pas venu à la pensée de faire le moindre rapprochement, et même dans le jardin, en lui donnant le bras, en causant gaie-

ment avec lui et en le regardant face à face, elle n'avait
ressenti aucune crainte. Cependant, pourquoi avait-elle
pensé à Charlotte d'Albret pendant qu'il lui parlait? Elle
n'en savait rien; elle n'y avait pas fait grande attention
d'abord.

Mais d'Alvimar avait insisté pour pénétrer ses pensées,
il lui avait presque parlé d'amour. Du moins, il lui en
avait plus dit en deux mots, lui qu'elle voyait pour la
première fois, que n'avait jamais osé le faire aucun des
amis, jeunes ou vieux, qui l'entouraient.

Surprise de tant d'audace, elle l'avait regardé encore,
mais, cette fois, à la dérobée; elle avait surpris un sourire perfide sur cette figure charmante; et, en même
temps, le profil qui se dessinait sur le fond rougeâtre
du ciel bas lui avait arraché un cri de terreur.

Ce beau jeune homme, qui semblait provoquer les
premiers battements de son cœur, ressemblait à César
Borgia!

Que cela fût une certitude ou une rêverie, il lui avait
été impossible de rester un instant de plus à son bras.

Elle avait trouvé un prétexte à sa peur, elle s'était
enfuie, et elle venait regarder le portrait, pour détruire
ou confirmer ses doutes.

VII.

Comme le jour tombait rapidement et qu'il faisait
déjà sombre du côté du préau, elle retourna sur ses pas
et alla chercher une lumière dans sa chambre, qui était

située dans le pavillon attenant à la petite galerie de la chapelle.

L'armoire qui contenait le portrait n'était qu'un de ces carrés de planches en relief sur la muraille, où, dans les églises de villages, on serre la bannière des processions. Elle l'ouvrit précipitamment, plaça convenablement sa bougie et regarda l'infâme.

La peinture était belle. César et Lucrèce Borgia sont les contemporains de Raphaël et de Michel-Ange, et ce portrait, un peu sèchement étudié, était dans la première manière de Raphaël. Il appartenait à la même école.

La figure du duc de Valentinois ne présentait pas ces taches livides et ces pustules hideuses qui décrivent certains historiens, ni ces yeux louches « brillant d'un infernal éclat que même ses compagnons et ses familiers ne pouvaient supporter. » Soit que l'artiste l'eût flatté, soit qu'il l'eût peint à une époque de sa vie où le vice et le crime ne « suintaient » pas encore sur son visage, il ne l'avait pas fait laid. Il avait montré le cardinal-bandit de profil, et celui de ses yeux qu'il avait copié regardait droit devant lui.

La face était pâle, horriblement pâle et maigre, le nez étroit et acéré, la bouche sans lèvres, tant elles étaient incolores et minces, le menton anguleux, le type distingué, les traits assez purs, la moustache et la barbe rouges, délicatement plantées. Mais, vue ainsi sous l'aspect le plus favorable, cette tête de scélérat était peut-être plus repoussante encore que si elle eût été rongée de lèpre. Elle était calme et pensive, et le front ne rappelait en rien la tête plate de la vipère.

Non, non, c'était bien pis : c'était une tête d'homme bien conformée, avec toutes les facultés de l'intelligence admirablement développées pour le mal. L'œil, long

et peu ouvert, semblait recueilli dans la béate méditation
d'un forfait, et l'imperceptible sourire de la bouche
transparente avait la somnolente douceur de la férocité
assouvie.

On ne pouvait dire précisément où siégeait l'horreur
de l'expression : elle était partout. On se sentait froid
dans le corps et dans l'âme en interrogeant cette physionomie impudente et cruelle [1].

— J'ai rêvé! se dit Lauriane en détaillant tous les
traits. Ce n'est là ni le front, ni l'œil, ni la bouche de
cet Espagnol. J'ai beau regarder, je ne trouve ici rien
de lui.

Elle ferma les yeux pour se le rappeler sans voir le
portrait. Elle le revit de face : il était charmant avec une
expression de mélancolie résignée et fière. Elle le revit
de profil : il était enjoué, un peu railleur, peut-être; il
souriait. — Mais, dès qu'elle se retraça ce sourire, elle
retrouva le profil de l'infâme César, et, comme si les
deux empreintes se fussent collées l'une sur l'autre, il
lui fut impossible de les séparer.

1. J'ignore ce qu'est devenu le portrait dont il est ici question.
J'en ai vu un tout semblable en la possession de l'illustre général
Pope. On sait qu'il en existe un de Raphaël qui est un chef-d'œuvre.
Là, le Borgia est presque beau; du moins, il y a tant de distinction
dans sa figure et d'élégance dans sa personne, qu'on hésite d'abord à
le haïr. Pourtant l'examen produit une sensation de terreur réelle.
La main, droite, fine et blanche comme celle d'une femme, serre
tranquillement le manche d'un poignard placé sur son flanc. Elle
le tient avec une adresse remarquable; elle est prête à frapper. Le
mouvement est si admirablement indiqué, qu'on voit d'avance
comment le coup va être porté, de haut en bas, dans le cœur de
sa victime. Il y a de la grandeur dans ce portrait, en ce sens que
le grand artiste a mis là son cachet, mais sans chercher à déguiser
l'atrocité morale de son modèle, qu'il fait victorieusement percer
à travers le calme effrayant de la figure.

Elle referma l'armoire et regarda la chaire de bois sculpté, le petit autel et le coussin de velours noir blanchi et usé par les genoux de Charlotte. Elle y posa les siens et pria sans se demander si elle était dans une église ou dans un temple, si elle était protestante ou catholique.

Elle invoqua le Dieu des faibles et des affligés, le Dieu de Charlotte d'Albret et de Jeanne de France.

Puis, se sentant rassurée et voyant les chevaux prêts pour le départ de ses hôtes, elle redescendit au salon pour recevoir leurs adieux.

Elle trouva son père très-animé.

— Venez çà, madame ma chère fille, lui dit-il en lui prenant la main pour la faire asseoir sur le fauteuil que Bois-Doré et d'Alvimar se hâtaient de lui avancer; vous nous ramenez la concorde. Quand les femmes laissent les hommes entre eux, ils deviennent maussades, ils parlent politique ou religion, et, sur ce point-là, personne ne peut s'entendre. Soyez la bienvenue, vous qui avez la douceur des colombes, et parlez-nous des vôtres que, sans doute, vous venez de coucher.

Lauriane avoua qu'elle avait oublié ses tourterelles. Elle se sentait sous l'œil clair et pénétrant de d'Alvimar. Elle s'enhardit à le regarder. Décidément, il ne ressemblait pas plus au Borgia que le bon M. Sylvain lui-même.

— Vous vous êtes donc encore querellé avec notre voisin? dit-elle à son père en l'embrassant, pendant qu'elle tendait la main au vieux marquis. Eh bien, qu'est-ce que cela fait, puisque vous confessez avoir besoin d'un peu de contradiction pour digérer.

— Non, mordi! répondit M. de Beuvre, si c'était avec lui, je ne m'en confesserais pas, je n'aurais fait

qu'un péché d'habitude; mais je me suis laissé aller à
l'humeur contredisante avec M. de Villareal, et cela
est contre toute hospitalité et toute bienséance. Faites
notre paix, ma chère fille, et dites-lui, vous qui me connaissez, que je suis un vieux huguenot têtu et batailleur,
mais franc comme l'or et tout à son service quand
même.

M. de Beuvre se vantait. Il n'était pas un huguenot
bien féroce, et les idées religieuses couraient fort em-
brouillées dans sa cervelle. Mais il avait des haines et des
rancunes politiques assez vives, et il ne pouvait entendre
parler de certains adversaires sans donner carrière à
sa brusque franchise.

Or, M. d'Alvimar l'avait blessé en prenant la défense
de l'ex-gouverneur du Berry, M. le duc de la Châtre,
sur le compte duquel le hasard de la conversation les
avait mis.

Lauriane, informée du sujet de la discussion, prononça
doucement son verdict.

— Je vous absous tous deux, dit-elle: vous, monsieur
mon père, pour avoir pensé qu'en aucune chose de ce
monde, sauf la bravoure et l'esprit, l'exemple de feu
M. de la Châtre n'était bon à suivre; — vous, monsieur
de Villareal, pour avoir plaidé la cause d'un homme qui
n'est plus là pour se défendre.

— Bien jugé! s'écria Bois-Doré, et parlons d'autre
chose.

— Oui, certes, ne parlons plus de ce tyran! riposta
le vieux gentilhomme, ne parlons plus de ce fanatique!

— Il vous plaît de le traiter de fanatique, reprit d'Alvimar, qui ne savait pas céder; quant à moi, qui l'ai
beaucoup connu à la cour, si j'eusse osé lui adresser un

reproche, c'eût été celui de ne pas aimer assez la vraie religion et de n'y voir qu'un moyen de dompter la révolte.

— C'est vrai, c'est vrai, dit Bois-Doré, qui détestait la discussion et qui ne demandait qu'à en finir, tandis que M. de Beuvre, s'agitant sur sa chaise, faisait bien voir qu'il n'en avait pas fini.

— Après tout, reprit d'Alvimar espérant conclure, n'a-t-il pas fidèlement et ardemment servi le roi Henri, à la mémoire duquel vous me semblez ici tout dévoués?

— Et avec raison, monsieur! s'écria M. de Beuvre, avec raison, mordi! Où trouverez-vous un roi plus sage et plus humain? Mais combien de temps votre enragé ligueur de La Châtre ne l'a-t-il pas combattu? combien de fois ne l'a-t-il pas trahi? et combien d'écus a-t-il fallu lui donner pour qu'il se tînt tranquille? Vous êtes un jeune homme, vous, et un homme du monde; vous n'avez vu que le courtisan et le beau parleur; mais nous autres, vieux provinciaux, nous les connaissons, nos tyranneaux de province! Je voudrais bien que M. de Bois-Doré vous racontât de quelle manière ce grand guerrier fit par mensonge et trahison, la glorieuse conquête de Sancerre!

— Merci de moi! dit Bois-Doré avec un peu d'humeur; comment voulez-vous que je me rappelle pareille chose?

— Et pourquoi donc ne vous plairait-il pas vous en souvenir? reprit de Beuvre sans faire attention au dépit du marquis; vous n'étiez pas à la mamelle, je pense?

— J'étais du moins si jeune, que je ne me souviens de rien, dit Bois-Doré.

— Eh bien, moi, je me souviens! s'écria de Beuvre,

impatienté de cette défection de son ami. Or, j'avais dix
ans de moins que vous, mon voisin, et je n'y étais pas;
j'étais page du vaillant Condé, l'aïeul de celui-ci, et un
autre homme, je vous jure.

— Voyons, dit Lauriane, qui hasarda une grande malice
pour apaiser son père et détourner la querelle de son
objet principal: il faut que notre marquis se confesse
d'avoir été au siége de Sancerre et de s'y être vaillamment comporté, car tout le monde le sait, et c'est par
modestie qu'il ne veut pas s'en souvenir.

— Vous savez bien que je n'y étais pas, reprit Bois-
Doré, puisque j'étais ici avec vous.

— Oh! je ne parle pas du dernier siége, celui qui n'a
duré que vingt-quatre heures, au mois de mai passé, et
qui n'a été que le coup de grâce; je parle du grand, du
fameux siége de l'an 1572.

Bois-Doré avait horreur des dates. Il toussa, s'agita,
releva le feu, qui n'était pas tombé; mais Lauriane était
résolue à l'immoler sous les fleurs de la louange.

— Je sais bien, dit-elle, que vous étiez fort jeune,
mais vous vous battiez déjà comme un lion.

— Il est vrai que mes amis firent merveille, répondit
Bois-Doré, et que l'affaire fut très-chaude; mais je n'y
frappai pas bien fort, malgré mon bon vouloir, à l'âge
que j'avais...

— Mordi! vous y fîtes vous-même deux prisonniers!
s'écria de Beuvre en frappant du pied. Tenez, j'enrage
ma vie quand je vois un homme de guerre et de cœur
comme vous renier ses bonnes prouesses plus tôt que
d'avouer son âge!

Bois-Doré fut vivement blessé, et sa figure s'attrista;
c'était sa seule manière de témoigner son déplaisir à ses
amis.

Lauriane vit qu'elle avait été trop loin ; car elle aimait sincèrement son vieux voisin, et, quand il ne riait plus de ses taquineries, elle n'avait plus envie de rire.

— Non, monsieur, dit-elle à son père, permettez à votre fille de vous dire que vous plaisantez. Le marquis était loin d'avoir vingt ans, et son action fut d'autant plus belle.

— Comment ! il n'avait pas vingt ans ? s'écria encore de Beuvre ; serais-je, tout d'un coup, devenu le plus vieux ?

— On n'a jamais que l'âge que l'on montre, reprit Lauriane, et il ne faut que regarder le marquis,..

Elle s'arrêta, n'ayant pas le courage de mentir si résolûment pour le consoler ; mais l'intention suffit, car Bois-Doré se contentait de peu.

Il la remercia d'un regard, son front s'éclaircit ; de Beuvre se mit à rire, d'Alvimar admira la gentillesse de Lauriane, et l'orage fut détourné.

VIII

On causa sans dépit quelques instants encore.

M. de Beuvre invita d'Alvimar à ne pas s'effaroucher de ses boutades et à revenir le surlendemain avec Bois-Doré, qui avait coutume de dîner tous les dimanches à la Motte ; puis on vint annoncer que *la carroche* de M. le marquis était prête. (Chacun sait qu'avant Louis XIV, lequel, en personne, en ordonna autrement, carrosse était souvent des deux genres, et le plus souvent féminin, d'après l'italien *carrozza*.)

Or, la carrosse ou carroche de M. de Bois-Doré était un vaste et lourd berlingot que traînaient courageusement quatre forts et beaux chevaux percherons, un peu trop gras; car tout était bien nourri, bêtes et gens, au logis du bon M. Sylvain.

Ce respectable véhicule, destiné à affronter les routes carrossables et non carrossables, était d'une solidité à toute épreuve, et, si la souplesse de son allure laissait quelque chose à désirer, on était du moins assuré de ne s'y pas trop briser les os, même en cas du chute, à cause de l'énorme rembourrage de l'intérieur.

Il y avait six pouces d'épaisseur de laine et d'étoupe sous la doublure de damas, en sorte qu'on y avait, sinon toutes ses aises, du moins une sorte de sécurité.

C'était, du reste, un beau chariot, tout couvert de cuir, garni de clous dorés qui formaient des bordures d'ornement autour des panneaux. Il y avait, pour descendre et monter, une petite échelle que l'on retirait et plaçait dedans quand on était en route.

Aux quatre coins de cette citadelle roulante, on remarquait un arsenal composé de pistolets et d'épées, sans oublier la poudre et les balles, si bien qu'au besoin on y pouvait soutenir un siége.

Deux valets à cheval, portant des torches, ouvraient la marche; deux autres porte-flambeaux marchaient derrière la voiture avec le domestique de d'Alvimar, tenant son cheval en laisse.

Le jeune page du marquis monta sur la banquette à côté du cocher.

Tout cela passa à grand bruit sous la herse de la Motte-

Scuilly, et le pont-levis, en se relevant derrière la cavalcade, aux joyeux aboiements des chiens de garde qu'on
lâchait dans le préau, compléta un vacarme qui fut
entendu jusqu'au hameau de Champillé, à un bon quart
de lieue de distance.

D'Alvimar _rut devoir adresser à Bois-Doré quelques
louanges sur son beau carrosse, objet de luxe et de confort encore peu répandu dans les campagnes, et qui,
dans le pays particulièrement, passait pour une merveille.

— Je ne m'attendais pas, dit-il, à trouver au fond du
Berry les aises des grandes villes, et je vois, monsieur
le marquis, que vous menez ici la vie d'un homme de
qualité.

Rien ne pouvait être plus flatteur pour le marquis que
cette dernière expression. Simple gentilhomme, il n'était
pas, il ne pouvait pas être, malgré son titre, *homme de
qualité*.

Son marquisat était une petite ferme du Beauvoisis
qu'il ne possédait même pas.

Dans un jour de fatigue et de danger, Henri IV, arrivant
avec lui et une très-petite escorte dans cette ferme, où
le hasard de la guerre de partisans les avait forcés de
faire halte, et qu'ils trouvèrent déserte et abandonnée,
courait grand risque de ne point déjeuner du tout, lorsque M. Sylvain, qui était l'homme de ressources dans
ces sortes d'aventures, avait découvert, dans un buisson,
quelques volailles oubliées et devenues sauvages. Le
Béarnais s'était donné le plaisir de cette chasse, et Sylvain s'était chargé de faire cuire à point le gibier.

Ce festin inespéré avait mis le roi de Navarre en belle
humeur, et il avait *donné* la ferme à son bon compagnon, l'érigeant en marquisat, de par son bon plaisir,

et ce, disait-il, pour avoir empêché un roi d'y mourir de faim.

La possession s'était bornée à ce séjour de quelques heures sur le petit fief conquis sans coup férir. Il avait été repris dès le lendemain par le parti contraire ; puis, après la paix, il était retourné en la possession de ses légitimes propriétaires.

Peu importait à Bois-Doré, qui ne tenait point à cette bicoque, mais bien à son titre, et à qui le roi de France confirma plus tard, en riant, la promesse faite par le roi de Navarre. Aucun parchemin ne conféra cette dignité au gentilhomme berrichon ; mais, sous la protection du monarque devenu tout-puissant, le titre fut souffert, et l'obscur campagnard accueilli dans l'intimité du roi comme marquis de Bois-Doré.

Comme personne ne réclama, la plaisanterie et la tolérance du roi firent, sinon droit, du moins précédent, et on eut beau se moquer du marquisat de M. Sylvain Bouron du Noyer, — car tel était son nom véritable, — il se tint, en dépit des rieurs, pour homme de qualité. Après tout, il méritait mieux ce titre et il le portait plus honorablement que bien d'autres partisans.

D'Alvimar ignorait toutes ces circonstances. Il avait fait peu d'attention à ce que lui en avait dit rapidement Guillaume d'Ars. Il ne songeait pas à railler la qualité de son hôte, et notre marquis, accoutumé à être taquiné sur ce point délicat, lui sut un gré infini de sa courtoisie.

Pourtant il crut devoir faire le robuste pour effacer la fâcheuse date du siége de Sancerre.

— J'ai cette carrosse, dit-il, à seules fins de pouvoir l'offrir aux dames de mon voisinage quand besoin est ; car, pour ce qui est de moi, je préfère le cheval. On va plus vite et on fait moins d'embarras.

— Ainsi, reprit d'Alvimar, vous m'avez traité comme une dame, en faisant venir cette voiture dans la journée? J'en suis confus, et, si j'avais pensé que vous ne craigniez point le frais du soir, je vous aurais supplié de ne rien changer à vos habitudes.

— Moi, j'ai pensé qu'après le voyage que vous venez de faire, vous avez bien assez chevauché pour aujourd'hui et, quant au froid, à vous dire le vrai, je suis un assez grand paresseux, et je me donne bien des douceurs dont ma santé n'a nul besoin.

Bois-Doré voulait concilier la nonchalance des jeunes courtisans avec la vigueur des jeunes campagnards, et il était quelquefois bien embarrassé d'arranger tout cela.

En somme, il était encore solide, bon cavalier et bien portant, malgré quelques douleurs de rhumatismes qu'il n'avoua jamais, et une légère surdité dont il ne convenait pas, mettant les méprises de son oreille sur le compte de sa distraction.

— Il faut, ajouta-t-il, que je vous demande excuse pour l'impolitesse de mon ami de Beuvre. Rien n'est plus déplacé que ces querelles de religion, lesquelles ne sont plus du tout de mode. Mais vous pardonnerez à l'entêtement d'un vieillard. Au fond, de Beuvre ne se soucie pas plus que moi de ces subtilités. C'est l'engouement pour le passé qui lui donne de temps en temps la maladie de récriminer contre les morts et d'ennuyer, par là, considérablement les vivants. Je ne vois pas pourquoi la vieillesse est pédante de ses souvenirs, comme si, à tout âge, on n'avait point vu assez de choses et assez de gens pour être autant philosophe que de besoin? Ah! parlez-moi des gens de Paris, mon cher hôte, pour savoir causer avec délicatesse et modération sur tous objets de controverse! Parlez-moi de l'hôtel de Rambouillet, par exemple ! Vous n'êtes pas sans avoir fréquenté le *salon bleu d'Arténice ?*

D'Alvimar put répondre qu'il était reçu chez la marquise, sans manquer à la vérité. Son esprit et son savoir lui avaient ouvert les portes du Parnasse à la mode; mais il n'y avait pas pris pied, son intolérance s'étant dévoilée trop vite dans ce sanctuaire de l'urbanité française.

D'ailleurs, il avait peu de goût pour la bergerie littéraire. L'ambition du siècle le rongeait, et la pastorale, qui est un idéal de repos et d'humble loisir, n'était point du tout son fait. Aussi se sentait-il pris de fatigue et de sommeil, lorsque Bois-Doré, enchanté d'avoir à qui parler, se mit à lui réciter des pages entières de l'*Astrée.*

— Quoi de plus beau, s'écriait-il, que cette lettre de la bergère à son amant :

« Je suis soupçonneuse, je suis jalouse, je suis difficile à gagner et facile à perdre, et plus aysée à offenser, et très-malaysée à rapaiser. Il faut que mes volontés soient des destinées, mes opinions des raisons et mes commandements des lois inviolables. »

Voilà du style ! et quelle belle peinture d'un caractère !... Et la suite, monsieur, n'est-ce point toute la sagesse, toute la philosophie et la moralité dont un homme ait besoin ? Écoutez ceci, que répond Sylvie à Galatée :

« Il ne faut point douter que ce berger ne soit amoureux, étant si honnête homme ! »

Comprenez-vous bien, monsieur, la profondeur de cette devise? Au reste, Sylvie l'explique elle-même :

« L'amant ne désire rien tant que d'être aymé; pour être aymé, il faut qu'il se rende aimable, et ce qui rend aimable est cela même qui rend honnête homme. »

— Quoi? qu'est-ce à dire? s'écria d'Alvimar éveillé
en sursaut par le discours de la docte bergère, que Bois-
Doré lui criait aux oreilles pour dominer le bruit de *la
carrosse* sur le dur pavé de l'ancienne voie romaine de
La Châtre à Château-Meillant.

— Oui, monsieur, oui, je le soutiendrais envers et
contre tous ! reprit Bois-Doré sans s'apercevoir du *tressaut* de son hôte; et je me tue à le répéter à ce vieux
radoteur, à ce vieil hérétique en matière de sentiments!

— Qui? demanda d'Alvimar effaré.

— Je parle de mon voisin de Beuvre, un très-excel-
lent homme, je vous jure, mais coiffé de l'idée que la
vertu est dans les livres de théologie, qu'il ne lit pas,
attendu qu'il ne les comprendrait point; et je lui soutiens,
moi, qu'elle est dans les œuvres de poésie, dans les
pensées agréables et bienséantes dont un chacun, pour
si simple qu'il soit, peut faire son profit. Par exemple,
lorsque le jeune Lycidas cède aux folles amours
d'Olympe...

Pour le coup, d'Alvimar se rendormit résolûment, et
M. de Bois-Doré déclamait encore lorsque la carrosse et
l'escorte firent retentir le pont-levis de Briantes d'un
bruit égal au bruit qu'elles avaient fait sur celui de la
Motte.

Le temps était devenu très-sombre; d'Alvimar ne vit
du château que l'intérieur, qui lui parut fort petit, et qui
l'était effectivement, eu égard aux grandes dimensions
des logements de cette époque.

Aujourd'hui, les salles de ce manoir paraissent encore
très-vastes; mais elles semblaient alors aussi exiguës
que possible.

La partie occupée par le marquis, et ruinée par les
bandes d'aventuriers en 1594, était de construction toute

récente. C'était un pavillon carré, flanqué à une tour fort ancienne et à une autre construction plus ancienne encore, le tout formant un seul massif d'architecture hétérogène, d'une étroitesse élancée et d'un aspect élégant et pittoresque.

— Ne vous effrayez pas trop de la pauvre mine de ma maisonnette, dit le marquis à son hôte en le précédant sur l'escalier, tandis que son page et sa gouvernante Bellinde les éclairaient; ce n'est qu'un pavillon de chasse et un logis de garçon. Si jamais la fantaisie du mariage me montait à la tête, il me faudrait faire bâtir; mais, jusqu'ici, je n'y ai point encore songé, et j'espère que, garçon vous-même, vous ne trouverez point cette bicoque trop mal commode.

IX

En effet, le logis de garçon était arrangé, tapissé et orné avec un luxe que n'annonçaient pas la petite porte basse fleuronnée et l'étroit vestibule d'où s'élançait tout à coup la spirale de l'escalier.

Il y avait partout, sur les dalles, de bonnes *revéches de Berry*, et, sur les planchers, d'autres tapis plus riches de la manufacture d'Aubusson ; enfin, dans le salon et dans la chambre à coucher du maître, des tapis de Perse du plus grand prix.

Les vitres des fenêtres étaient larges et claires, c'est-à-dire qu'elles formaient des losanges de deux pouces carrés, non teintées, sur lesquelles se détachaient des

médaillons armoriés en couleur. Les tentures représentaient des dames fluettes et charmantes et de jolis petits
messieurs, qu'à leurs panetières et houlettes il fallait
bien reconnaître pour des pastourelles et des bergers.

Les noms des principaux personnages de l'*Astrée*
étaient, d'ailleurs, brodés dans l'herbe sous leurs pieds,
et leurs belles paroles leur sortaient de la bouche, se
croisant avec les réponses non moins belles de leurs
vis-à-vis.

On y voyait, sur un panneau du salon de compagnie,
l'infortuné Céladon se précipitant avec une grâce tortillée
dans l'onde bleue du Lignon, qui, d'avance, se ridait en
ronds, dans la prévision de sa chute. Derrière lui, l'incomparable Astrée, *lâchant la bonde à ses pleurs*, ac-
courait trop tard pour le retenir, bien qu'il eût le pied
levé jusque dans la main de la bergère. Au-dessus de ce
groupe pathétique, un arbre, plus mouton que les moutons de ces fantastiques prairies, élevait jusqu'au plafond
ses branches ouatées et crépelées.

Mais, pour ne pas déchirer le cœur par ce lamentable
spectacle du trépas de Céladon, l'artiste l'avait représenté dans le même panneau, et tout de suite, sur l'autre
rive du Lignon, *poussé de l'eau* et couché dans les buissons *entre la vie et la mort*, mais recueilli par « trois
belles nymphes dont les cheveux épars allaient ondoyant
sur les épaules, couverts d'une guirlande de diverses
perles. Elles avaient les manches de la robe retroussées
jusque sur le coude, d'où sortait un linomple délié, qui,
froncé, venait finir auprès de la main, où deux gros bra-
celets de perles le tenaient attaché. Chacune avait au
côté le carquois rempli de flèches et portait en la main
un arc d'ivoire; leur robe retroussée laissait voir leurs
brodequins dorés, jusqu'à mi-jambe. »

I. 3

Auprès de ces belles, on voyait le petit Méril gardant leur chariot en forme de coquille terminée en parasol, et traînée par deux chevaux qu'on eût pu aussi bien prendre pour des brebis, tant ils avaient l'œil bénin et la tête busquée.

Le panneau suivant représentait le berger, secouru et soutenu par ces aimables nymphes, et occupé à rendre par la bouche toute l'eau du Lignon qu'il avait bue; ce qui ne l'empêchait pas de dire, en paroles écrites tout le long de ce vomissement : « Si je vis, comment est-il possible que la cruauté d'Astrée ne me fasse mourir? »

Pendant ce monologue, Sylvie disait à Galatée : « Il y a, en ses façons et ses discours, quelque chose de plus généreux que le nom de berger ne porte. »

Et, au-dessus du groupe, Cupidon décochait une flèche plus grosse que lui dans le cœur de Galatée, bien qu'il visât dans son épaule, par la faute d'un arbre qui l'empêchait de se bien placer. Mais les traits d'amour sont si subtils !

Que ne dirai-je point du troisième panneau, qui montrait le terrible combat du blond Filandre avec le Moro terrible, celui-ci qui tenait l'autre embroché de part en part, tandis que, sans se déconcerter, le vaillant berger enfonçait dextrement le bout ferré de sa houlette entre les deux yeux du monstre?

Et du quatrième panneau, où l'on voyait la belle Mélandre sous l'armure du chevalier Triste, conduite en présence du cruel Lypandas !

Mais qui ne connaît les merveilles de ce *beau pays de tapisserie*, comme l'appelle un de nos poëtes, contrée folle et riante où nos imaginations enfantines ont vu et rêvé tant de prodiges? ·

Les tentures de M. de Bois-Doré étaient merveilleusement composées, en ce sens qu'on avait réussi à faire
tenir, au moyen des groupes lointains semés dans le
paysage, plusieurs aventures en une seule, et que ce bon
seigneur avait le plaisir de repasser les principales scènes
de son poëme favori, en faisant le tour de son appartement. Mais c'étaient bien les plus absurdes dessins et les
plus invraisemblables couleurs qui se pussent imaginer,
et rien ne pouvait mieux caractériser le mauvais goût
qui, en ce temps, marchait, faux et fade, à côté du
grand goût splendide de Rubens et des allures crânes et
vraies de Callot.

Chaque époque résume ainsi les extrêmes; c'est pourquoi il ne faut jamais désespérer de celle où l'on vit.

Il faut pourtant reconnaître que certaines phases de
l'histoire de l'art sont plus favorisées que d'autres, et
qu'il en est où le goût est si pur et si fécond, que le sentiment du beau pénètre dans tous les détails de la vie
usuelle et dans toutes les couches de la société.

Au moment de la pleine renaissance, tout prend un
caractère d'élégante invention, et l'on sent, jusque dans
le moindre vestige, que les agitations de la vie sociale
ont favorisé merveilleusement l'essor de l'imagination.
Cet instinct descend alors de la région des hautes intelligences jusqu'au pauvre artisan; depuis le palais jusqu'à la chaumière, rien n'existe plus qui puisse habituer
les yeux et l'esprit à la vue du laid ou du trivial.

Il n'en était déjà plus ainsi sous Louis XIII, et les provinciaux de l'endroit préféraient les tapisseries et les
meubles tout modernes de M de Bois-Doré aux précieux
spécimens du dernier siècle, que les reîtres avaient pil-
lés ou brisés dans le manoir de son père, cinquante ans
auparavant.

Quant à lui qui se croyait artiste, il ne regrettait pas ces antiquailles, et, quand il pouvait harper sur les chemins quelque barbouilleur de passage, il lui faisait dessiner sous ses yeux ce qu'il se permettait naïvement d'appeler ses idées, en fait de meubles et de décorations, lesquelles il faisait exécuter ensuite à grand prix, car il ne reculait devant aucune dépense pour satisfaire ses goûts de luxe puéril et bizarre.

Aussi son château était-il remplit de crédences à secret et de *cabinets* à surprises ; de ces cabinets merveilleux, sortes de grandes boîtes à tiroirs, au milieu desquelles un ressort faisait apparaître une miniature de palais enchanté, soutenu de colonnes torses, incrusté de grosses pierreries fausses, et meublé de petits personnages de lapis, d'ivoire ou de jaspe.

D'autres cabinets, tout plaqués d'écaille transparente sur fond rouge et rehaussé de cuivres brillants, ou tout incrustés d'ivoire historiée, contenaient quelque chef-d'œuvre de tabletterie, dont l'agencement ingénieux et gros de mystères servait à enfermer les billets doux, les portraits, cheveux, bagues, fleurs et autres reliques d'amour à l'usage des beaux de l'époque. Bois-Doré faisait entendre que ses arcanes d'ébénisterie regorgeaient de trésors de ce genre ; quelques malveillants prétendaient qu'ils étaient vides.

Malgré toutes les aberrations de sa magnificence, Bois-Doré avait fait de son petit manoir un nid luxueux, chaud et brillant, qui lui avait coûté plus qu'il ne valait, mais que l'on aimerait bien à retrouver intact au fond d'un de ces petits châteaux du pays, aujourd'hui délaissés, délabrés, tombant en ruine ou convertis en métairies.

Il y en aurait pour trois jours à examiner tous ces

tions curieux que l'on désigne à présent sous le nom nouveau de *bibelots*, et qui seraient mieux nommés *bribelots*. Notre époque, curieuse et chercheuse, a, du reste, le droit de donner le nom qu'il lui plaît à un genre d'exploration qui lui est tout spécial, et nous acceptons de grand cœur le verbe *bibeloter*, bien qu'il ne soit encore qu'à l'usage des adeptes.

Pourtant, nous ne *bibeloterons* pas ici l'intéressant mobilier de Briantes, ce serait trop long, et nous dirons seulement que M. d'Alvimar eût pu se croire dans la boutique d'un revendeur, tant la profusion de colifichets entassés sur les dressoirs, sur les cheminées, ou montant en pyramides sur les tables, contrastait avec l'austère nudité des palais espagnols où il avait passé ses jeunes années.

Au milieu de toutes ces faïences et verroteries, flacons, flambeaux, buires, lustres, vases, sans compter les aiguières, coupes ou drageoirs d'or, d'argent, d'ambre ou d'agate ; les siéges cloutés, frangés et lampassés de toute forme et de toutes dimensions ; les bancs et armoires de chêne sculpté, à grands fermoirs de fer découpés sur fond de drap écarlate ; les rideaux de satin brochés d'or à petits et grands bouquets, garnis de lambrequins galonnés d'or fin, etc., etc., il y avait certainement de beaux ouvrages d'art et de charmants objets d'industrie contemporaine mêlés à beaucoup d'affiquets puérils et de recherches incommodes. En somme, l'effet général était chatoyant et agréable, bien que tout cela fût trop entassé et que l'on n'osât y remuer, dans la crainte de briser quelque chose.

Quand d'Alvimar eut exprimé sa surprise de trouver ce palais de la fée Babiole au fond des humbles vallons du Berry, et que Bois-Doré lui eut complaisamment

montré les principales richesses de son appartement, la
gouvernante Bellinde, qui allait et venait en donnant des
ordres d'une voix claire et retentissante, annonça tout
bas à son maître que le souper était prêt, tandis que le
page ouvrait les portes toutes grandes en criant la formule d'usage et que l'horloge du château sonnait sept
heures avec carillon de musique à la mode des Flandres.

D'Alvimar, qui n'avait jamais pu s'habituer à l'abondance des mets en France, fut surpris de voir la table
couverte, non-seulement de pièces d'orfévrerie et de
flambeaux chargés de fleurs de cristal de toutes couleurs, mais d'une quantité de plats comme s'il se fût
agi de traiter une douzaine de personnes de bon appétit.

— Eh ! ce n'est point là un souper, lui dit Bois-Doré, à
qui il reprochait de le traiter comme un gourmand : ce
n'est qu'un petit ambigu aux flambeaux. Faites un effort, et, si mon *maître queux* ne s'est point enivré aujourd'hui en mon absence, vous verrez que le drôle sait
réveiller l'appétit paresseux.

D'Alvimar se laissa faire et reconnut que l'appétit lui
venait malgré lui.

Jamais il n'avait, à la table des grands seigneurs de
sa nation, goûté d'une chère aussi exquise, et, dans les
plus riches hôtels de Paris, il n'en avait point rencontré
de meilleure. Ce n'étaient que petits plats fins, convenablement relevés, très-savamment compliqués à la
mode du temps : cailles grasses farcies, bisques d'écre-
visses, pâtisseries légères, crèmes parfumées de plusieurs sortes dans des croûtes de massepain. biscuits
au safran, au girofle, vins fins de France, parmi lesquels
le vin vieux d'Issoudun pouvait rivaliser avec les meilleurs clos de Bourgogne, et vins de dessert les plus
chauds de Grèce et d'Espagne.

Il y en eut pour deux heures à goûter un peu de tout, M. de Bois-Doré parlant cave et cuisine en maître consommé, et mademoiselle Bellinde dirigeant les valets avec une science et une habileté incomparables.

Le jeune page joua du téorbe fort agréablement pendant les deux premiers services ; mais, à l'apparition du troisième, un nouveau personnage se présenta et causa à d'Alvimar quelque malaise, sans qu'il eût pu dire pourquoi.

X

C'était un homme d'une quarantaine d'années, que le marquis salua du nom de maître Jovelin, et qui, sans dire une parole, s'assit sur un chaise de cuir doré dans un angle de la salle, de manière à ne pas gêner le service des valets. Il portait un petit sac de serge rouge qu'il posa sur ses genoux, et il se mit à regarder les convives d'un air doux et souriant.

Sa figure était belle, quoique vulgaire quant aux traits. Il avait le nez gros et la bouche grande, le menton fuyant et le front bas.

Malgré ces défauts, il était impossible à un honnête homme de le regarder sans intérêt; et, pour peu que l'on fît attention à sa belle chevelure noire très-négligée, mais fine et naturellement bouclée, à ses magnifiques dents blanches, que montrait un sourire triste mais franc, enfin à ses yeux noirs d'une si vive intelligence et

d'une bonté si sympathique, que sa figure jaune en était
tout éclairée, on se sentait comme obligé de l'aimer et
même de le respecter.

Il était hbillé comme un petit bourgeois, mais fort
proprement, tout en drap gris-bleu, avec des bas de
laine ; la casaque longue boutonnée, un grand col rabattu
tout uni et coupé carrément sur la poitrine, les manches
ouvertes à la manière flamande et un grand feutre sans
plumes.

M. de Bois-Doré, après avoir demandé fort poliment
comment il se portait et donné l'ordre de lui servir un
verre de vin de Chypre qu'il refusa de la main, ne lui
parla plus et s'occupa exclusivement de son hôte.

Ainsi le voulait la bienséance d'alors, un homme de
qualité ne devant pas témoigner beaucoup d'égards à un
inférieur, sous peine de faire injure à ses égaux.

Mais d'Alvimar remarqua très-bien que leurs yeux se
rencontraient fréquemment et qu'ils échangeaient, à
chaque parole prononcée par le marquis, un sourire de
bonne intelligence, comme si celui-ci eût voulu associer
cet inconnu à toutes ses pensées, soit pour obtenir son
approbation, soit pour le distraire de quelque secrète
souffrance.

Certes, dans tout cela il n'y avait pas de quoi alarmer
M. Sciarra. Mais peut-être n'était-il pas très-bien avec
sa conscience ; car cette belle et honnête physionomie,
loin de lui être agréable, le jeta dans un grand trouble
et dans de soudaines méfiances.

Pourtant le marquis ne dit pas un mot et ne fit pas la
moindre question qui eussent rapport aux motifs de la
fuite de l'Espagnol au fond du Berry. Il ne parla que de
lui-même, et, en cela, il fit preuve de savoir-vivre, car
M. d'Alvimar n'avait encore paru disposé à aucune con-

fidence, et son hôte trouvait moyen de lui faire la conversation sans l'interroger en quoi que ce fût.

— Vous me trouvez bien logé, bien meublé, bien servi, lui disait-il ; tout cela est vrai. Voilà déjà plusieurs années (il n'en disait pas le compte) que je me suis retiré du monde pour me reposer un peu et me refaire des fatigues de la guerre, en attendant les événements. Je vous confesse que, depuis la mort du grand roi Henri, je n'aime plus ni la cour ni la ville. Je ne suis pas un grand pleurard et je prends le temps comme il vient ; pourtant j'ai eu trois grands chagrins dans ma vie : le premier, c'est quand je perdis ma mère ; le second, quand je perdis mon jeune frère ; le troisième, quand je perdis mon grand et bon roi. Et il y a cela de particulier dans mon histoire, que ces trois chères personnes périrent de mort violente. Mon roi assassiné, ma mère par une chute de cheval, et mon frère... Mais ce sont là des histoires trop tristes, et je ne veux point, pour la première nuit que vous passez sous mon toit, vous conter des choses malplaisantes à la veillée. Je vous dirai seulement ce qui m'a jeté dans la paresse et dans la *casanerie*. Quand j'eus vu expirer mon roi Henri, je me consultai ainsi : Tu as perdu tout ce que tu aimais, tu n'as plus que toi-même à perdre ; or donc, si tu ne veux que ton tour vienne bientôt, tu feras aussi bien de fuir ces pays de trouble et d'intrigue, et d'aller soigner ta pauvre personne affligée et lassée, dans ton pays natal. Vous aviez donc raison de me croire aussi heureux que possible, puisque j'ai pu prendre le parti qui me convenait et me préserver de toute contrariété ; mais vous auriez tort de penser qu'il ne me manque rien ; car, si je ne désire aucune chose, je ne puis pas dire que je ne regrette personne. Mais c'est assez vous régaler de mes peines, et

je ne suis pas de ceux qui s'en nourrissent, sans vouloir
s'en consoler ou s'en distraire. Vous plaît-il entendre,
tout en goûtant à ces gelées au cédrat, un musicien plus
habile que le petit page de tout à l'heure? Écoutez cela
aussi, vous, mon bel ami, ajouta-t-il s'adressant au page;
cela ne vous fera point de mal.

Il avait, en parlant à d'Alvimar, envoyé à celui qu'il
appelait maître Jovelin un de ces regards affectueux qui
ressemblaient à des prières plus qu'à des ordres.

L'homme aux habits gris déboutonna la manche large
qui couvrait une manche plus étroite couleur de rouille
et la rejeta derrière son épaule; puis il tira de son sac
une de ces petites cornemuses à bourdon court et his-
torié, que l'on appelait alors *sourdelines,* et qui étaient
employées dans la musique de chambre.

Cet instrument, aussi doux et voilé que les musettes de
nos ménétriers sont aujourd'hui bruyantes et criardes,
était fort à la mode, et maître Jovelin n'eut pas plus tôt
préludé, qu'il s'empara non-seulement de l'attention,
mais de l'âme de ses auditeurs; car il jouait supérieure-
ment de cette sourdeline et la faisait chanter comme
une voix humaine.

D'Alvimar était connaisseur, et la belle musique avait
sur lui cette puissance de le porter à une tristesse moins
amère que de coutume. Il se livra d'autant plus volontiers
à cette espèce de soulagement, qu'il se sentit tranquillisé
en reconnaissant dans ce personnage silencieux et attentif, qu'il avait pris d'abord pour une manière d'espion
doucereux, un artiste habile et inoffensif.

Quant au marquis, il aimait l'art et l'artiste, et il écoutait toujours son *maître sourdelinier* avec une religieuse
émotion.

D'Alvimar exprima gracieusement son admiration

Après quoi, le souper étant fini, il demanda la permission de se retirer.

Le marquis se leva aussitôt, fit signe à maître Jovelin de l'attendre, au page de prendre un flambeau, et voulut conduire lui-même son hôte à l'appartement qui lui était préparé; après quoi, il revint se mettre à table, ôta son chapeau, ce qui, à cette époque, était signe que l'on se mettait à l'aise sans cérémonie, contrairement à l'usage établi plus tard; se fit servir une sorte de punch qu'on appelait clairette, mélange de vin blanc, de miel, de musc, de safran et de girofle, et invita maître Jovelin à s'asseoir vis-à-vis de lui, à la place que d'Alvimar venait de quitter.

— Or çà, messire Clindor, dit le marquis en souriant avec bonhomie au jeune garçon, qu'il avait, suivant son usage, affublé d'un nom tiré de l'*Astrée*, vous pouvez aller souper avec la Bellinde. Dites-lui d'avoir soin de vous, et nous laissez. — Attendez, fit-il au moment où le page allait se retirer, voilà une manière de marcher dont je me suis promis, tout ce jourd'huy, de vous reprendre. J'ai remarqué, mon bel ami, que vous endossiez des façons que vous croyez peut-être militaires, mais qui ne sont que vilaines. N'oubliez donc pas que, si vous n'êtes noble, vous êtes en passe de le devenir, et qu'un gentil bourgeois au service d'un homme de qualité est sur le chemin d'acquérir un petit fief et d'en prendre le nom. Mais de quoi vous servira que je vous aide à décrasser votre naissance, si vous travaillez à encrasser vos manières? Songez à faire le gentilhomme, monsieur, et non point le paysan. Or donc, ayez de l'aisance, évertuez-vous à poser les pieds tout entiers par terre en marchant, et non à entamer le pas par le talon, pour finir sur l'orteil; ce qui fait ressembler votre allure et le bruit de vos

souliers à l'amble d'un cheval de meunier. Sur ce, allez
en paix, mangez bien et dormez mieux, ou sinon, gare
aux étrivières !

Le petit Cliador, dont le nom véritable était Jean
Fachot (son père était apothicaire à Saint-Amand), reçut
la mercuriale de son maître et seigneur avec grand respect, salua et s'en alla sur la pointe des pieds comme
un danseur, afin de bien montrer qu'il ne posait pas
les talons les premiers, puisqu'il ne les posait plus du
tout.

Le vieux domestique, qui restait toujours le dernier,
étant allé souper aussi, le marquis dit à son sourde-li-
nier :

— Eh bien donc, mon grand ami, ôtez-moi aussi ce
grand feutre et mangez-moi, sans crainte des valets,
une bonne tranche de ce pâté et une autre de ce jambon,
comme vous faites tous les soirs quand nous sommes
tête à tête.

Maître Jovelin bégaya quelques sons inarticulés en signe de remerciement, et se mit à manger, tandis que le
marquis sirotait lentement sa *clairette*, moins par gour-
mandise que par politesse pour lui tenir compagnie ; car
il est bon de dire que, si ce vieillard avait beaucoup de
ridicules, il n'avait pas un seul vice.

Puis, pendant que le pauvre muet mangeait, le bon
châtelain lui fit, à lui tout seul, la conversation, ce qui
était pour le musicien une grande douceur, car personne
autre ne prenait cette peine de parler à un homme qui
ne pouvait pas répondre ; on s'était habitué à le traiter
comme un sourd-muet, en ce sens que, le sachant incapable de redire ce qu'il entendait, on ne se gênait pas
pour mentir ou médire à ses oreilles. Le marquis seul
l'entretenait avec beaucoup de déférence pour son noble

caractère, pour ses grandes connaissances et pour ses
malheurs, dont voici la courte histoire :

Lucilio Giovellino, natif de Florence, était un ami et
un disciple de l'illustre et infortuné Giordano Bruno.
Nourri des hautes sciences et des vastes idées de son
maître, il avait, en outre, une grande aptitude pour les
beaux-arts, la poésie et les langues. Aimable, éloquent
et persuasif, il avait propagé avec succès les doctrines
hardies de la pluralité des mondes.

Le jour où Giordano mourut dans les flammes avec la
tranquillité d'un martyr, Giovellino avait été banni de
l'Italie à perpétuité.

Cela s'était passé à Rome deux ans avant l'époque de
notre récit.

Sous la main des tourmenteurs, Giovellino n'avait pas
voulu accepter la solidarité de tous les principes de
Giordano. Tout en chérissant son maître, il avait rejeté
certaines de ses erreurs, et comme on n'avait pu le con-
vaincre que de la moitié de son hérésie, on ne lui avait
appliqué que la moitié de son supplice : on lui avait coupé
la langue.

Ruiné, banni, brisé par les tortures, Giovellino était
venu en France, où il sonnait sa douce cornemuse de
porte en porte, pour un morceau de pain, lorsque, la
Providence l'ayant amené à celle du marquis, il avait été
par lui recueilli, soigné, guéri, nourri, et, ce qui valait
encore mieux, chéri et apprécié. Il lui avait raconté par
écrit ses infortunes.

Bois-Doré n'était ni savant ni philosophe ; il s'était
d'abord intéressé à un homme poursuivi, comme il l'avait
été longtemps lui-même, par l'intolérance catholique.
Cependant il n'eût pas aimé un sectaire farouche, violent,
comme bon nombre de huguenots non moins persécu-

teurs, en ce temps-là, que leurs adversaires. Il savait vaguement les blasphèmes imputés à Giordano Bruno; il
se fit expliquer ses dogmes. Giovellino écrivait avec ra-
pidité, et avec cette clarté élégante que les grands esprits commençaient à ne pas dédaigner, voulant initier le
vulgaire même à ces hautes questions que Galilée poursuivait déjà dans le domaine de la science pure.

Le marquis se plut à cette causerie par écrit, qui ré-
sumait avec sobriété, et sans les digressions de la parole, les points essentiels. Peu à peu, il s'enthousiasma
et se passionna pour ces définitions nouvelles qui venaient le reposer et le débarrasser des assommantes
controverses. Il voulut lire l'exposé des idées de Giordano et même celles de son prédécesseur Vanini. Lucilio
sut les mettre à sa portée, en lui signalant les endroits
faibles ou faux, pour l'amener avec lui aux seules conclusions que l'intelligence humaine proclame aujourd'hui
avec certitude : la création infinie comme le Créateur,
les astres infinis peuplant l'espace infini, non pour servir de luminaire et de divertissement à notre petite planète, mais de foyers et d'aliments à la vie universelle.

Cela était bien facile à comprendre, et les hommes
l'avaient compris dès la première lueur de génie qui s'é-
tait manifestée dans l'humanité. Mais les doctrines de
l'Église du moyen âge avaient rapetissé Dieu et le ciel à
la taille de notre petit monde, et le marquis crut rêver
en apprenant que l'existence du véritable univers (chose,
disait-il, qu'il s'était toujours imaginée) n'était pas une
chimère de poëte.

Il n'eut pas de cesse qu'il ne se fût procuré un téles-
cope, et il s'attendait, le brave homme, tant il avait la
tête montée, à voir distinctement les habitants de la
lune. Il lui fallut en rabattre ; mais il passait toutes ses

soirées à se faire expliquer les mouvements des astres
et l'admirable mécanisme céleste dont Galilée, quelques
années plus tard, devait être condamné à abjurer l'*hérésie*, torturé, à genoux, et la torche au poing.

XI

— Eh bien, s'écria le marquis pendant que son ami
mangeait en se hâtant par discrétion, bien que l'hôte
aimable et civil l'engageât à prendre son temps : qu'avez-
vous fait aujourd'hui, mon redoutable savant? Oui, je
vous entends, de belles pages d'écriture. N'en perdez
pas une ligne, au moins! ce sont paroles d'or fin qui pas-
seront à la postérité ; car ces temps d'obscurcissement
s en iront aux oubliettes du passé ! Cependant cachez
toujours bien vos feuillets dans la crédence à secret que
j'ai fait mettre en votre chambre, quand vous n'écrivez
pas dans la mienne.

Le muet fit signe qu'il avait écrit dans le cabinet du
marquis, et que ses feuillets étaient dans un certain
coffre d'ébène, où le marquis les assemblait. Il se faisait entendre de son hôte, par gestes, avec une grande
facilité.

— C'est encore mieux, reprit Bois-Doré ; là, ils sont
encore plus en sûreté, puisque aucune femme n'y entre
jamais. Ce n'est pas que je me méfie de Bellinde ; mais je
la trouve trop dévote depuis ce nouveau recteur que
monseigneur de Bourges nous a envoyé, et qui ne vaut pas,
je le crains, notre vieil ami l'ancien curé, celui que nous
tenions de l'ancien archevêque, messire Jean de Beaune.

» Ah ! que n'avons-nous conservé ce brave prélat
avec sa grande barbe, sa taille de géant, sa corpulence
de futaille, son appétit de Gargantua, sa belle figure,
son grand esprit et son beau savoir ! un des hommes les
plus fins et les meilleurs du royaume, bien que, à le
voir, on l'eût pris pour un bon vivant et rien de plus !

» Si vous fussiez venu de son temps, mon grand ami,
vous n'eussiez point eu à vous tenir caché au fond de
cette petite capitainerie; force ne vous eût point été de traduire votre nom en français, de céler votre science, de
passer pour un pauvre sonneur de cornemuse, et de
laisser croire aux gens d'ici que vous aviez été mutilé
par les huguenots ; notre brave primat vous eût pris
sous sa protection, et vous eussiez imprimé vos belles
pensées à Bourges, au grand honneur de votre nom et
de notre province, tandis que nous n'avons pour arche-
vêques que les *trop hâtés valets* du Condé.

» Oui, oui, j'en ai encore appris de belles, aujourd'hui,
chez de Beuvre, sur le prince renégat de la foi de ses
pères et des amitiés de sa jeunesse ! il nous inonde de
jésuites, et, si le pauvre Henri revenait à la vie, il verrait
de plaisantes mascarades ! M. de Sully est de plus en
plus en disgrâce. Le Condé lui achète par menace toutes
ses terres du Berry. Écoutez, il s'est fait donner le grand-
bailliage et le commandement de la grosse tour. Le voilà
roi de notre province, et l'on dit qu'il songe à devenir
roi de France. Donc, les choses sont mal au dehors, et il
n'y a sûreté qu'au dedans de nos petites forteresses, encore à la condition d'y être prudent et d'attendre avec
patience la fin de tout ceci.

Giovellino prit la main que le marquis lui tendait par-
dessus la table et la baisa avec cette éloquente effusion
qui, chez lui, suppléait à la parole. En même temps, il

lui fit comprendre, par ses regards et sa pantomime, qu'il se trouvait heureux près de lui, qu'il ne regrettait pas la gloire et le bruit du monde, et qu'il était bien disposé à la prudence, par crainte de compromettre son protecteur.

— Quant à ce jeune gentilhomme que vous m'avez vu introduire ici et fêter de mon mieux, poursuivit Bois-Doré, il faut que vous sachiez que je ne sais rien de lui, sinon qu'il est l'ami de messire Guillaume d'Ars, qu'il court un danger, et qu'il y a à le cacher et le défendre au besoin. Mais ne trouvez-vous pas surprenant que, de la journée, cet étranger ne m'ait point pris à part une seule fois pour me confier son cas, ou qu'il ne l'ait point fait lors que naturellement, nous nous sommes trouvés ensemble en arrivant céans?

Lucilio, qui avait toujours un crayon et un cahier de papier près de lui sur la table, écrivit à Bois-Doré :

« Orgueil espagnol. »

— Oui ! reprit le marquis, lisant, pour ainsi dire, avant qu'il eût écrit, tant il avait pris, depuis deux ans, l'habitude de deviner ses mots dès les premières lettres; « hauteur castillane, » voilà ce que je me suis dit aussi. J'ai connu bon nombre de ces hidalgos, et je sais qu'ils ne croient pas être impolis en manquant de confiance. Donc, il me faut pratiquer ici l'hospitalité à la mode antique, respecter les secrets de mon hôte et lui faire bon visage, comme à un ancien ami dont on croit tout le plus honorable du monde. Mais cela ne m'oblige point à lui donner la confiance qu'il me refuse, et c'est pourquoi vous avez vu que, devant lui, je vous ai laissé en un coin comme un pauvre musicien à gages. Et là-dessus, mon grand ami, je vous demande de m'excuser, une fois pour toutes, de tous les manquements d'affection et de civilité à quoi m'oblige le soin de votre sûreté, de même que pour ces habits sans luxe et sans grâce que je vous fais porter...

Le pauvre Giovellino, qui, de sa vie, n'avait été si bien mis et si tendrement choyé, interrompit le marquis en lui serrant les deux mains, et Bois-Doré fut ému en voyant de grosses larmes de reconnaissance tomber sur la grande moustache noire de son ami.

— Allons, dit-il, vous me payez trop, puisque vous m'aimez si bien!... Il faut que je vous récompense à mon tour, en vous parlant de la gentille Lauriane. Mais ce qu'elle m'a dit pour vous, faut-il vous le redire? Vous n'en serez pas trop faraud?... Non?... Allons, voici. D'abord :

« — Comment se porte votre druide?

» Moi de lui répondre que ce druide était sien bien plutôt que mien, et qu'elle se devait bien ressouvenir que Climante n'était, dans l'*Astrée*, qu'un faux druide, aussi amoureux que tout autre amant de cette admirable histoire!

» — Oui, oui, a-t-elle répondu, vous m'en donnez à garder; si ce Climante-ci était aussi épris de moi que vous me le montrez, il serait venu avec vous aujourd'hui, tandis que deux semaines sont déjà écoulées, que nous ne l'avons aperçu. Me direz-vous, comme dans votre *Astrée*, qu'il a des *tressauts* quand il entend mon nom, et des soupirs qui semblent lui *mépartir l'estomac*? Je n'en crois rien et le regarde plutôt comme un inconstant Hylas!

» Vous voyez que l'aimable Lauriane continue à se moquer d'*Astrée*, de vous et de moi. Pourtant, lorsque je me suis départi d'elle à la nuit tombée, elle m'a dit :

» — Je veux qu'après-demain vous ameniez chez nous

le druide et sa sourdeline, ou bien je vous ferai mauvaise mine, je vous en réponds. »

Le pauvre *druide* écouta en souriant le récit de Bois-Doré; il savait plaisanter à l'occasion, c'est-à-dire prendre en bonne part la plaisanterie des autres. Il ne voyait dans Lauriane qu'une charmante enfant dont il eût pu être le père; mais il était encore assez jeune pour se souvenir d'avoir aimé, et, au fond du cœur, le sentiment de son isolement dans la vie était pour lui une grande amertume.

En songeant au passé, il étouffa un soupir de regret et se mit à jouer spontanément un air italien que le marquis aimait par-dessus tous les autres.

Il le joua avec tant de charme et de passion, que Bois-Doré lui dit, en se servant de son juron favori, tiré de M. d'Urfé :

— *Numes célestes!* vous n'avez pas besoin de langue pour parler d'amour, mon grand ami, et, si l'objet de vos feux était ici, il faudrait qu'il fût sourd pour ne pas comprendre que toute votre âme se confesse à la sienne. Mais, voyons, ne me ferez-vous point lire ces pages de sublime science?...

Lucilio fit signe qu'il avait la tête un peu fatiguée, et Bois-Doré s'empressa de l'envoyer dormir, après l'avoir fraternellement embrassé.

Le fait est que Giovellino se sentait, fort souvent, plus artiste et plus sentimental que savant et philosophe. C'était à la fois une nature enthousiaste et réfléchie.

Cependant M. de Bois-Doré s'était retiré dans « sa chambre de nuit, » située au-dessus du salon.

C'était à bonnes enseignes qu'il avait dit à Lucilio qu'aucune femme ne pénétrait jamais dans ce sanctuaire de son repos, ni dans les cabinets qui en faisaient partie;

les défenses les plus sévères étaient portées contre Bellinde elle-même.

Le vieux Mathias (surnommé Adamas, par la même
raison que Guillette Carcat était forcée de s'appeler Bellinde, et Jean Fachot, Clindor) avait seul le droit d'assister aux mystères de la toilette du marquis, tant celui-ci
était de bonne foi en s'imaginant que son fard et sa teinture ne pouvaient être recélés que par l'arsenal de boîtes,
de fioles et de pots étalés sur ses tables.

Il trouva donc, comme de coutume, Adamas seul, pré-
parant les papillotes, les poudres et les graisses parfumées, qui devaient entretenir la beauté du marquis
jusque dans son sommeil.

XII

Adamas était un Gascon pur sang : bon cœur, bel esprit, langue intarissable. Bois-Doré affectait très-naïve-
ment de l'appeler son vieux serviteur, bien qu'il fût
l'aîné d'au moins dix ans.

Cet Adamas, qui l'avait suivi dans ses dernières campagnes, était son âme damnée, et lui faisait savourer
l'encens d'une admiration perpétuelle, d'autant plus funeste à sa raison, qu'elle était le résultat d'un engouement sincère. C'était lui qui lui persuadait qu'il était
encore jeune, qu'il ne pouvait pas devenir vieux, et que,
sortant de ses mains, luisant et colorié comme une image
de missel, il devait supplanter tous les freluquets et faire
illusion à toutes les belles.

Il n'y a pas de grand homme pour son valet de chambre, témoin Sancho Pança, qui disait de si fortes vérités à son maître. Mais Bois-Doré, qui n'était qu'un excellent homme, jouissait du privilége d'être un demi-dieu pour son laquais; et, tandis que des héros ont été la risée de leurs gens, ce vieillard si moquable était pris au sérieux par la plupart des siens.

Ainsi vont les choses en ce monde. Chacun a pu, comme moi, remarquer qu'elles allaient quelquefois tout au rebours de la logique et du sens commun.

Pourtant, celle-ci s'expliquait par l'immense bonté du vieux gentilhomme. Les grands caractères rendent trop exigeant. A la moindre faiblesse de leur part, on s'étonne; à la moindre impatience, on se scandalise. Celui qui n'a pas de caractère du tout n'irrite jamais personne et recueille les avantages de sa continuelle débonnaireté.

— Monsieur le marquis, dit Adamas, un genou en terre pour déchausser sa vieille idole, il faut que je vous raconte une aventure bien singulière arrivée tantôt en votre châtellenie.

— Parle, mon ami, parle, puisque tu as envie de parler, répondit Bois-Doré, qui permettait à son attifeur de babiller familièrement avec lui, et qui, d'ailleurs, à moitié endormi, aimait à se faire bercer par quelque innocent commérage.

— Vous saurez donc, mon cher et bien-aimé maître, reprit Adamas avec son accent gascon que nous ne chercherons pas à indiquer, que, vers les cinq heures de ce soir, il est venu ici une femme fort étonnante, une de ces pauvres femmes comme nous en avons vu tant sur les côtes de la Méditerranée et dans les provinces du Midi; vous savez, monsieur, des femmes assez blanches, avec

de fortes lèvres, de beaux yeux et des cheveux noirs...
comme les vôtres!

En faisant cette comparaison sans aucune malice,
Adamas portait respectueusement sur un champignon
d'ivoire la perruque de son maitre.

— Tu veux parler, lui dit Bois-Doré sans se troubler
de l'objet de la comparaison, de ces Égyptiennes qui font
toutes sortes de tours?

— Non pas, monsieur, non pas! Celle-ci est une Espagnole qui, je le crois bien, jure par Mahomet quand
elle est toute seule.

— Alors, tu veux dire que c'est une Morisque?

— Voilà, justement, monsieur le marquis; c'est une
Morisque, et elle ne sait pas un mot de français.

— Mais tu sais un peu d'espagnol?

— Un peu, monsieur. J'ai si peu oublié ce que j'en
savais, que je me suis mis à parler avec cette femme
presque aussi couramment que je vous parle.

— Eh bien, est-ce là toute l'histoire?

— Oh! non pas; mais donnez-moi le temps! Il paraît
que cette Morisque était de la grande bande des cent
cinquante mille qui périrent quasi tous, il y a une dizaine
d'années, les uns par la faim et le meurtre, sur les galères chargées de les transporter en Afrique, les autres
par misère et maladie, sur les côtes du Languedoc et de
la Provence.

— Pauvres gens! dit Bois-Doré. Ceci est bien la plus
détestable action du monde!

— Est-il vrai, monsieur, que l'Espagne ait mis dehors
un million de ces Morisques, et qu'à peine une centaine
de mille soit arrivée *en Tunis*?

— Je ne te saurais dire le nombre; mais je te dirai
bien que ce fut une boucherie, et que jamais bêtes de

somme ne furent traitées comme ces misérables humains. Tu sais que notre Henri eût voulu en faire des calvinistes, ce qui les eût sauvés, en les faisant Français.

— Je me souviens fort bien, monsieur, que les catholiques du Midi n'en voulaient pas ouïr parler, et disaient qu'ils les massacreraient tous plutôt que d'aller à la messe avec ces diables. Les calvinistes n'étaient pas plus raisonnables, ce qui fit que, en attendant de pouvoir faire quelque chose pour ces malheureux, notre bon feu roi les laissa tranquilles dans les Pyrénées. Mais, depuis sa mort, la reine régente a voulu en débarrasser l'Espagne, et c'est alors qu'on les a jetés en mer, avec ou sans navire. Cependant, quelques-uns ont accepté de se faire baptiser chrétiens pour éviter ce mauvais sort, et la femme en question a pris ce bon parti, quoique je la soupçonne de ne pas jouer bien franc jeu.

— Qu'est-ce que cela te fait, Adamas? Crois-tu que le grand auteur du soleil, de la lune et de la voie lactée...

— Plaît-il, monsieur? dit Adamas, qui ne mordait pas beaucoup aux nouvelles connaissances de son maître et qui s'en inquiétait même un peu; je n'entends pas *voix lactée* pour une parole française.

— Je te dirai cela une autre fois, répondit le marquis en bâillant, car il s'assoupissait devant le feu petillant dans l'âtre. Achève ton histoire.

— Eh bien, monsieur, reprit Adamas, cette femme morisque est restée jusqu'à l'an passé dans les montagnes des Pyrénées, où elle gardait des troupeaux chez de pauvres fermiers; ce qui fait qu'elle a continué à parler son patois catalan, que l'on entend assez bien de l'autre côté des montagnes.

— Et c'est ce qui m'explique comment, avec son patois gascon, qui ne diffère pas trop du montagnol, tu as pu bien parler *espagnol* avec cette femme.

— C'est comme voudra monsieur; tant il y a que je lui ai dit beaucoup de mots espagnols qu'elle a très-bien compris. — Et puis il faut vous dire qu'elle a avec elle un petit enfant qui n'est pas son enfant, mais qu'elle aime comme une chèvre aime son chevreau, et que ce joli garçonnet, qui a plus d'esprit qu'il n'est gros, parle français aussi bien que vous et moi. Or, monsieur, cette Morisque, qui s'appelle en français Mercédès...

— Mercédès est un nom espagnol! dit le marquis en montant à son grand lit avec l'aide d'Adamas.

Je voulais dire que c'était un nom chrétien, poursuivit le valet. Donc, Mercédès s'est mis en tête, il y a six mois, d'aller trouver M. de Rosny, dont elle avait ouï parler comme du bras du feu roi, et dont on lui avait dit que, bien que disgracié, il pouvait beaucoup par sa richesse et sa vertu. Elle se mit donc en route pour le Poitou, où on lui disait que résidait M. de Sully. N'êtes-vous pas étonné, monsieur, de la résolution d'une femme si pauvre et si bornée, de traverser ainsi la moitié de la France, à pied, seule avec un petit enfant, lequel n'a guère plus de dix ans, pour aller trouver un aussi grand personnage?

— Mais tu ne me dis point quelle raison cette femme avait d'en agir ainsi.

— Voilà, monsieur, le merveilleux de l'histoire! Que croyez-vous que ce puisse être?

— J'aurais beau chercher! dis-le tout de suite, car il se fait tard.

— Je vous le dirais bien si je le savais; mais je ne le

sais pas plus que vous, et, de quelque façon que je n'y
sois pris, je n'ai jamais pu le lui faire dire.

— Alors, bonsoir

— Attendez, monsieur, que je couvre le feu.

Et, tout en couvrant le feu, Adamas continua en élevant la voix :

— Cette femme est tout à fait mystérieuse, monsieur
le marquis, et je voudrais que vous la vissiez !

— A présent? dit le marquis réveillé en sursaut. Tu
te moques, c'est l'heure de dormir.

— Sans doute; mais demain matin?

— Elle est donc céans?

— Mais oui, monsieur! Elle demandait un coin pour
passer la nuit à couvert; je l'ai fait souper, car je sais
que monsieur n'entend pas qu'on refuse le pain aux
malheureux, et je l'ai envoyée à la paille après avoir
causé avec elle.

— Et vous avez eu tort, mon ami : une femme est
toujours une femme? Et... j'espère qu'elle n'est pas là
avec d'autres mendiants ? Je ne veux pas de débauche
chez moi.

— Ni moi non plus, monsieur! Je l'ai mise seule avec
son enfant dans le petit cellier, où ils sont bien, je vous
assure; ils ne paraissent pas habitués à être si bien, les
malheureux! Cette Mercédès est pourtant aussi propre
qu'on peut l'être dans une pareille pauvreté; voire, elle
n'est point du tout laide.

— J'espère, Adamas, que vous n'abuserez pas de sa
misère?... L'hospitalité est chose sacrée!

— Monsieur se moque d'un pauvre vieillard! c'est bon
pour monsieur le marquis d'avoir des principes de vertu!
pour moi, je vous assure que je n'en ai plus grand besoin,
n'étant plus tenté du diable. D'ailleurs, cette femme pa-

rait très-honnête, et elle ne fait point un pas sans son
enfant pendu à sa robe. Elle a dû courir d'autres dangers que celui de trop me plaire; car elle a voyagé avec
des bohémiens qui ont traversé aujourd'hui le pays. Ils
étaient une assez grande bande, en partie Égyptiens, en
partie ramassés un peu partout, comme c'est la coutume. Elle dit que ces vagabonds n'ont pas été méchants
pour elle, tant il est vrai que les gueux se protègent les
uns les autres. Ne connaissant pas les chemins, elle les
suivait, parce qu'ils disaient aller en Poitou; mais elle
les a quittés ce soir, disant qu'elle n'avait plus besoin
d'eux et qu'elle avait affaire dans le pays d'ici. Or, voilà,
monsieur, ce que je trouve encore fort surprenant, car
elle n'a pas voulu me dire pourquoi elle agissait ainsi
Qu'en pense monsieur?

Bois-Doré ne répondit rien; il dormait profondément,
malgré le bruit que faisait Adamas, un peu volontaire-
ment, pour le forcer à écouter son histoire.

Quand le vieux serviteur vit que, tout de bon, le marquis était parti pour le pays des songes, il le *borda* avec
précaution, posa dans l'escarcelle de maroquin suspendue au dossier de son lit sa belle paire de pistolets de campagne; à sa main droite, il plaça sur une table sa rapière
toute dégaînée et son coutelas de chasse, son in-folio de
l'*Astrée*, superbe édition avec gravures, une large coupe
d'hypocras, un timbre avec son martinet, et un mouchoir
de fine toile de Hollande, tout parfumé de musc. Puis il
alluma la lampe de nuit, souffla les bougies *piolées*, c'est-
à-dire jaspées de diverses couleurs, et rangea au pied
du lit les pantoufles de velours rouge et la robe de chambre de serge de soie, brochée de vert sur vert.

Alors, au moment de se retirer, le fidèle Adamas con-
templa son maître, son ami, son demi-dieu.

Le marquis, débarbouillé de toutes ses peintures, était un beau vieillard, et le calme de sa bonne conscience répandait quelque chose de respectable sur sa face endormie. Tandis que sa perruque reposait sur la table et que ses habits, rembourrés pour masquer les creux que l'âge avait faits à ses épaules et à ses jambes, gisaient épars sur les fauteuils, son gros corps, aminci de moitié, dessinait ses contours anguleux sous un ladier ou couvre-pied de satin blanc, rehaussé d'armoiries en cannetille d'argent aux quatre coins.

Le dossier du lit, montant en panneau droit de dix pieds de haut, ainsi que le ciel à lambrequins joint en forme de dais à ce grand panneau, étaient aussi en satin blanc, piqué à l'aiguille sur l'ouate épaisse, et rehaussé de larges dessins d'argent en relief : l'intérieur des rideaux était pareil ; la face extérieure était en damas rose.

Dans ce lit luxueux et si moelleux, cette vieille figure accentuée, et toujours martiale dans sa douceur, avec sa moustache hérissée de papillotes et son bonnet de taffetas ouaté, en forme de demi-mortier, garni d'une riche dentelle relevée en l'air comme une couronne, offrait, à la lueur d'une lampe bleuâtre, le plus singulier mélange de burlesque et d'austérité.

— Monsieur dort bien, se dit Adamas ; mais il a oublié de faire sa prière, et c'est ma faute ; je vais la faire pour lui.

Il se mit à genoux et pria très-dévotieusement ; après quoi, il se retira dans sa chambre, qui n'était séparée que par une cloison de celle de son maître.

L'arsenal qu'Adamas avait disposé autour du lit du marquis n'était qu'une affaire d'habitude ou de luxe.

Tout était parfaitement tranquille autour du petit manoir ; dans le manoir, tout dormait profondément.

XIII

Le premier éveillé fut M. Sciarra d'Alvimar, qui, accablé de fatigue, s'était endormi aussi le premier.

Il n'aimait pas à rester au lit, et l'habitude d'une grande gêne, habilement dissimulée, lui rendait inutiles les soins du valet de chambre. Cela était d'autant mieux vu, que le vieil Espagnol qui l'accompagnait n'eût pas volontiers consenti à remplir d'autres fonctions que celles d'écuyer

Pourtant, cet homme lui était aussi dévoué qu'Adamas l'était à Bois-Doré ; mais il y avait autant de différence dans leurs relations que dans leurs caractères et dans leur respective situation.

Ils se parlaient peu, soit qu'ils y eussent de la répugnance, soit qu'ils s'entendissent à demi-mot sur toutes choses. Et puis, jusqu'à un certain point, le valet se considérait comme l'égal de son maître, vu que leurs familles étaient aussi anciennes l'une que l'autre, et aussi pures (du moins telle était leur prétention) de tout mélange avec les races maure et juive, si solennellement méprisées et si atrocement persécutées en Espagne.

Sanche de Cordoue, tel était le nom du vieil écuyer, avait vu naître le jeune d'Alvimar dans le castel du village où lui-même, à force de misère, était réduit au métier d'éleveur de porcs. Le jeune châtelain, fort peu plus riche que lui, l'avait pris à son service, le jour où il s'était décidé à aller chercher fortune à l'étranger.

On disait , dans ce village castillan , que Sanche avait

aimé madame Isabelle, mère de d'Alvimar, et même qu'il ne lui avait pas été indifférent. On expliquait ainsi l'attachement de cet homme taciturne et sombre pour un jeune homme hautain et froid, qui le traitait, non pas en valet proprement dit, mais en subalterne inintelligent.

La vie rêveuse ou abrutie de Sancho se passait donc à soigner les chevaux et à entretenir brillantes et affilées les armes de son maître. Le reste du temps, il priait, dormait ou songeait, évitant de se familiariser avec les autres domestiques, qu'il regardait comme ses inférieurs, ne se liant avec personne, vu qu'il se méfiait de tout le monde, mangeant peu, ne buvant point, et ne regardant jamais en face.

D'Alvimar s'habilla donc lui-même et sortit, pour prendre connaissance des êtres, bien qu'il fît à peine jour.

Le manoir avait vue immédiatement sur un petit étang, d'où un large fossé sortait pour y rentrer, après avoir fait le tour des bâtiments, lesquels consistaient, comme nous l'avons dit, en un massif d'architecture de plusieurs époques :

1° Un pavillon tout neuf, blanc, fluet, couvert d'ardoises, grand luxe dans un pays où l'on employait alors tout au plus la tuile, et couronné de deux mansardes à tympans festonnés et ornés de boules [1];

2° Un autre pavillon, déjà très-ancien, mais bien res-

---

1. Cet ornement, usité au temps de Henri IV, est peut-être venu en France avec Marie de Médicis, comme une allusion aux armes de sa maison, qui sont, comme l'on sait, sept petites boules, littéralement sept pilules, en souvenir de la profession du chef de la famille.

tauré, avec toit de mairain[1], et ressemblant à la forme de
certains chalets suisses. Ce *logis*, qui contenait les cuisines, les offices et les chambres d'amis, offrait la disposition sauvage des vieux temps d'alarme. Il n'avait pas
de porte extérieure, on n'y pénétrait que par les autres
bâtiments ; ses fenêtres donnaient sur le préau, et sa
façade, tournée sur la campagne, avait pour *tous huis*
deux petits trous carrés, placés dans le gable comme
deux petits yeux méfiants sur une face muette ;

3° Une tour prismatique à porte ogivale, délicatement
travaillée, ladite tour à toit d'ardoises, également quin-
quagone et surmontée d'un clocheton à épi et à girouette
très-élancée. Cette tour contenait l'unique escalier du
manoir et reliait le vieux logis et le logis neuf.

A ce massif tenaient d'autres constructions basses
pour les domestiques de l'intérieur, logés sur le bord du
fossé.

Le préau, avec son puits au milieu, était fermé par
le manoir, l'étang, un autre logis à un seul étage, orné
aussi de mansardes à boules de pierre, et destiné aux
écuries, gens de suite et équipages de chasse ; enfin, par
la tour d'entrée, moins belle et moins grande que celle
de la Motte-Seuilly, mais soutenue d'un mur de défense
percé de meurtrières à fauconneaux, pour le balayage
des abords du pont.

Cette chétive fortification était suffisante, en raison de
la double enceinte des fossés : le premier, autour du
préau, large, profond, à eau courante ; le second, autour
de la basse-cour, marécageux, mais garni de bonnes
murailles.

---

1. Le mairain ou tuilage en bois de chêne, était employé dans
presque tous les châteaux du Berry.

Entre les deux enceintes, à la droite du pont, s'étendait le jardin, assez vaste, clos de murs élevés et de fossés bien tenus; à gauche, le mail, le chenil, le verger, la ferme et la prairie avec le pigeonnier seigneurial, la héronnière et la fauconnerie; vaste enclos s'étendant jusqu'aux maisons du bourg, qui, presque toutes, étaient la propriété du marquis.

Le bourg était fortifié, et, en quelques endroits, la base massive de ses petites murailles datait, dit-on, du temps de César.

En comparant l'exiguité du manoir avec l'étendue du domaine, avec le riche mobilier entassé dans les appartements et avec les habitudes luxueuses du seigneur, M. d'Alvimar se demanda la raison de ce contraste; et, comme il n'était guère enclin à la bienveillance, il en conclut que le marquis cachait peut-être sa fortune, non par avarice, mais parce que la source de cette fortune n'était pas bien claire.

Il ne se trompait pas précisément.

Le marquis avait cela de commun avec un grand nombre de gentilshommes de son temps, qu'il s'était enrichi sans trop de scrupule dans les troubles civils, aux dépens des riches abbayes, et au moyen des contributions de guerre, des droits de conquête et de la contrebande du sel.

Le pillage était, à cette époque, une sorte de droit des gens, à preuve la réclamation de M. d'Arquian, se plaignant légalement d'avoir eu son château brûlé par M. de la Châtre, « contrairement à tous usages de guerre, car du bris et saccage de ses meubles, il n'en eût point seulement parlé. »

Quant à la contrebande du sel, il eût été difficile de trouver, au commencement du xvIIᵉ siècle, un noble de

nos provinces qui regardât comme une injure la qualifi-
cation de *gentilhomme faux saulnier*.

L'opulence dont M. de Bois-Doré faisait, du reste, bon
usage par sa libéralité et sa charité inépuisables, n'était
donc pas un mystère dans le petit pays de la Châtre;
mais il évitait sagement d'attirer sur lui, par une vaste
demeure et par un état de maison trop splendide, l'attention du gouvernement de la province.

Il savait bien que les tyranneaux qui se partageaient les
deniers de la France n'eussent pas manqué de prétextes,
soi-disant légaux, pour lui faire rendre gorge.

D'Alvimar parcourut les jardins, création comique de
son hôte, et dont il était certainement plus vain que de
ses plus beaux faits d'armes.

Il avait, sur une médiocre étendue de terrain, prétendu
réaliser les jardins d'*Isaure*, tels qu'ils sont décrits
dans l'*Astrée* : « Ce lieu enchanté *fut* (soit) en fontaines et
en parterres, *fut* en allées et en ombrages. » Le grand
bois qui faisait un si gracieux dédale était représenté
par un bosquet en labyrinthe où n'étaient oubliés ni le
carré de coudriers, ni la *fontaine de la vérité d'amour*,
ni la *caverne de Damon et de Fortune*, ni l'*antre de la
vieille Mandrague*.

Toutes ces choses parurent fort puériles à M. d'Alvimar, mais non pas cependant aussi absurdes qu'elles
nous le sembleraient aujourd'hui.

La monomanie de M. de Bois-Doré était assez répandue de son temps pour n'être pas une excentricité.
Henri IV et sa cour avaient dévoré l'*Astrée*, et, dans les
petites cours d'Allemagne, les princes et princesses prenaient encore ces noms redondants que le marquis imposait à ses gens et à ses bêtes. La vogue passionnée du
roman de M. d'Urfé a duré deux siècles ; il a encore ému

et charmé Jean-Jacques Rousseau ; enfin, il ne faut pas oublier qu'à la veille de la Terreur, l'habile graveur Moreau mettait encore dans ses compositions des dames qui s'appelaient Chloris et des messieurs qui s'appelaient Hylas et Cidamant. Seulement, ces noms illustres étaient portés, dans la vignette et dans la romance, par des marquis de fantaisie, tandis que les nouveaux bergers se nommaient Colin ou Colas. On avait fait un petit pas vers le réel ; la bergerie n'en valait pas mieux : d'héroïque, elle était devenue grivoise.

D'Alvimar, voulant se faire une idée du pays environnant, traversa le hameau, qui se composait d'une centaine de feux, et qui est littéralement situé dans un trou. Il en est ainsi de beaucoup de ces vieilles localités. Quand elles ne sont pas assez fortes pour percher, fières et menaçantes, sur les hauteurs escarpées, elles semblent se cacher à dessein dans le creux des vallons, comme pour échapper à la vue des bandes de maraudeurs.

Cet endroit est, au reste, un des plus jolis du bas Berry. Les chemins de gravier qui y aboutissent sont bons et propres en toute saison. Deux jolis petits ruisseaux lui font une défense naturelle qui put être mise à profit jadis pour le camp de César.

Un de ces ruisseaux alimentait les fossés du château ; l'autre, au-dessous du village, traversait deux petits étangs.

L'Indre, qui coule à trois pas de là, reçoit ces eaux courantes et les emmène le long d'une étroite vallée coupée de chemins creux, ombragés et parsemés de terrains vagues et incultes d'un aspect sauvage.

Il ne faut pas chercher la grandeur, mais la grâce dans ce petit désert, où les beaux terrains vierges, les buissons, les folles herbes, les genêts, les bruyères et les châtaigniers vous enferment de toutes parts.

I. 4

Sur les bords de l'Indre, qui devient tout à fait ruisseau à mesure qu'on remonte vers sa source, les fleurs sauvages croissent avec une abondance réjouissante à voir [1] Le ruisselet tranquille et clair a déchiré tous les terrains qui gênaient sa marche et formé des îlots de verdure où les arbres poussent avec vigueur. Trop serrés pour être imposants, ils étendent sur l'eau une voûte de feuillage.

Autour du hameau, le sol est fertile. De magnifiques noyers et une quantité d'arbres fruitiers de haute taille en font un nid de verdure.

La majeure partie des terres appartenait à M. de Bois-Doré. Il affermait les bonnes ; les mauvaises étaient son pays de chasse.

M. d'Alvimar, après avoir exploré cette petite contrée, qui, par son isolement et l'absence de communications, lui faisait espérer aussi l'absence de rencontres inquiétantes, rentra dans le hameau et se demanda s'il irait rendre visite au recteur.

Il était échappé à M. de Beuvre de dire devant lui à Bois-Doré :

— Et votre nouveau paroissial ? fait-il toujours des sermons dans le goût de la Ligue ?

Ce mot avait donné l'éveil à l'Espagnol.

— Si cet ecclésiastique est zélé pour la bonne cause, pensait-il, il peut m'être utile de l'avoir pour ami ; car ce de Beuvre est un huguenot, et le Bois-Doré, avec sa tolérance, ne vaut pas mieux. Qui sait si je pourrai vivre en bonne intelligence avec de pareilles gens ?

Il commença par visiter l'église, et il fut scandalisé de

---

1. C'est un des rares endroits du pays où l'on trouve encore la balsamine sauvage à fleurs jaunes.

son délabrement et de sa nudité, qui attestaient l'incurie
de l'ancien desservant, l'indifférence du châtelain et la
tiédeur des paroissiens.

Bois-Doré, dont l'abjuration réelle ou prétendue n'avait
fait aucun bruit, n'avait pas songé à signaler son retour
à l'orthodoxie par des dons à l'église du village et des lar-
gesses au chapelain. Ses vassaux, qui haïssaient les huguenots, n'avaient pas salué son retour définitif, en 1610,
par des réjouissances bien sincères; mais leurs suspicions
avaient vite fait place à un grand attachement, vu qu'à
la place d'un régisseur qui les pressurait, ils avaient
trouvé un seigneur débonnaire et prodigue de bienfaits.

On était donc médiocrement *dévotieux* au hameau
de Briantes; et les paysans ayant contesté je ne sais
quelle dîme à je ne sais quelle moinerie, l'archevêque
leur avait envoyé un homme très-bien stylé, tant pour
ramener ces mauvaises gens aux bon principes, que pour
surveiller les opinions du châtelain.

Le pieux Sciarra s'agenouilla dans l'église et murmura
quelque formule de prière; mais il ne se sentit pas disposé à prier avec le cœur, et il sortit bientôt pour se rendre chez le recteur.

Il n'eut pas la peine d'aller chez lui; car il le vit sur
la place, causant avec Bellinde, et il eut le loisir de l'examiner.

C'était un homme encore jeune, d'une figure bilieuse,
doucereuse et dissimulée. Probablement, les préoccupations du monde temporel étaient aussi vives chez lui que
chez d'Alvimar; car il n'eut pas plus tôt aperçu, sortant
de l'église, cet élégant et grave étranger, qu'il ne songea
plus qu'à se demander qui ce pouvait être.

Il savait fort bien déjà qu'un hôte nouveau était arrivé
la veille au manoir, car il n'avait guère d'autre occupa-

tion que de s'enquérir des faits concernant le marquis; mais comment un homme aussi pieux que l'indiquait cette matinale visite d'Alvimar à l'église pouvait-il frayer avec un converti aussi douteux que Bois-Doré?

Tandis qu'il essayait de se renseigner à cet égard auprès de la gouvernante du château, il remarqua qu'il ne pouvait pas se détourner une seule fois sans rencontrer les yeux de cet étranger fixés sur les siens.

Il fit donc quelques pas avec la Bellinde pour se mettre hors de sa vue, en homme qui ne voulait pas risquer un salut avant de savoir à qui il avait affaire.

D'Alvimar, qui comprit ou devina sa préoccupation, resta à l'attendre dans le petit cimetière qui entourait l'église, résolu, d'après l'inspection de sa physionomie, à lui adresser la parole et à se lier avec lui.

Il était là, songeant à sa destinée, problème dont il était constamment obsédé, et que la vue des tombes éparses semblait lui rendre plus irritant que de coutume.

D'Alvimar croyait à l'Église, mais il ne croyait pas au vrai Dieu. L'Église était pour lui l'institution de discipline et de terreur par excellence, l'instrument de torture dont un Dieu implacable et farouche se servait pour établir son autorité. S'il y eût bien réfléchi, il se fût volontiers persuadé que le miséricordieux Jésus était entaché d'hérésie.

L'idée de la mort lui était odieuse. Il craignait l'enfer, et, par un effet naturel des mauvaises croyances, il ne pouvait pas conformer sa vie à la rigidité de ses principes.

Il n'avait de ferveur que pour la discussion; seul avec lui-même, il trouvait son cœur sec, son esprit tendu et troublé par l'ambition mondaine. Il se le reprochait en vain. La pensée de la damnation ne saurait être féconde, et les terreurs ne sont pas des remords.

— Il faudra donc mourir ! se disait-il en regardant les renflements du gazon qui couvrait, comme les sillons d'un champ, la tombe de ces obscurs villageois; mourir peut-être sans fortune et sans pouvoir, comme les misérables serf qui n'ont pas même laissé un nom à inscrire sur ces petites croix de bois pourri ! Ni crédit ni renommée en ce monde ! Des colères, des déceptions, d'inutiles travaux, d'inutiles efforts... des crimes, peut-être !... tout cela pour arriver au seuil de l'éternité, sans avoir pu servir la gloire de l'Église en cette vie et sans avoir mérité mon pardon dans l'autre !

Tout en pensant à la destinée, il en vint à se persuader que l'influence du diable avait gâté la sienne.

Il songea un instant à se confesser à ce prêtre dont l'œil lui avait paru intelligent, et puis il eut peur de confier les secrets qui dévoraient sa vie et son repos.

Au milieu de ces idées noires, il vit enfin arriver M. Poulain, qui vint à lui en le saluant avec déférence.

La connaissance fut bientôt faite.

Ces deux hommes sentirent, dès les premiers mots, qu'ils étaient aussi ambitieux l'un que l'autre.

Le recteur emmena d'Alvimar chez lui et l'invita à déjeuner.

—Je ne pourrai vous offrir, lui dit-il, qu'un repas bien pauvre; ma cuisine ne ressemble pas à celle du château. Je n'ai ni valets ni vassaux à mes ordres pour servir de pourvoyeurs à mes festins. La frugalité de ma table vous permettra donc de garder assez d'appétit pour faire honneur encore à celle du marquis, dont la cloche ne sonnera pas avant deux ou trois heures d'ici.

Il y avait, dans ce début, un sentiment d'aigreur jalouse contre le château qui n'échappa pas à l'Espagnol. Il se hâta d'accepter le déjeuner du recteur, certain d'appren-

dre là tout ce qu'il devait espérer ou craindre de l'hospitalité du marquis.

XIV

M. Poulain commença par dire du bien du châtelain

C'était un très-bon homme ; il avait de bonnes intentions ;
il donnait beaucoup aux pauvres, on ne pouvait le nier :
malheureusement, il manquait de lumières, il distribuait
ses aumônes à tort et à travers, sans consulter l'*inter-
médiaire naturel* entre le château et la chaumière, à
savoir le recteur paroissial. Il était un peu fou, inoffensif par lui-même, dangereux par sa position, par sa richesse, par les exemples de sensualité raffinée, de légèreté et d'indifférence religieuse qu'il donnait à son entou-
rage.

Et puis il avait chez lui un personnage très-suspect :
ce joueur de cornemuse qui n'était peut-être pas aussi
muet qu'il feignait de l'être, quelque hérétique ou faux
savant, qui se mêlait d'astronomie, d'astrologie, peut-
être !

Le vieux Adamas ne valait pas mieux : c'était un vil
flatteur et un hypocrite ; et ce page, si ridiculement
affublé en petit gentilhomme, lui qui, comme bourgeois,
n'avait pas le droit de porter du satin, et qui venait le
dimanche à la messe avec une manière de surcot
damassé !

Toute cette valetaille ne valait rien. On était tout au
plus poli avec M. Poulain ; point de prévenance marquée : on ne l'avait pas encore invité à dîner d'une

manière particulière et pressante. On s'était contenté de lui dire que son couvert était mis, une fois pour toutes. c'était en user avec trop peu de façons. Cela était surprenant de la part d'un homme qui avait vécu longtemps à la cour. Il est vrai que, chez le Béarnais, on ne se piquait pas d'un grand savoir-vivre, et les gens de rien y étaient affreusement gâtés; enfin, il n'y avait *au château* que la Bellinde qui parût une personne de sens.

D'Alvimar trouva que M. Poulain avait du jugement; le sonneur de musette, surtout, lui sembla de nouveau mériter les soupçons.

Pourtant il ne s'intéressa pas longtemps à ces petites choses.

Dès qu'il se fut assuré qu'il ferait bien de ne témoigner aucune confiance au vieux marquis, il monta plus haut dans ses préoccupations et voulut savoir ce qu'il devait penser des gros bonnets de la province.

M. Poulain était au courant de tous les petits secrets du gouvernement de Bourges. Il entendait la politique comme d'Alvimar : s'emparer de la vie privée de chacun pour arriver à exercer son ascendant sur les affaires générales.

Ce mauvais prêtre vit qu'il pouvait parler; il avoua qu'il se déplaisait mortellement dans ce petit hameau, mais qu'il y prenait patience, vu que, un jour ou l'autre, M. de Bois-Doré ou son voisin M. de Beuvre pourrait bien lui fournir l'occasion d'une petite persécution qu'il désirait subir plutôt qu'exercer.

— Vous m'entendez bien; il vaut mieux être sur le terrain de la défensive que sur la brèche de l'agression. On n'est jamais solide sur une brèche; si ces parpaillots du Bas-Berry pouvaient me faire quelque menace ou même un peu de mal, j'en ferais, moi, assez de bruit

pour sortir de ces fonctions infimes et de ce pays désert.
N'allez pas me croire ambitieux; je ne le suis que de
servir l'Église, et, pour être utile, il faut accepter la nécessité de se mettre en vue.

— Ce petit prestolet est plus fort que moi, se dit d'Alvimar; il sait attendre et se bien placer pour tirer sur
l'ennemi; moi, j'ai toujours été agressif, c'est ce qui
m'a perdu. Mais il est toujours temps de profiter des
bons conseils; j'en viendrai demander souvent à cet
homme-ci.

En effet, cet homme, qui avait l'air de s'occuper de
commérages de clocher, et qui, au fond, ne s'en souciait
que pour en tirer parti, était plus fort que d'Alvimar;
à telles enseignes qu'en une heure, il le pénétra, lui si
méfiant, et sut, sinon les secrets de sa vie, du moins
ceux de son caractère, ses déceptions, ses revers, ses
désirs et ses besoins.

Quand il l'eut bien confessé en ayant l'air de ne confesser que lui-même, il lui parla ainsi, allant droit au but:

— Vous avez plus de chances que moi pour parvenir,
vu que la fortune est la grande condition du pouvoir
Un prêtre ne peut pas faire fortune comme un laïque.
Il faut qu'il arrive lentement, par les seules forces de
son esprit et de son zèle. Il ne doit pas oublier que la
richesse n'est pas son but, et il ne peut la désirer que
comme un moyen. Quant à vous, du jour au lendemain,
vous êtes libre d'avoir de la fortune. Il ne s'agit que de
vous marier.

— Je ne crois pas! dit d'Alvimar. Les femmes de ce
temps corrompu font la fortune de leurs amants plus
volontiers que de leurs maris.

— Je l'ai ouï dire, répondit M. Poulain; mais je sais
le remède.

— Oui-da ! Vous tenez là un grand secret !

— Très simple et très-facile. Il ne faut pas viser si haut que vous avez peut-être fait. Il ne faut pas épouser une femme du grand monde. Il faut chercher une bonne dot et une femme simple au fond d'une province. Vous m'entendez bien ? Il faut dépenser l'argent à la cour, et n'y pas mener la femme.

— Quoi ! épouser une bourgeoise ?

— Il y a des demoiselles nobles qui sont plus riches et aussi modestes, que des bourgeoises.

— Je n'en connais pas.

— Il y en a, en ce pays, sans aller bien loin !... La petite veuve de la Motte-Seuilly ?

— Elle a tout au plus de l'aisance.

— Vous jugez sur les apparences. On n'a pas ici l'habitude du luxe. Excepté ce fou de marquis, toute la noblesse sédentaire vit sans éclat ; mais il y a de l'argent. Le faux saunage et la pillerie des couvents ont enrichi les gentilshommes. Quand vous voudrez, je vous prouverai qu'avec les revenus de madame de Beuvre, vous mèneriez un train des plus convenables à Paris. Elle est, d'ailleurs, apparentée aux premières familles de France, et toutes ne verraient pas avec déplaisir un Espagnol bien pensant dans leur alliance.

— Mais n'est-elle pas calviniste comme son père ?

— Vous la convertirez !... à moins que son calvinisme ne vous soit un prétexte tout trouvé pour la laisser vivre au fond de son petit manoir.

— Vous voyez loin, monsieur le recteur ! Mais si, un jour ou l'autre, vous déclarez la guerre à cette famille...

— Pourvu que je ne la fasse pas dépouiller de ses biens, cette guerre peut vous être utile dans l'occasion.

Faites attention que je ne vous conseille pas de malmener et de délaisser votre femme, mais d'avoir la liberté de vous absenter d'elle pour les besoins de votre condition. Si elle devenait acariâtre ou récalcitrante, on pourrait la mater par son hérésie. La liberté de conscience accordée à ces gens-là est subordonnée à des restrictions qu'ils enfreignent souvent. Nous les tenons donc toujours, à preuve que cette petite veuve ne trouve pas à se remarier. Les jeunes gens du pays, qui sont las de la guerre de châteaux, craignent d'épouser la guerre. Vous n'auriez donc pour concurrent, en ce moment-ci, que, peut-être, M. Guillaume d'Ars, qui est un modéré et qui est assidu à la Motte; mais, à Bourges, on saura le retenir dans d'autres liens. C'est un jeune beau-fils facile à distraire. D'ailleurs, avec une veuve qui doit s'ennuyer de la solitude, il faudrait, fait comme vous l'êtes, n'avoir pas grande habileté pour échouer. Je vois, à votre sourire, que vous n'êtes pas inquiet du succès.

— Eh bien, j'avoue que vous dites la vérité, répondit d'Alvimar, qui se rappela vivement, tout à coup, l'émotion que la jeune dame n'avait pas réussi à lui cacher, et sur laquelle il avait bien pu se méprendre. Je crois que, si je le voulais...

— Il faut le vouloir... Pensez-y, répondit M. Poulain en se levant. Si vous êtes décidé, j'en écrirai confidentiellement à des gens qui peuvent beaucoup.

Il voulait parler des jésuites, qui avaient déjà ébranlé M. de Beuvre en le menaçant d'empêcher sa fille de se remarier. On pouvait rendre à ce gentilhomme sa propre tranquillité, au prix de ce mariage. D'Alvimar comprit à demi-mot, promit au recteur d'y penser sérieusement et de lui rendre réponse le surlendemain, puisque, précisément, il devait passer la journée du lendemain chez madame de Beuvre.

La cloche du château annonçait le repas du marquis. M. d'Alvimar prit congé du prestolet qui lui faisait augurer de meilleures destinées, et il reprit le chemin du manoir.

Il se sentait plus fort et plus gai qu'il ne l'avait été depuis bien des jours, parce qu'il se sentait en communication avec un esprit actif, capable de le soutenir au besoin. Le courage lui revenait. Cette fuite en Berry, cet asile inquiétant chez des ennemis de sa croyance et de ses opinions, et cette sorte d'isolement, qui, deux heures auparavant, se présentaient à sa pensée sous des couleurs sombres, lui souriaient maintenant comme une heureuse aventure.

— Oui, oui, cet homme a raison, pensait-il. Ce mariage me sauvera. Je n'ai qu'à vouloir. Que je tourne la tête à cette petite provinciale, et je pourrai lui avouer ma disgrâce à la cour. Elle se fera un point d'honneur de m'en dédommager. D'ailleurs, s'il faut faire le modéré pendant quelques jours... eh bien, j'essayerai! Allons, courage! mon horizon s'éclaircit, et peut-être que l'astre de ma fortune va enfin sortir de la nuée.

Il leva la tête en se parlant ainsi, et vit, devant lui, sur le pont du préau, l'enfant de la Morisque montant hardiment un des chevaux de la *carroche* du marquis.

Mercédès avait demandé à Adamas la permission de passer la journée au château, et le bonhomme la lui avait accordée au nom de son maître, à qui il voulait la présenter dès qu'il serait visible.

En jouant dans la cour, l'enfant avait plu au cocher (carrossier ou carrosseur, comme on disait alors; *carrosseux*, comme on disait en Berry) et celui-ci avait consenti à le percher sur *Squilindre*, tandis que lui-même, monté sur *Pimante* (l'autre cheval de carrosse), tenait le bridon et menait l'attelage prendre, dans le ruisseau, son bain de jambes quotidien.

D'Alvimar fut frappé de la figure de cet enfant, qu'il avait vu, la veille, se jeter en mendiant dans les jambes de son cheval et fuir devant son fouet, et qui, à cette heure, perché sur le monumental destrier Squilindre, le regardait de haut en bas, d'un air de triomphe bénévole.

Il était impossible de voir une figure plus intéressante et plus touchante que celle de ce petit vagabond. C'était pourtant une beauté sans éclat; il était pâle, brûlé du soleil et paraissait frêle. Ses traits n'étaient peut-être pas irréprochables; mais il y avait dans l'expression de ses yeux d'un noir doux, et dans le tendre et fin sourire de sa bouche délicate, quelque chose d'irrésistible pour quiconque n'avait pas le cœur fermé au divin charme de l'enfance.

Adamas avait subi instinctivement cette douce puissance, et déjà les plus grossiers valets de la basse-cour la subissaient aussi. Ces rudes natures sont parfois si bonnes! N'est-ce pas de celles-là que madame de Sévigné a dit qu'on trouvait « des âmes de paysans plus droites que des lignes, aimant la vertu comme naturellement les chevaux trottent? »

Mais d'Alvimar, n'aimant pas la candeur, n'aimait pas les enfants, et celui-ci, en particulier, lui causa un déplaisir dont il ne put se rendre compte.

Il eut donc une sensation de vertige et de froid, comme si, au moment de rentrer plus calme et moins triste dans ce manoir de Briantes, la herse lui fût tombée sur la tête.

Il était sujet, depuis quelques années, à ces vertiges
subits, et il mettait volontiers sur le compte des visages
qui le frappaient dans ces moments-là un phénomène
qui se passait en lui-même. Il croyait à des influences
mystérieuses, et, pour les détourner, il s'empressait, à
tout hasard, de renier et de maudire intérieurement
les êtres qui lui semblaient investis de cette puissance
occulte.

— Puisse ce gros cheval te casser le cou! murmura-
t-il en lui-même en relevant, sous son manteau, deux
doigts de sa main gauche pour conjurer le mauvais œil.

Il recommença ce geste cabalistique en voyant la Morisque venir vers lui dans le préau.

Elle s'arrêta un moment, et, comme la veille, elle le
regarda avec une attention *qui l'irrita*.

— Que me voulez-vous? lui dit-il brusquement en
marchant à elle.

Elle ne répondit rien, et, le saluant, elle courut pour
rejoindre son enfant, qu'elle s'inquiétait de voir à cheval.

Le marquis venait au-devant de son hôte avec Lucilio Giovellino.

— Venez donc manger, lui dit-il; vous devez être
mort de faim! La Bellinde se désole de ne vous avoir pas
vu sortir ce matin, et, conséquemment, de vous avoir
laissé partir à jeun pour la promenade.

M. d'Alvimar ne crut pas devoir parler de sa visite et
de son repas au presbytère. Il parla de la beauté agreste
des environs et du temps doux et riant de cette matinée
d'automne.

— Oui, dit Bois-Doré, nous en avons pour plusieurs
jours encore, car le soleil...

Il fut interrompu par un cri perçant qui partait du
dehors, et, courant le plus vite qu'il put, pour savoir ce

que c'était, il se trouva sur le pont avec d'Alvimar et Lucilio; l'un, qui l'avait précédé, l'autre, qui le suivait machinalement.

Ils virent alors la Morisque au bord du fossé, étendant les bras avec angoisse vers son enfant, que le gros cheval emmenait dans l'eau, et prête à s'y jeter, du point assez escarpé où elle se trouvait.

XV

Voici ce qui était arrivé.

Le petit bohème, heureux et fier d'équiter à lui tout seul un si grand dada, avait gentiment persuadé au carrosseux de lui laisser tenir le bridon. Le bon Squilindre, se sentant livré à cette petite main, et, d'ailleurs, excité par les joyeux petits talons qui *tabourinaient* sur ses flancs, s'était aventuré trop avant sur la droite, avait perdu le gué et passé sous le pont à la nage. Le carrosseux essayait d'aller à son secours; mais l'imante, plus méfiant que son camarade, refusait de perdre pied; et l'enfant, se tenant aux crins, était enchanté de cette circonstance.

Pourtant les cris de sa mère l'arrachèrent à son ivresse, et il lui cria : dans une langue qui ne fut comprise que de Lucilio :

— N'aie pas peur, mère, je me tiens bien.

Mais il était entré dans le courant de la petite rivière qui alimentait le fossé. Le lourd et flegmatique Squilindre en avait déjà assez, et ses naseaux, largement ouverts et tendus, annonçaient son malaise et son inquiétude.

Il n'avait pas l'esprit de retourner en arrière ; il s'en allait droit sur l'étang, où l'impossibilité de franchir le barrage pouvait bien épuiser ce qui lui restait de force pour nager.

Cependant le danger n'était pas encore imminent, et Lucilio s'efforçait de faire entendre, par gestes, à la Morisque de ne pas se jeter à l'eau. Elle n'en tenait compte et descendait le talus gazonné, lorsque le marquis, voyant le danger que couraient ces deux pauvres êtres, essaya de déboutonner son manteau.

Il se fût jeté à la nage ; il allait le faire sans consulter personne et sans que d'Alvimar comprît son dessein, lorsque Lucilio, qui s'en aperçut et que rien ne gênait, sauta du pont dans le fossé et se mit à nager avec vigueur vers l'enfant.

— Ah ! ce bon, ce brave Giovellino ! s'écria le marquis oubliant, dans son émotion, la traduction française qui dénaturait le nom de son ami.

D'Alvimar enregistra ce nom dans les petites archives de sa mémoire, qui était très-fidèle, et, tandis que le marquis s'approchait du talus pour calmer et retenir la Morisque, il resta, lui, sur le pont, regardant avec un singulier intérêt ce qu'il adviendrait de l'aventure.

Cet intérêt n'était pas celui que toute bonne âme eût ressenti en pareille circonstance, et pourtant l'Espagnol éprouvait une vive anxiété.

Il ne tenait pas à ce que le muet fût noyé, ce qui n'avait aucune raison d'arriver ; mais il souhaitait que l'enfant pérît, chose qui paraissait très-possible. Il ne demandait pas au ciel d'abandonner cette pauvre créature ; il ne raisonnait pas son cruel instinct ; il le subissait, malgré lui, comme un mal bizarre, insurmontable. Il sentait de plus en plus cet enfant lui inspirer une terreur superstitieuse.

— Si ce que j'éprouve est une révélation de ma destinée, pensait-il, elle s'agite et se décide en cet instant. Si l'enfant meurt, je suis sauvé ; s'il est sauvé, je suis perdu.

L'enfant fut sauvé.

Lucilio rejoignit le cheval, prit le petit cavalier par le collet de sa souquenille, et alla le jeter sur le talus, dans les bras de sa mère, qui avait suivi, en courant et en criant, les péripéties de ce petit drame.

Puis il retourna tranquillement chercher le trop simple Squilindre, qui s'acharnait contre le barrage de l'étang, et, le forçant à rebrousser chemin, le remit sain et sauf aux mains du *carrosseux* éperdu.

Toute la maison était accourue aux cris de la Morisque, et l'on fut attendri de la voir, « toute pleurante, » embrasser les genoux de Lucilio, et lui parler en arabe avec effusion, en s'étonnant qu'il ne lui répondît pas un mot, bien qu'il eût l'air d'entendre cette langue et qu'il l'entendît fort bien.

Le marquis embrassa Lucilio en lui disant tout bas :

— Eh ! mon pauvre ami ! pour un homme tourmenté par la main du bourreau jusque dans la moelle des os, vous êtes encore un vigoureux nageur ! Dieu, qui sait que vous ne vivez que pour le bien, a voulu faire en vous des miracles. Or çà, allez vitement changer de tout, et vous, Adamas, faites sécher et réchauffer ce petit diable, qui n'a pas l'air plus effrayé que s'il sortait de son lit. Je souhaite que, tout à l'heure, après mon repas, vous me l'ameniez avec sa mère ; faites-les donc aussi propres que vous pourrez. — Mais où donc est passé M. de Villareal ?

Ce prétendu Villareal était rentré dans le château, et, seul dans sa chambre, il priait le Dieu vindicatif auquel il croyait de ne point trop le punir de l'âpreté avec laquelle il avait désiré, *sans cause*, la mort du petit bohémien.

Nous appelons ainsi l'enfant, pour faire comme les gens qui l'entouraient en cet instant ; mais, lorsque, après le dîner, M. de Bois-Doré passa dans une ancienne salle de son castel, qu'Adamas décorait du titre pompeux de salle des audiences, et quelquefois de salle de justice ; quand ce vieux ministre de l'intérieur du marquis lui présenta la Morisque et son enfant, le premier mot du marquis fut pour s'écrier, après un moment de silence imposant :

— Plus je considère ce garçonnet, plus je m'assure qu'il n'est ni Égyptien, ni Morisque, mais bien plutôt Espagnol de bonne race, et peut-être même de sang français.

Il ne fallait pas être bien sorcier pour faire cette découverte ; néanmoins, elle fut écoutée avec grand respect par Adamas, qui, en sa qualité d'introducteur, restait présent à la conférence. M. d'Alvimar et Lucilio étaient invités par le marquis à former l'assistance.

— Voyez, continua Bois-Doré naïvement satisfait de sa pénétration, en écartant la grosse chemise blanche de l'enfant : sa figure est brûlée du soleil, mais pas plus que celle de nos paysans en temps de moisson ; son cou est blanc comme neige, et voilà des pieds et des mains si petits, que jamais serf ou vilain n'en eut de pareils. Allons, mon petit lutin, n'ayez point honte, et, puisque vous

entendez le français, à ce que l'on dit, répondez-nous
Comment vous nomme-t-on?

— *Mario*, répondit l'enfant sans hésiter.

— Mario? C'est là un nom italien!

— Je ne sais pas, moi.

— De quel pays êtes-vous?

— Je suis Français, je crois.

— Où êtes-vous né?

— Je ne m'en souviens pas.

— Je le crois bien, dit le marquis en riant; mais de-
mandez-le à votre mère.

Mario se tourna vers la Morisque et ouvrit la bouche
pour lui parler.

Il avait un air d'expression et de bonheur de se sentir
accueilli paternellement par ce beau monsieur qui le tenait entre ses jambes, et dont il touchait timidement,
du bout de ses petits doigts, les beaux habits de soie et
le joli petit chien enrubané.

Mais, dès qu'il eut rencontré les yeux de sa mère, il
parut comprendre un avertissement de grande importance; car il quitta doucement M. de Bois-Doré, et, se
rapprochant de la Morisque, il baissa les yeux sans rien
dire.

Le marquis lui adressa d'autres questions auxquelles
il ne répondit pas davantage, quoique, par un doux et
tendre regard, il semblât lui demander furtivement pardon de son impolitesse.

— Je crois, mon ami Adamas, dit le marquis, que
tu m'as un peu surfait ton histoire, en prétendant que
ce garçonnet parlait couramment notre langue. Il est
vrai qu'il la prononce assez bien et qu'il a dit plusieurs
mots sans trop d'accent étranger; mais je crois qu'il
n'en sait pas davantage. Puisque tu sais si bien l'espa-

gnol (pour moi, j'avoue en savoir fort peu), fais-le donc
s'expliquer,

— Inutile, monsieur le marquis, dit Adamas sans se
déconcerter, je vous jure que le petit drôle parle français
comme un clerc : seulement, il est intimidé devant vous,
voilà toute l'affaire.

— Mais non ! dit le marquis ; c'est un petit lion qui
n'a peur de rien. Il est sorti de l'eau aussi riant qu'il y
est entré, et il voit bien que nous sommes de bonnes
gens.

Mario parut très-bien comprendre ; car son œil aimable disait oui, tandis que l'œil intelligent et craintif de la
Morisque, s'arrêtant sur d'Alvimar, semblait dire non,
quant à celui-là.

— Voyons, voyons, reprit le bon M. Sylvain en reprenant Mario dans ses jambes, je veux que nous soyons
bons amis. J'aime les enfants, et celui-ci me plaît. N'est-
ce pas, maître Jovelin, que voilà une figure qui n'est pas
faite pour tromper, et un regard d'enfant qui va droit
au cœur ? Il y a du mystère là-dessous, et je veux le savoir. Écoute, maître Mario, si tu me réponds la vérité, je
te donnerai... Que veux-tu que je te donne ?

L'enfant, obéissant à l'impétuosité naïve de son âge,
s'élança sur Fleurial, le beau petit chien blanc qui, lorsque son maître était assis, ne quittait pas son giron.

Il semblait que Mario était résolu à tout pour l'avoir ;
mais un nouveau regard de Mercédès l'avertit de se contenir, et il remit le petit chien sur les genoux du marquis,
à la grande satisfaction de celui-ci, qui avait craint de
s'être trop avancé.

L'enfant secoua la tête d'un air triste et fit signe qu'il
ne voulait rien.

Jusque-là, d'Alvimar n'avait rien dit ; tout en faisant

sa prière après la scène du fossé, il avait repassé dans
la mémoire, rapidement, mais avec certitude, toutes les
circonstances de sa vie. Rien ne s'y était formulé qui pût
avoir rapport, même indirectement, avec une femme et
un enfant dans la situation où ceux-ci se trouvaient.

L'émotion qu'il avait ressentie était donc une pure
hallucination ; il s'était repenti de ne l'avoir pas surmontée tout de suite ; il avait repris possession de sa raison.

Pendant le dîner, le marquis ne lui avait point parlé
du récit d'Adamas sur le mystérieux voyage de Mercédès.
Lui-même ne l'avait écouté, la veille au soir, que d'une
oreille, en s'endormant. D'Alvimar, depuis quelques minutes, regardait donc avec une tranquillité méprisante
ces deux mendiants, et il avait cru trouver enfin la cause
vulgaire de sa répugnance pour eux.

Il prit la parole.

— Monsieur le marquis, dit-il, si vous me permettez
de me retirer, je crois qu'avec quelque argent vous ferez
parler ce drôle tant que vous voudrez. Il est possible que
ce soit un chrétien volé par cette Morisque, car je n'ai
aucun doute sur la race de celle-ci. Pourtant, vous vous
tromperiez beaucoup si vous pensiez que la couleur de
la peau soit un signe certain. Il y a de ces misérables
enfants qui sont aussi blancs que nous, et, si vous voulez être sûr de quelque chose, vous ferez bien de soule-
ver les cheveux qui couvrent le front de celui-ci ; vous y
trouverez peut-être la marque du fer rouge.

— Quoi ! dit le marquis en souriant, ont-ils tellement
peur de l'eau du baptême qu'ils l'effacent par le feu ?

Cette marque est celle de l'esclavage, reprit d'Alvimar. La loi espagnole la leur inflige. On les marque au
front d'une S et d'une tête de clou, ce qui se traduit ainsi
de la langue figurée en espagnol : *Esclave*.

— Oui, dit le marquis, je me souviens, c'est un rébus ! Eh bien, je le trouve fort laid, et, si ce pauvre petit en est marqué et qu'il soit esclave de votre nation, je le rachète, moi, et je le fais libre sur la bonne terre de France.

Mercédès n'avait rien compris à ce qui se disait autour d'elle. Seulement, elle voyait avec anxiété d'Alvimar s'approcher de Mario, comme pour le toucher ; mais d'Alvimar n'eut, pour rien au monde, souillé sa main gantée au contact d'un More, et il attendait que le marquis soulevât les cheveux de l'enfant ; seulement, le marquis n'en faisait rien, et cela par un sentiment de délicate commisération pour la pauvre mère dont il croyait comprendre l'humiliation et l'inquiétude.

Quant à Mario, il comprenait de quoi il s'agissait ; mais, dominé et comme fasciné par le regard de Mercédès, il se renfermait dans un impassible silence.

— Vous le voyez, dit d'Alvimar au marquis, il baisse la tête et cache sa honte. Allons, j'en sais assez sur leur compte, et je vous laisse en cette honnête compagnie. Il n'y a point de danger qu'ils desserrent les dents devant un Espagnol, et ils savent apparemment que je le suis. Il y a, entre cette race abjecte et la nôtre, un instinct d'aversion qui fait qu'ils nous sentent comme le gibier sauvage sent l'approche du chasseur. Cette femme, je l'ai rencontrée hier sur les chemins, et je suis sûr qu'elle a essayé quelque pratique de sorcellerie sur mon cheval, car il est boiteux ce matin. Si j'étais le maître de cette maison, une pareille vermine n'y resterait pas un instant de plus !...

— Vous êtes mon hôte, répondit Bois-Doré mêlant à sa politesse un accent de dignité et de fermeté dont M. d'Alvimar ne l'eût pas cru capable, et, en cette qualité, vous avez droit à ne point rencontrer chez moi de discussion contre vos idées, qu'elles soient ou non les miennes. Si la vue de ces malheureux vous importune, comme je ne veux pas qu'il soit dit que vous avez été contrarié dans ma maison en chose que ce soit, on s'arrangera pour qu'ils ne blessent point vos regards; mais vous ne sauriez exiger que je chasse brutalement un enfant et une femme.

— Non, certes, monsieur, dit d'Alvimar reprenant possession de lui-même; ce serait méconnaître vos bontés, et je vous demande pardon de mon emportement. Vous savez l'horreur de ma nation pour ces infidèles, et je sais, moi, que j'aurais dû la contenir ici.

— Que voulez-vous dire? demanda Bois-Doré un peu impatienté; nous prenez-vous pour des musulmans?

— A Dieu ne plaise, monsieur le marquis! je voulais parler de la tolérance française en général, et, comme c'est une loi de civilité que de se conformer aux usages de la nation où l'on reçoit l'hospitalité, je vous promets de m'observer et de voir chez vous sans répugnance quiconque il vous plaira d'accueillir.

— A la bonne heure! répondit le bon marquis en lui tendant la main. Vous plaît-il que, dans un instant, quand j'aurai fini ici, je vous mène tuer un lièvre ou deux?

— C'est trop de bonté, dit d'Alvimar en sortant; mais ne vous dérangez pas pour moi: avec votre permission, et en attendant l'heure du dîner, j'irai écrire quelques lettres.

Le marquis, s'étant levé pour le saluer, se rassit avec sa grâce nonchalante, et, s'adressant à Lucilio:

— Notre hôte est un cavalier bien élevé, lui dit-il; mais il est vif, et, tout bien considéré, il a un grand malheur en la tête, qui est d'être trop Espagnol. Ces gens

sublimes méprisent tout ce qui n'est pas eux; mais je
crois qu'ils se sont rompu les reins en martyrisant et
en exterminant ces pauvres Morisques. Ils s'en mangeront les mains, un jour ou l'autre. Les Morisques étaient
courageux au travail et soigneux de la propreté, au pays
de la paresse et de la vermine. Ils étaient doux et humains avant qu'on les eût provoqués si durement. Allons,
allons, si nous tenons là un pauvre débris de cette race
qui fut si grande au temps passé, ne marchons pas dessus. Ayons pitié! Dieu pour tous!

Lucilio avait écouté le masquis avec une religieuse attention, mais en écrivant, pendant qu'il disait ses dernières paroles.

— Que faites-vous là? lui dit Bois-Doré.

Lucilio lui passa son papier, qui parut un vrai grimoire
au marquis.

— Ce sont, lui répondit le muet avec son crayon, les
excellentes paroles que vous venez de dire, traduites en
arabe. Voyez si l'enfant sait lire et s'il entend cette
langue.

Mario regarda le papier qu'on lui présenta et courut le
lire à la Morisque, qui l'écouta avec une grande émotion,
baisa l'écriture et vint se mettre à genoux devant le marquis.

Puis elle se tourna vers Giovellino et lui dit en arabe:

— Homme de cœur et de vertu, dis à cet homme de
bien ce que je vais te dire. Je n'ai pas voulu parler ma
langue devant l'Espagnol. Je n'ai pas voulu que l'enfant
dît un mot devant lui L'Espagnol nous hait, et, en quelque
lieu qu'il nous rencontre, il nous fait du mal. Pourtant
l'enfant est chrétien, il n'est pas esclave. Tu peux voir
sur mon front la marque de l'inquisition; elle y est encore, quoique je fusse bien petite quand on m'a brûlée.

Et, en parlant ainsi, elle défaisait le mouchoir de ser-
pillière bariolée qui retenait ses longs cheveux noirs, et
montrait son front, qui ne présentait aucune trace do
feu.

Mais elle se le frappa du creux de la main, et aussitôt
l'horrible *rébus* se dessina en blanc sur la peau rougie.

— Mais, reprit elle en relevant la chevelure abondante
et douce de Mario, tu peux regarder ce jeune front. S'il
eût été marqué comme le mien, la trace ne serait pas
encore possible à méconnaître. C'est un front baptisé
par un prêtre de ta religion; l'enfant est instruit dans la
foi et dans la langue de ses pères.

Pendant que la Morisque parlait, Lucilio écrivait tradui-
sant, et le marquis lisait à mesure.

— Demandez-lui son histoire, dit-il au muet; faites-
lui savoir que nous portons intérêt à ses malheurs et que
nous la prenons sous notre protection.

Il ne fut pas nécessaire que Lucilio écrivît les interruptions de Bois-Doré. Mario, qui parlait aussi facilement
l'arabe que le français et le catalan, les traduisait, au
fur et à mesure, à sa mère adoptive, avec une remarquable fidélité.

Nous continuèrons donc l'entretien de ces quatre personnes, comme si toutes quatre avaient parlé la même
langue et comme si Lucilio, prompt à transcrire, n'eût
pas été empêché d'en parler une seule.

XVI.

La Morisque parla ainsi :

— Mario, mon bien-aimé, dis à ce seigneur bienfaisant que je sais mal parler l'espagnol, et le français encore moins; je dirai mon histoire à son *écrivain*, et il la lira.

« Je suis fille d'un pauvre fermier de la Catalogne. C'est en Catalogne que le peu de Mores épargnés par l'inquisition vivaient encore tranquilles, espérant qu'on les y laisserait gagner leur vie en travaillant, puisque nous n'avions pris part à aucune des guerres de ces derniers temps, si malheureux pour nos frères des autres provinces d'Espagne.

» Mon père s'appelait Yésid en arabe, et Juan en espagnol; moi, baptisée par *aspersion* comme les autres, j'étais la chrétienne Mercédès, mais la morisque Ssobyha[1].

» J'ai à présent trente ans. J'en avais treize quand on commença à nous avertir secrètement que nous allions être chassés et dépouillés à notre tour.

» Déjà, avant ma naissance, le terrible roi Philippe II avait ordonné que, dans le délai de trois ans, tous les Morisques devaient savoir la langue castillane et ne plus parler, lire ou écrire en arabe, publiquement ou secrètement; « que tous les contrats en cette langue seraient nuls; que tous nos livres seraient brûlés; « que nous quitterions nos costumes pour porter ceux des chrétiens; » que les femmes morisques sortiraient sans voile, le visage découvert; » que nous n'aurions ni fêtes ni danses, ni chants nationaux; « que nous perdrions nos noms de famille et d'individu pour prendre des noms chrétiens; que ni hommes, ni femmes morisques ne pourraient plus se baigner à l'avenir, et que nos bains seraient détruits dans nos maisons.

1. Aurore.

» Ainsi, on nous insultait jusque dans la pudeur de nos mœurs et dans la santé de nos corps ! Mes parents s'étaient soumis. Quand ils virent que cela ne servait de rien et qu'on ne les persécutait que pour avoir leur argent, ils songèrent à en amasser et à en cacher le plus qu'ils pourraient, afin de s'enfuir quand le danger de la mort reviendrait.

» A force de travail et de patience, ils se firent un petit trésor. C'était, disaient-ils, pour m'empêcher de mendier comme tant d'autres qui s'étaient laissé surprendre. Mais il était écrit que, comme tous les autres, je tendrais la main.

» Nous étions encore assez heureux, malgré les humiliations dont on nous abreuvait. Nos seigneurs espagnols ne nous aimaient point ; mais, comme ils voyaient bien que nous seuls, en Espagne, savions et voulions cultiver leurs terres, ils demandaient à leur roi de nous épargner.

» Quand j'eus dix-sept ans, le roi Philippe III fit rendre tout à coup un nouveau décret contre tous les Morisques catalans. Nous étions bannis du royaume avec les *biens meubles* que nous pourrions emporter sur nos corps. Dans trois jours, sous peine de mort, il nous fallait quitter nos maisons et aller, sous escorte, au lieu de l'embarquement. Tout chrétien qui cacherait un Morisque irait pour six ans aux galères

» Nous étions ruinés. Pourtant, nous mîmes sur nous, mon père et moi, l'or que nous pouvions emporter, et nous partîmes sans nous plaindre. On nous promettait de nous conduire en Afrique, au pays de nos ancêtres.

» Alors nous demandâmes au Dieu de nos pères de nous reprendre pour ses fidèles enfants.

» On nous laissa, pendant le voyage, remettre nos

anciens costumes, qui se conservaient depuis un siècle
dans les familles, et chanter nos prières dans notre langue, que nous n'avions pas oubliée ; car, en dépit des
décrets, nous n'en parlions pas d'autre entre nous.

» Nous fûmes entassés comme des animaux sur les
galères de l'État, mais, à peine embarqués, on nous
demanda le prix de la traversée. La plupart n'avaient
rien. On exigea que les riches payassent pour les pauvres.

» Mon père, voyant qu'on jetait à la mer ceux qui ne
trouvaient pas de caution, paya sans regret pour tous
ceux qui étaient dans notre embarcation ; mais, quand
on vit qu'il n'avait plus rien, on le jeta à la mer comme
les autres !... »

Ici, la Morisque s'arrêta. Elle ne pleurait pas, mais sa
poitrine était serré.

— Détestables coquins d'Espagnols ! Pauvres Morisques ! murmura le marquis.

Puis il ajouta, comme averti par un triste regard de
Lucilio :

— Hélas ! la France n'a fait mieux, et la régente les
a traités absolument de même !

Mercédès reprit :

— Me voyant seule au monde, sans un dernier, et
privée de tout ce que j'aimais, je voulus suivre mon
pauvre père ; on m'en empêcha. J'étais jolie. Le patron de la galère me voulait pour esclave. Mais Dieu
déchaîna la tempête, et il fallut songer à lutter contre
elle. Plusieurs embarcations furent englouties, des
milliers de Morisques périrent avec leurs bourreaux.

» La galère qui nous portait fut emmenée par l'orage
sur les côtes de France, et vint se briser vers un lieu
dont je n'ai jamais su le nom.

» Je fus jetée au rivage, au milieu des morts et des mourants ; c'était mon salut. Je me traînai dans des rochers où, toute mouillée et toute brisée, m'étant bien cachée et n'ayant pas la force d'aller plus loin, je dormis pour la première fois depuis beaucoup de jours et beaucoup de nuits.

» Quand je m'éveillai, la tempête était finie. Il faisait chaud, j'étais seule. Le navire brisé était à la côte, les morts sur la grève. J'avais faim, mais j'avais encore assez de forces pour marcher.

» Je m'éloignai le plus vite que je pus du rivage, où je craignais de rencontrer des Espagnols, et je m'en allai par les montagnes, mendiant le pain, l'eau et le gîte. On me recevait bien mal ; mon costume inquiétait les paysans.

» Enfin, je rencontrai quelques femmes de ma race qui étaient établies dans un village et qui me donnèrent un habillement ; elles me conseillèrent de cacher ma religion et mon origine, parce que les hommes du pays n'aimaient pas les étrangers et détestaient surtout les Morisques. Il paraît, hélas ! qu'on les déteste partout, car on m'a dit, plus tard, qu'au lieu d'accueillir comme des frères ceux qui purent arriver en Afrique, les Berbères les ont massacrés ou réduits à un pire esclavage que celui de l'Espagne.

» Comment pouvais-je suivre le conseil qu'on me donnait de cacher mon origine ? Je ne savais pas assez bien la langue catalane pour cela. D'abord, on me fit quelque aumône ; mais, quand un Espagnol passait, il disait aux gens du pays :

» — Vous avez là chez vous une Morisque.

» Et l'on me chassait de partout. Je marchai de vallée en vallée.

» Un jour, je me trouvai sur une grande route qui était celle de Pau, comme je l'ai su plus tard, et c'est là que le ciel me fit rencontrer une femme encore plus malheureuse que moi. C'était la mère de l'enfant que vous voyez, et qui est devenu le mien... »

— Continuez, dit le marquis.

Mais Mercédès s'arrêta encore, parut réfléchir, et dit, s'adressant à Lucilio.

— Je ne peux pas raconter l'histoire des parents de l'enfant, si ce n'est à vous seul... qui lui avez sauvé la vie, et qui me paraissez un ange sur la terre. Si l'on veut me garder ici quelques jours et que je ne voie aucun danger pour Mario, je jure que je dirai tout ; mais je crains l'Espagnol, et j'ai vu ce vieux seigneur mettre sa main dans la sienne, après l'avoir repris de sa dureté pour nous. J'ai tout compris avec mes yeux : les seigneurs sont les seigneurs, et les pauvres esclaves ne doivent pas espérer que les meilleurs mêmes prendront leur parti contre leurs égaux.

— Il n'y a pas d'égaux qui tiennent ! s'écria le marquis lorsque Lucilio lui eut traduit, par écrit, la réponse de Mercédès. Je jure, sur ma foi de chrétien et sur mon honneur de gentilhomme, de protéger le faible envers et contre tous.

La Morisque répondit qu'elle dirait la vérité, mais qu'elle cacherait certains détails inutiles.

Puis elle reprit ainsi :

— J'étais sur la route de Pau, mais au cœur des montagnes, dans un endroit fort désert. Là, comme je me reposais en me cachant, par crainte des mauvaises gens que l'on rencontre en tous pays, je vis passer un homme qui voyageait avec sa femme.

» La femme marchait un peu en avant ; des bandits

accoururent par derrière eux, tuèrent et volèrent ce voyageur, si vite, que sa femme ne le vit point, et, revenant pour l'appeler, le trouva mort en travers du chemin.

» A cette vue, elle tomba mourante, et je vis qu'elle était enceinte.

» Je ne savais comment la soulager et la consoler. A genoux près d'elle, je priais et je pleurais, lorsqu'un homme à la moustache grise et tout habillé de noir parut à cheval, et vint savoir pourquoi je pleurais ainsi. Je lui montrai cette femme couchée sur le corps de son mari. Il lui parla en plusieurs langues, car il était un grand savant ; mais il vit bientôt qu'elle n'était pas en état de répondre.

» La secousse qu'elle venait d'éprouver hâtait son accouchement.

» Des bergers passaient avec leurs troupeaux. Il les appela ; et, comme ils virent que cet homme de bien était un prêtre de leur religion chrétienne, ils obéirent à son commandement et portèrent la femme dans leur maison, où elle mourut, une heure après avoir mis Mario au monde, et après avoir donné au prêtre la bague de mariage qu'elle avait au doigt, sans pouvoir rien expliquer, mais en lui montrant l'enfant et le ciel !

» Le prêtre s'arrêta chez les bergers pour faire ensevelir ces pauvres morts, et, comme il crut que j'avais été l'esclave de cette dame, il me confia l'enfant en me disant de le suivre. Mais je ne voulus pas le tromper, ayant connu qu'il était savant et humain. Je lui dis mon histoire, et comment j'avais vu, par hasard, l'assassinat du colporteur. »

— C'était donc un colporteur ? dit le marquis.

— Ou un gentilhomme déguisé, répondit Mercédès ; car sa femme avait, sous sa pauvre cape, les vêtements d'une dame, et lui-même, quand on le dépouilla pour l'ensevelir, fut trouvé en chemise fine et en chausses de soie sous ses habits grossiers. Il avait les mains blanches, et on trouva aussi sur lui un cachet où il y avait des armoiries

— Montrez-moi ce cachet! s'écria Bois-Doré fort ému.

La Morisque secoua la tête et dit :

— Je ne l'ai pas.

— Cette femme se méfie de nous, reprit le marquis s'adressant à Lucilio, et pourtant cette histoire m'intéresse plus qu'elle ne croit! Qui sait si...? Voyons, mon grand ami, tâchez, au moins, de lui faire dire à quelle époque précisément est arrivée l'aventure qu'elle nous raconte.

Lucilio fit signe au marquis d'interroger l'enfant, qui répondit sans hésiter :

— Je suis né une heure après la mort de mon père, une heure avant celle du bon roi de France, Henri le quatrième. Voilà ce que M. l'abbé Anjorrant, qui a pris soin de moi, m'a appris, en me recommandant de ne jamais l'oublier, et ce que ma mère Mercédès ne me défend pas de vous dire, à condition que l'Espagnol ne le saura pas.

— Pourquoi ? dit Adamas.

— Je ne sais, répondit Mario.

— Alors, prie ta mère de continuer son histoire, dit M. de Bois-Doré, et comptez que nous vous en garderons le secret, comme nous l'avons promis.

La Morisque reprit ainsi son récit :

— Le bon prêtre s'étant fait donner une chèvre pour nourrir l'enfant, nous emmena en me disant :

» — Nous parlerons religion plus tard. Vous êtes malheureuse, et je vous dois la pitié.

» Il demeurait assez loin de là, dans le cœur de la montagne. Il nous mit dans une petite cabane faite de pierres de marbre et couverte d'autres grandes pierres noires toutes plates, et il n'y avait dans cette maison que de l'herbe sèche. Ce saint n'avait rien de mieux à nous donner que l'abri et la parole de Dieu. Il demeurait dans une maison qui n'était guère plus riche que le chalet où nous étions.

» Mais je ne fus pas là huit jours sans que l'enfant fût propre, bien soigné et la maison bien close. Les bergers et les paysans ne me rebutaient pas, tant leur prêtre leur avait enseigné la douceur et la pitié. Moi, je leur enseignai vite, pour le soin de leurs troupeaux et pour la culture de leurs terres, des choses qu'ils ne savaient pas et que savent tous les Morisques cultivateurs. Ils m'écoutèrent, et, me trouvant utile, ils ne me laissèrent plus manquer de rien.

» J'aurais été bien heureuse de rencontrer cet homme de paix et ce pays de pardon, si j'avais pu oublier mon pauvre père, la maison où j'étais née, mes parents et mes amis que je ne devais plus revoir ; mais je me mis à tant aimer ce pauvre orphelin, que peu à peu je me consolai de tout.

» Le prêtre l'éleva et lui enseigna le français et l'espagnol, tandis que je lui apprenais ma langue, afin d'avoir quelqu'un au monde avec qui je pusse la parler ; et pourtant, ne croyez pas qu'en lui apprenant des prières arabes, je l'aie détourné de la religion que le prêtre lui enseignait.

» Ne croyez pas que je repousse votre Dieu. Non, non ! Quand je vis cet homme si vrai, si miséricordieux, si savant et si chaste, qui me parlait si bien de son prophète *Issa* [1] et des beaux préceptes de l'*Engil* [2], qui ne disent pas de faire ce que le Coran nous défend, je pensai que la plus belle religion devait être celle qu'il pratiquait ; et, comme je n'avais pas reçu le baptême, malgré l'aspersion des prêtres espagnols (m'étant garantie avec mes mains pour qu'aucune goutte de l'eau chrétienne ne tombât sur ma tête), je consentis à être de nouveau baptisée par ce vertueux, et je jurai à Allah de ne plus jamais renier dans mon cœur le culte d'Issa et de Paraclet.

Cette naïve déclaration fit beaucoup de plaisir au marquis, lequel, malgré ses nouvelles notions de philosophie, n'était, pas plus qu'Adamas, partisan de l'idolâtrie païenne attribuée aux Mores d'Espagne.

— Ainsi, dit-il en caressant la tête brune de Mario, nous n'avons point affaire ici à des diables, mais à des êtres de notre espèce. *Numes célestes!* j'en suis aise, car cette pauvre femme m'intéresse et cet orphelin me touche le cœur. Ainsi donc, mon bel ami Mario, tu as été élevé par un bon et savant curé des Pyrénées ! et tu es toi-même un petit savant ! Je ne pourrai pas te parler arabe ; mais, si ta mère veut te donner à moi, je jure de te faire élever en gentilhomme.

Mario ne savait point ce que c'était que la gentilhommerie.

Certes, il était prodigieusement instruit pour son âge, pour le temps et le milieu où il avait été élevé ; mais, à tous autres égards que la religion, la morale et les langues, c'était un vrai petit sauvage, ne se faisant aucune idée de la société où le marquis l'invitait à entrer

1. Jésus.
2. L'Évangile.

I. 5

Il ne vit dans sa proposition que des rubans, des bonbons, des petits chiens et de belles chambres toutes pleines de ces *bibelots* qu'il prenait pour des jouets. Ses yeux brillèrent de naïve convoitise, et Bois-Doré, aussi naïf que lui dans son genre, s'écria :

— Vive Dieu ! maître Jovelin, cet enfant est né quelque chose. — Avez-vous vu comme ses yeux ont relui à ce mot de gentilhomme ? — Voyons, Mario, demande à Mercédès de rester avec nous.

— Et moi aussi ! dit l'enfant, qui crut naturellement que l'offre s'adressait d'abord à sa mère adoptive.

— Et elle aussi ? répondit Bois-Doré ; je sais bien que vous séparer serait fort inhumain.

Mario, transporté, se hâta de dire à la Morisque, en arabe, et en la couvrant de caresses :

— Mère ! nous ne marcherons plus dans les chemins. Ce beau seigneur nous garde ici dans sa belle maison !

Mercédès remercia en soupirant.

— L'enfant n'est pas à moi, dit-elle ; il est à Dieu, qui me l'a confié. Il faut que je cherche et que je retrouve sa famille. Si sa famille n'existe plus ou ne veut pas de lui, je reviendrai ici, et, à genoux, je vous dirai : « Prenez-le et chassez-moi si vous voulez. J'aime mieux pleurer seule à la porte de la maison où il sera heureux, que de le faire encore mendier sur les chemins. »

— Cette femme a une belle âme, dit le marquis. Eh bien, nous l'aiderons, de notre argent et de notre crédit, à retrouver ceux qu'elle cherche ; mais que ne nous apprend-elle ce qu'elle en sait ? Nous l'aiderons peut-être tout de suite, d'après le nom de famille de l'enfant.

— Ce nom, je ne le sais pas, répondit la Morisque.

— Alors, qu'espérait-elle en quittant ses montagnes !

— Dis-leur ce qu'ils veulent savoir, dit en arabe Mer-

cédés à Mario, mais rien de ce qu'ils doivent encore
ignorer.

XVII

Mario prit la parole, enchanté d'avoir à s'expliquer,
mais sans impudence ni *manière*, avec toute la candeur
de sa grâce naturelle et de son beau regard.

— Nous étions bien heureux là-bas, dit-il ; il y avait
des grottes, des cascades, de grands pics et de grands
arbres ; tout était bien plus grand qu'ici, et l'eau y faisait beaucoup plus de bruit. Ma mère gardait des vaches
très-bonnes, et elle teignait et filait de la laine pour
faire de la toile de laine très-forte. Voyez mon bonnet
blanc et sa cape rouge ! C'est des étoffes de chez nous.
Moi, je travaillais aussi. Je faisais des paniers, oh ! je
sais très-bien les faire ! Si je reviens chez vous pour
être gentilhomme, vous verrez ! c'est moi qui ferai tous
les paniers de la maison !

» Tous les jours, pendant deux heures, j'apprenais à
lire et à parler espagnol et français avec M. le curé Anjorrant. Il ne me grondait jamais, il était toujours content
de moi. Jamais on n'a vu un homme si bon ! Il m'aimait tant, que ma mère en était quelquefois jalouse. Elle
me disait :

» — Tiens, je parie que tu aimes mieux le prêtre que
moi !

» Mais, je lui disais .

» — Non, va ! je vous aime autant l'un que l'autre.
Je vous aime tant que je peux. Je vous aime grand

comme les montagnes, et encore plus : grand comme le
ciel !

» Mais, quand j'ai eu dix ans, tout a bien changé
pour nous. Voilà que, tout d'un coup, M. Anjorrant a
été bien malade, pour avoir trop marché dans la neige
pour sauver de petits enfants qui s'étaient perdus et
qu'il a retrouvés, car il y a chez nous de la neige, en
hiver, quelquefois aussi haut que votre maison. Et, tout
d'un coup, M. Anjorrant est mort !

» Ma mère et moi, nous avons tant pleuré, que je ne
sais pas comment nous avons encore des yeux pour voir
clair.

» Alors, ma mère m'a dit :

» — Il faut faire la volonté de notre père, de notre
ami qui est mort. Il nous a laissé les papiers et les bijoux qui peuvent servir à te faire reconnaître de ta famille. Il a écrit pour toi bien des fois au ministre de
France. On n'a jamais répondu. Peut-être qu'on n'a pas
reçu les lettres. Nous irons trouver le roi, ou quelqu'un
qui puisse lui parler pour nous, et, si tu as une grand'-
mère ou des tantes, ou des cousins, ils t'empêcheront
de rester vassal, parce que tu es né libre, et que la
liberté est la plus grande chose du monde.

» Nous sommes partis avec bien peu d'argent. Le
bon M. Anjorrant n'avait rien laissé pour personne.
Aussitôt qu'il avait une piécette, il la donnait à ceux qui
en avaient besoin. Nous avons marché, marché ; la France
est si grande ! Voilà trois mois que nous sommes en
route ! Ma mère, voyant le chemin si long, avait peur
de n'arriver jamais, et nous demandions aux portes
l'abri et le pain. On nous donnait toujours, parce que ma
mère a l'air doux et qu'on me trouve gentil. Mais nous
ne connaissions pas les chemins, et nous faisions bien

des pas qui nous retardaient au lieu de nous avancer.

» C'est alors que nous avons rencontré des gens bien drôles, qui se disaient Égyptiens, et qui nous ont dit d'aller avec eux en Poitou, si nous savions faire quelque chose. Ma mère sait très-bien chanter en arabe, et moi, je sais un peu jouer du tympanon et de la guiterne des Pyrénées. Je vous en jouerai tant que vous voudrez. Ces gens-là ont trouvé que nous en savions assez. Ils n'étaient pas mauvais pour nous, et il y avait avec eux une petite Morisque appelée Pilar que j'aimais beaucoup, et un garçon plus grand, La Flèche, qui était Français, et qui m'amusait avec ses grimaces et ses histoires. Mais ils étaient presque tous voleurs, et cela faisait de la peine à ma mère de les voir si gourmands et si paresseux.

» C'est pourquoi elle me disait tous les jours :

» — Il nous faut quitter ces gens-là, qui ne valent rien.

» C'est hier que nous les avons quittés, parce que...

— Parce que?... dit le marquis.

— C'est une chose que ma mère Mercédès vous dira peut-être plus tard, quand elle aura prié Dieu de lui faire connaître la vérité. C'est comme ça qu'elle m'a dit, et je n'en sais pas davantage. »

— Toutes choses entendues, dit el marquis en se levant, voilà des gens dont je fais grand cas, et que je veux voir bien traiter et bien soigner en mon logis, jusqu'à ce qu'il leur plaise de me faire savoir en quoi je peux les aider davantage. Mais ne m'avais-tu pas dit, fidèle Adamas, que cette Mercédès avait une lettre pour M. de Sully ?

-- Oui, oui! s'écria Mario. C'est le nom qui est sur la lettre de M. Anjorrant.

— Eh bien, c'est très-facile. Je suis fort son serviteur, et je me charge de vous faire arriver chez lui sans
fatigue ni misère. Or donc, reposez-vous céans et demandez tout ce que vous voudrez. Voyons, Adamas, la
mère et l'enfant sont très-propres, et leurs habits de
montagne ne sont point trop laids. Mais ils ont là, sur
le corps, tout ce qu'ils possèdent ?

— Oui, monsieur, sauf les habits plus mauvais qu'ils
portaient hier et ce matin ; ils ont chacun deux che-
mises et le reste à l'avenant. Mais cette femme lave,
raccommode et peigne son enfant tout le temps qu'elle
ne marche pas. Voyez comme sa chevelure est bien
tenue ! Elle a toutes sortes de secrets arabes pour entretenir la propreté ; elle sait faire des poudres de troène
et des élixirs que je veux apprendre d'elle.

— C'est fort bien vu ; mais songez à lui donner du
linge et des étoffes, pour qu'elle soit un peu nippée.
Puisqu'elle est adroite, elle en tirera bon parti. Je m'en
vais faire un tour de promenade ; après quoi, si elle n'a
point de déplaisir à chanter un air de sa nation, avec la
guiterne du petit, je serai content d'ouïr leur musique
étrangère. Au revoir donc, maître Mario ! Comme vous
avez très-civilement parlé, je vous veux donner quelque
chose tantôt : comptez que je ne l'oublierai point.

Le gentil Mario baisa la main du marquis, non sans
jeter un regard bien expressif sur le petit chien Fleurial, qu'il eût préféré à toutes les richesses de la maison.

Il est vrai de dire que Fleurial était une merveille :
des trois *cagnots* que choyait le marquis, il était le préféré à juste titre, et ne quittait jamais son maître dans
la maison. Il était blanc comme neige, touffu comme un
manchon, et, contrairement aux mœurs des petits chiens
gâtés, il était doux comme un agneau.

Lorsque le marquis eut fait sa promenade accoutumée, parlé avec bonté à ceux de ses vassaux qu'il rencontra, et demandé des nouvelles de ceux qui étaient malades, pour leur envoyer de quoi les réconforter, il rentra et fit appeler Adamas.

— Que donnerai-je donc à ce joli Mario? lui dit-il. Il faudrait trouver un jouet qui convînt à son âge, et il n'y en a point ici. Hélas! mon ami, nous voici trois céans, qui commençons à nous faire vieux garçons, maître Jovelin, moi et toi.

— J'y ai songé, monsieur, dit Adamas.

— A quoi, mon vieux serviteur? au mariage?

— Non, monsieur : ce n'étant point votre goût, ce n'est pas le mien non plus; mais j'ai trouvé le jouet pour donner à l'enfant.

— Va le chercher bien vite.

— Voici, monsieur! dit Adamas en allant prendre l'objet, qu'il avait déposé dans l'embrasure de la fenêtre. Comme j'ai remarqué que l'enfant mourait d'envie d'avoir Fleurial, et que vous ne pouviez pas lui donner Fleurial, je me suis rappelé avoir vu, dans les greniers, plusieurs jouets oubliés depuis longtemps, et, entre autres, ce chien d'étoupe, qui n'est pas trop mangé aux vers et qui ressemble à Fleurial, sauf qu'il est en peau de mouton noir et qu'il n'a plus beaucoup de queue.

— Et sauf mille autres différences qui font qu'il ne lui ressemble pas du tout! Mais d'où vient donc ce joujou-là, Adamas?

— Du grenier, monsieur.

— Fort bien; mais... tu dis qu'il y en a d'autres?

— Oui, monsieur; un petit cheval qui n'a plus que trois jambes, un tambour crevé, de petites armes, un reste de donjon crénelé...

Adamas se tut brusquement en voyant le marquis profondément absorbé devant le chien d'étoupe, tandis qu'une grosse larme creusait un sillon dans le fard de sa joue.

— J'ai fait quelque sottise ! s'écria le vieux serviteur. Pour Dieu, mon bon cher maître, d'où vient que vous pleurez?

— Je ne sais... un moment de faiblesse! dit le marquis en s'essuyant de son mouchoir parfumé, où s'imprima une notable partie des roses de son teint ; j'ai cru reconnaître ce jouet, et, si je ne me trompe, c'est là une relique qu'il ne faut point donner, Adamas !... Cela vient de mon pauvre frère !

— Vraiment, monsieur? Ah ! je ne suis qu'un sot! J'aurais dû m'en aviser. J'ai pensé, moi, que cela vous avait amusé quand vous étiez petit enfant.

— Non! quand j'étais petit enfant, je n'avais point de jouets. C'était un temps de guerre et de tristesse en ce pays ; mon père était un homme terrible et me faisait voir, pour récréation, des carcans, des chaînes, des paysans sur le chevalet et des prisonniers pendus aux ormes du parc... Plus tard, beaucoup plus tard, il eut une seconde femme et un second fils.

— Je le sais bien, monsieur ; le jeune monsieur Florimond, que vous avez tant aimé! La fleur des gentilshommes, bien certainement! Disparu d'une si étrange manière !

— Je l'aimais plus que je ne saurais le dire, Adamas! non point tant pour les rapports que nous eûmes ensemble quand il eut âge d'homme, puisque alors nous suivions des partis différents, et que nous nous rencontrions bien peu, le temps seulement de nous embrasser et de nous dire que nous étions amis et frères quand même, mais pour les gentillesses de son enfance, dont, comme je te l'ai conté, j'eus occasion de prendre soin et garde en une absence de mon père qui dura environ un an. La seconde femme de celui-ci était morte, et le pays fort inquiété. Je savais mon père haï des calvinistes, et je crus devoir apporter protection, ici, à ce pauvre enfant que je ne connaissais point, et qui se mit à me chérir comme s'il eût compris l'injustice de notre père envers moi. Il était doux et beau comme ce petit Mario qui est céans. Il n'avait ni parents ni amis autour de lui, pour ce qu'en ce temps les uns mouraient de peste et les autres de peur. Il fût mort aussi, faute de soins et de gaîté, si je ne l'eusse pris en si grande attache, que je jouais avec lui des jours entiers. C'est moi qui lui apportai ces jouets-ci, et j'ai quelque raison de m'en ressouvenir, à présent que j'y songe, car ils faillirent me coûter cher.

— Contez-moi ça, monsieur ; ça vous distraira.

— Je le veux bien, Adamas. C'était en quinze cent... n'importe la date !

— Sans doute, sans doute, monsieur, la date n'y fait rien.

— Mon cher petit Florimond s'ennuyait de ne point sortir, et je n'osais l'exposer dehors, à cause qu'il passait des bandes de tous les partis, qui tuaient tout et ne connaissaient point d'amis. Je m'avisai d'une amusette qui m'avait bien tenté dans ma propre enfance.

» J'avais vu, au château de Sarzay, beaucoup de ces animaux d'étoupe et d'autres babioles dont se jouaient les petits Barbançois. Les seigneurs de Barbançois, qui ont possédé ce fief de Sarzay de père en fils, depuis longues années, étaient des plus enragés contre les pauvres calvinistes, et, à cette époque-là, ils étaient à

Issoudun, faisant pendre et brûler tant qu'ils pouvaient. En leur absence, le manoir de Sarzay n'était pas trop bien gardé. Le pays d'alentour étant tout dévoué aux catholiques et à M. de la Châtre, on ne se méfiait point de moi qui étais trop seul et trop pauvre pour rien entreprendre.

» Je m'imaginai d'y pénétrer sous un prétexte et d'y faire main basse sur les joujoux, à moins que quelque valet ne m'en voulût vendre, car il n'en fallait pas chercher ailleurs. C'était marchandise de luxe, et que l'on ne débitait point dans les petits endroits.

» Je me présente donc hardiment, comme venant de la part de mon père, et je demande l'entrée du château comme pour parler à la nourrice des jeunes gens, qui, lors, étaient déjà à cheval, comme moi, et battant le pays. J'entre, je m'explique, et la nourrice me reçoit mal.

» Elle savait que j'avais déjà guerroyé pour les calvinistes et que mon père ne m'aimait point ; mais l'argent l'adoucit : elle monte en une chambre haute et m'apporte ce que les enfants, devenus grands, avaient laissé de moins endommagé.

» Me voilà donc parti avec un cheval, un chien, une citadelle, six canons, un chariot et beaucoup de petite vaisselle de fer, le tout dans un grand panier couvert d'une toile, que j'avais attaché derrière moi sur mon cheval. J'en avais jusqu'aux épaules, et, tout en sortant de la cour de Sarzay, j'entendais les valets rire du haut des croisées, et se dire entre eux :

» — C'est un grand innocent, et, si nous n'avons jamais maille à partir avec d'autres réformés, nous en aurons vite bon marché.

» Quelques-uns avaient bien envie de m'envoyer

quelque peu d'arquebusade ; mais j'en fus quitte pour
la peur.

» Je piquai des deux avec mon bataclan, qui me sonnait au derrière comme la ferraille d'un chaudronnier
du Limousin

» Cependant, tout allait bien, et je m'en revenais
tranquillement par la traverse, pour ne point passer
dans cet équipage par la ville de La Châtre ; mais j'eus
à passer la Couarde, sur le pont du chemin d'Aigu-
rande, et c'est alors que je me trouvai en face d'une
bande de dix à douze reîtres qui se dirigeaient vers la
ville.

» Ce n'étaient que des maraudeurs ; mais ils avaient
avec eux un des plus méchants partisans de ce temps-
là, un certain drôle dont le père ou l'oncle avait le commandement de la grosse tour de Bourges, et se faisait
appeler le capitaine Macabre.

» Ce garçon, qui était à peu près de mon âge, mais
qui était déjà vieux en malice, servait de guide à tous
les pillards qui voulaient bien lui laisser faire sa main
avec eux. Je l'avais quelquefois rencontré, et il savait
bien que, m'étant battu pour les calvinistes, je ne devais
point être traité en ennemi par ces Allemands. Mais, à
voir mon chargement, il me crut de bonne prise, et, se
donnant un air de capitan, il me commanda de mettre
pied à terre et de livrer cheval et bagage à ses gens,
qui s'intitulaient, pour lors, cavaliers du duc d'Alençon.

» Comme ils ne savaient pas un mot de français, et
que le fils Macabre leur servait de truchement, il eût été
bien inutile de vouloir parlementer. Sachant à qui j'avais
affaire, et qu'après m'être soumis et laissé démonter, je
serais bien battu et peut-être arquebusé, par manière de

passe-temps, comme c'était assez la coutume des maraudeurs, je risquai le tout pour le tout.

» J'allongeai, de la botte et de l'étrier tout ensemble, un grand coup de pied dans l'estomac du Macabre, qui était déjà descendu pour me jeter bas, et l'étendis tout à plat sur le dos, jurant comme quarante diables.

— Et bien vous fîtes, monsieur ! s'écria Adamas enthousiasmé.

— Les autres, poursuivit Bois-Doré, s'attendaient si peu à voir un blanc-bec comme j'étais faire pareille chose au milieu d'eux, tous vieux routiers armés jusqu'aux dents, qu'ils se mirent à rire ; de quoi je profitai pour filer comme un trait d'arbalète ; mais, leur étonnement passé, ils m'envoyèrent une grêle de prunes allemandes, que l'on appelait dans ce temps-là des prunes de Monsieur, à cause que ces Allemands servaient les desseins de Monsieur, frère du roi, contre les troupes de la reine mère.

» Le sort voulut qu'aucune balle ne m'atteignît, et, grâce à ma bonne jument Brandine, qui m'emporta dans les chemins creux et tortus de la Couarde, je rentrai sain et sauf au logis. Grande fut la joie de mon petit frère en me voyant déballer toutes ces bamboches.

» — Mon mignon, lui dis-je en lui donnant la citadelle, bien m'a pris d'être si bellement fortifié ; car, sans ces bonnes murailles que j'avais de long du dos, je pense que vous ne m'eussiez point vu revenir.

» Le fait est, Adamas, que, si l'on décousait ce chien d'étoupe, je crois bien qu'on lui trouverait quelque plomb dans le ventre, et que, si la citadelle ne m'a point garanti, tout au moins les animaux ont dû garantir la citadelle.

— S'il en est ainsi, monsieur, je veux garder tout

cela chèrement, et en faire un trophée d'honneur dans
quelque salle du château.

— Non, Adamas, on se moquerait de nous. Et, puisque
voici venir ce bel enfant, il lui faut donner le chien
d'étoupe et le reste ; car ce qui vient d'un ange doit retourner à un autre ange, et je vois dans les yeux de ce
Mario l'innocence et l'amitié qu'il y avait dans ceux de
mon jeune frère... Oui, c'est chose certaine! continua
le marquis en regardant entrer Mario et Mercédès, con-
duits par le page Clindor ; si Florimond eût eu un fils, il
eût été en tout semblable à ce garçonnet, et, si tu veux
que je te dise pourquoi il m'a plu à première vue, c'est
parce qu'il me remet en mémoire, non point tant par
ses traits que par son air, sa voix douce et ses manières
caressantes, mon frère tel qu'il était vers l'âge où voici
cet orphelin.

— Monsieur votre frère ne s'est jamais marié, dit
Adamas, qui avait l'esprit encore plus romanesque que
son maître ; mais il peut bien avoir eu des bâtards, et
qui sait si... ?

— Non, non, mon ami, ne rêvons point ! J'ai bien eu
une autre songerie, tandis que cette Morisque nous racontait l'histoire du gentilhomme assassiné! Ne me suis-je
point imaginé que ce pouvait être mon pauvre frère ?

— Eh bien, au fait, monsieur, pourquoi ne le serait-ce
point, puisque nul ne sait comment il a péri ?

— Ce ne l'est point, répondit le marquis, et la raison,
c'est que le père de ce petit Mario a *été défait* quatre
jours avant la mort de notre bon roi Henri, tandis que
j'ai une dernière lettre de mon frère, datée de Gênes, le
seizième jour de juin, c'est-à-dire environ un mois après
que ces choses se furent passées. Donc, il n'y a point de
rapprochement à faire.

XVIII

Pendant que le marquis et Adamas échangeaient ces réflexions, la Morisque s'était préparée à chanter, et Lucilio était arrivé pour l'entendre.

Le marquis goûta si fort sa manière, qu'il pria Lucilio de lui noter ses airs. Lucilio les prisa encore davantage, comme étant, disait-il, « choses rares et antiques, d'une grande perfection de beauté. »

Mercédès les disait de mieux en mieux à mesure qu'on l'encourageait, et Mario l'accompagnait très-bien.

D'ailleurs, il était si joli avec sa longue guitare, son air sage, sa bouche entr'ouverte et ses beaux cheveux ondés sur ses épaules, qu'on ne pouvait se lasser de le regarder. Son habillement, composé d'une grosse chemise blanche, de courtes braies de laine brune, avec une ceinture rouge et des chausses grises avec des brides de laine rouge enroulées autour de la jambe, était très-favorable à la grâce de son corps et à l'élégance de ses formes délicates.

Il reçut avec éblouissement tous les jouets que l'on alla chercher au grenier, et le marquis vit avec plaisir qu'ayant admiré toutes ces merveilles, il les rangea en un coin avec une sorte de respect.

Le fait est que tout cela ne lui disait pas grand'chose, et que, la surprise passée, il se mit à repenser à Fleurial, qui était vivant, joueur et caressant, et qui eût pu le suivre dans sa vie errante, tandis que la possession des chevaux, des canons et des citadelles n'était que le rêve d'un instant, dans cette vie de misère et de passage.

Le reste de la journée s'écoula sans nouvel orage de la part de M. d'Alvimar.

Il revit M. Poulain, et lui dit qu'il était décidé à entamer le siége de la gentille Lauriane.

A souper, il fit de son mieux pour n'avoir pas un ennemi, ou tout au moins un contradicteur auprès d'elle, dans la personne du marquis, et il parvint encore à se faire trouver aimable. Il ne rencontra, dans la maison, ni la Morisque ni l'enfant, n'entendit plus parler d'eux, et se retira de bonne heure pour rêver à ses projets.

Toute la suite du marquis fut aise de garder Mario quelques jours ; ainsi l'annonçait Adamas. Celui-ci le fit manger, ainsi que sa mère, à la seconde table, celle où il mangeait lui-même en qualité de valet de chambre, avec maître Jovelin, que Bois-Doré faisait, à dessein, passer pour un subalterne, la gouvernante Bellinde et le page Clindor.

Le carrosseux et les autres valets mangeaient à d'autres heures et dans un autre local. C'était la troisième table.

Il y en avait une quatrième pour les gens de la ferme, les passants, les pauvres voyageurs, les moines besaciers ; en sorte que, de l'aube à la *grand'nuit,* c'est-à-dire huit à neuf heures du soir, on mangeait au manoir de Briantes, et l'on voyait fumer sans relâche quelque cheminée à odeur grasse qui attirait de loin des volées de gamins et de mendiants. Ceux-ci recevaient toujours bonne pitance de reliefs à la grand'porte, et dressaient la cinquième table sur le gazon de l'avenue, ou sur les revers des fossés.

Malgré cette large hospitalité et ce nombreux personnel, qui n'étaient point en rapport avec l'exiguïté du manoir, le revenu du marquis faisait face à tout, et il avait toujours de l'argent de reste pour ses innocentes fantaisies.

Il n'était guère volé, bien qu'il ne s'occupât d'aucune comptabilité ; Adamas et Bellinde se détestant, ils se surveillaient l'un et l'autre, et, quoique Bellinde ne fût pas femme à se priver d'un peu de pillage, la crainte de donner prise aux soupçons de son ennemi la rendait prudente et forcément modérée à l'article des profits. Largement payée et toujours magnifiquement habillée aux frais du châtelain, qui tenait à ne voir « chiffons ni crasse » autour de lui, elle n'avait certes pas de prétexte pour malverser ; mais elle ne s'en plaignait pas moins, étant de celles qui chérissent un sou volé et dédaignent un louis bien acquis.

Quant à Adamas, s'il n'était pas la probité même dans toutes ses relations (ayant fait la guerre et pris les mœurs des partisans), il aimait tellement son maître, que si, dans le poste éminent d'homme de confiance où il était parvenu, il eût encore osé piller et rançonner les gens du dehors, c'eût été uniquement pour enrichir le manoir de Briantes.

Clindor faisait cause commune avec lui contre la Bellinde, qui le haïssait et le traitait de chien habillé.

C'était un bon petit garçon, moitié fin et moitié sot, ne sachant encore s'il devait se draper en homme du tiers, titre qui prenait chaque jour plus d'importance réelle, ou se blasonner en futur gentilhomme, vanité qui devait encore longtemps retenir le tiers dans une attitude équivoque et lui faire jouer, en dépit de sa supériorité intellectuelle, un rôle de dupe entre les partis.

Le secret de l'origine de la Morisque fut gardé. Pour ne pas l'exposer à l'intolérance soupçonneuse de la Bellinde, qui faisait de grands semblants de dévotion, Adamas la fit passer pour Espagnole, purement et simplement.

Pas un mot de son histoire ne transpira, non plus que de celle de Mario.

— Monsieur le marquis, dit Adamas à son maître en le déshabillant, nous sommes des enfants et nous n'entendons rien à l'artifice de la toilette. Cette Morisque, avec qui j'ai causé de choses sérieuses à la veillée, m'en a plus appris dans une heure que tous vos accommodeurs de Paris n'en savent. Elle a les plus beaux secrets sur toutes choses, et sait extraire des plantes des sucs miraculeux.

— C'est bon, c'est bon, Adamas ! parle-moi d'autre chose. Récite-moi quelque poésie en faisant ma barbe, car je me sens triste, et je dirais volontiers comme M. d'Urfé, parlant d'Astrée, que « le rengrégement de mes ennuis trouble le repos de mon estomac et le respirer de ma vie. »

— *Numes célestes !* monsieur, s'écria le fidèle Adamas, qui aimait à se servir des formules de son maître, c'est donc toujours le souvenir de votre frère ?

— Hélas ! il m'est revenu aujourd'hui tout entier, je ne sais pourquoi. Il y a des jours comme cela, mon ami, où une douleur endormie se réveille. C'est comme les blessures que l'on rapporte de la guerre. Sais-tu une chose à quoi la gentillesse de cet orphelin m'a fait songer, tout ce tantôt ? C'est que je me fais vieux, mon pauvre Adamas !

— Monsieur plaisante !

— Non, nous nous faisons vieux, mon ami, et mon

nom s'éteindra avec moi. J'ai bien quelques arrière-cou-
sins dont je ne me soucie guère et qui perpétueront, s'ils
le peuvent, le nom de mon père ; mais, moi, je serai le
premier et le dernier des Bois-Doré, et mon marquisat
ne passera à personne, puisqu'il est tout honorifique et
de bon plaisir royal.

— J'y ai souvent songé, et je regrette que monsieur
ait eu la tête trop vive pour consentir à faire une fin à sa
vie de jeune homme, en épousant quelque belle nymphe
de ces contrées.

— Sans doute, j'ai eu tort de n'y pas songer. J'ai
trop couru de belle en belle, et, bien que je n'aie guère
rencontré M. d'Urfé, je gagerais qu'entendant parler de
moi en quelque lieu, il m'a voulu peindre sous les traits
du berger Hylas.

— Et quand cela serait, monsieur ? Ce berger est un
fort aimable homme, infiniment spirituel, et le plus di-
vertissant, selon moi, de tous les héros du livre.

— Oui ; mais il est jeune, et je te répète que je commence à ne plus l'être et à regretter fort amèrement de
n'avoir point de famille. Sais-tu que vingt fois j'ai eu l'i-
dée ou formé le souhait d'adopter quelque enfant ?

— Je le sais, monsieur ; toutes les fois que vous
voyez un enfantelet joli et plaisant, cette idée vous reprend. Eh bien, qui vous en empêche ?

— L'embarras d'en trouver un qui soit d'une heureuse figure, d'un bon naturel, et qui n'ait point de parents disposés à me le reprendre quand je l'aurai élevé ;
car de raffoler d'un enfant pour qu'à l'âge de vingt ou
vingt-cinq ans on vous l'emmène...

— D'ici là, monsieur...

— Eh ! le temps passe si vite ! on ne le sent point
passer ! Tu sais que j'avais songé à prendre chez moi

quelque jeune parent pauvre ; mais ils sont tous vieux ligueurs dans ma famille, et, d'ailleurs, leurs petits sont laids, turbulents ou malpropres.

— Il est certain, monsieur, que la branche cadette des Bouron n'est point belle. Vous avez pris pour vous la taille, tout l'agrément, toute la braverie de la famille, et il n'y a que vous-même qui puissiez vous donner un héritier digne de vous.

— Moi-même! dit Bois-Doré, un peu étourdi de cette assertion.

— Oui, monsieur, je parle sérieusement. Puisque vous voilà ennuyé de votre liberté ; puisque, pour la dixième fois, je vous entends dire que vous voulez vous ranger...

— Mais, Adamas, tu parles de moi comme d'un débauché ! Il me semble que, depuis la triste mort de notre Henri, j'ai vécu comme il convient à un homme accablé de chagrin et à un gentilhomme sédentaire obligé de donner le bon exemple.

— Certainement, certainement, monsieur, vous pouvez me dire là-dessus tout ce qu'il vous plaira. Mon devoir est de ne vous point contredire. Vous n'êtes point obligé de me raconter toutes les belles aventures qui vous arrivent dans les châteaux ou bocages des environs, n'est-ce pas, monsieur ? Ça ne regarde que vous. Un fidèle serviteur ne doit point espionner son maître, et je ne crois pas avoir jamais fait de questions indiscrètes à monsieur.

— Je rends justice à ta délicatesse, mon cher Adamas, répondit Bois-Doré, à la fois confus, inquiet et flatté des suppositions chimériques de son idolâtre valet. Parlons d'autre chose, ajouta-t-il n'osant appuyer sur un sujet si délicat et cherchant à se figurer qu'Adamas savait de lui des aventures qu'il ignorait lui-même.

Le marquis n'était ni hâbleur ni vantard ouvertement. Il était de trop bonne compagnie pour raconter les bonnes fortunes qu'il avait eues, et pour inventer celles qu'il n'avait plus. Mais il était charmé qu'on lui en prêtât toujours, et, pourvu qu'on ne compromît aucune femme en particulier, il laissait dire qu'il pouvait prétendre à toutes. Ses amis se prêtaient à sa modeste fatuité, et le grand plaisir des jeunes gens, celui de Guillaume d'Ars en particulier, était de le taquiner sur ce point, sachant combien cette taquinerie lui était agréable.

Mais Adamas n'y faisait point tant de façons. Il n'était pas trop Gascon pour son propre compte ; ayant confondu sa personnalité dans le rayonnement de celle de son maître, il l'était pour lui et à sa place.

Aussi reprit-il la parole avec aplomb sur ce chapitre, déclarant que monsieur avait raison de songer au mariage.

C'était une conversation qui revenait souvent entre eux, et dont ni l'un ni l'autre ne se lassaient, bien qu'elle n'eût jamais d'autre résultat, depuis trente ans, que cette réflexion de Bois-Doré ·

— Sans doute, sans doute ! mais je suis si tranquille et si heureux ainsi ! Rien ne presse, nous en reparlerons.

Cette fois, pourtant, il parut écouter les hâbleries d'Adamas sur son compte avec plus d'attention que de coutume.

— Si je croyais ne point épouser une femme stérile, dit-il à son confident, je me marierais, en vérité ! Peut-être ferais-je bien d'épouser une veuve ayant des enfants ?

— Fi ! monsieur, s'écria Adamas ne songez point à

cela. Prenez-moi une jeune et belle demoiselle, qui vous donnera une lignée à votre image.

— Adamas! dit le marquis après avoir un peu hésité, j'ai quelque doute que le ciel m'envoie ce bonheur. Mais tu me suggères une idée agréable, qui est d'épouser une si jeune personne, que je puisse me figurer qu'elle est ma fille et que je puisse l'aimer comme si j'étais son père. Que dis-tu de cela?

— Je dis qu'en la prenant bien jeune, bien jeune, à la rigueur, monsieur pourra s'imaginer qu'il a adopté un enfant. Alors, si c'était l'idée de monsieur, il n'y a pas à aller bien loin ; la petite dame de la Motte-Seuilly est tout à fait ce qui convient à monsieur. C'est beau, c'est bon, c'est sage, c'est riant; voilà ce qu'il faut pour égayer notre manoir, et je suis bien sûr que son père y a pensé plus d'une fois.

— Tu crois, Adamas?

— Certes! et elle-même! Croyez-vous que, quand ils viennent ici, elle ne fait point de comparaison entre son vieux manoir et le vôtre, qui est une maison de fées? Croyez-vous que, toute jeunette et innocente qu'elle est, elle ne se soit pas avisée de ce que vous êtes par rapport à tous les autres prétendants qu'elle pourrait regarder?

Bois-Doré s'endormit en songeant précisément à l'absence de prétendants autour de la belle Lauriane, aux rancunes des voisins contre le franc et rude de Beuvre, et au chagrin que celui-ci éprouvait de cette circonstance, momentanée sans doute, mais dont il s'exagérait la durée possible.

Le marquis se persuada que sa proposition allait être agréée comme une grande faveur de la fortune.

La question religieuse allait d'elle-même entre eux. D'ailleurs, si Lauriane lui faisait un reproche d'avoir ab-

juré le calvinisme, il ne voyait pas grand embarras à
l'embrasser pour la seconde fois.

Sa fatuité ne lui permit pas de s'arrêter beaucoup sur
l'objection qu'on pourrait faire relativement à son âge.
Adamas avait le don d'éloigner, chaque soir, par ses
flatteries, ce souvenir désagréable.

Le bon Sylvain s'endormit donc, ce soir-là, plus ridicule que jamais ; mais quiconque eût pu lire dans son
cœur le sentiment vraiment paternel qui le guidait, la
grande tolérance philosophique dont il était doué « en
prévision de cocuage, » et les projets de gâterie, de
soumission et de dévouement qu'il formait pour sa jeune
compagne, lui eût certainement pardonné, tout en se
moquant de lui.

Lorsque Adamas passa dans sa chambre, il lui sembla
entendre, dans l'escalier dérobé, un frôlement de robe.

Il s'élança aussi vite qu'il put dans ce passage, mais
sans atteindre Bellinde, qui eut le temps de disparaître
après avoir, comme il arrivait souvent, entendu toute
la causerie des deux vieux garçons.

Adamas la savait bien capable de cet espionnage. Pourtant il crut s'être trompé, et barricada toutes les portes
lorsqu'il n'y avait plus rien à surprendre que le ronfle-
ment sonore du marquis et les aboiements étouffés du
petit Fleurial, couché sur le pied de son lit, et rêvant
d'un certain chat noir qui était pour lui ce que Bellinde
était pour Adamas.

XIX

On arriva à la Motte-Seuilly le lendemain, sur les neuf heures.

Le lecteur n'a pas oublié qu'à cette époque, le dîner se servait à dix heures du matin, le souper à six heures du soir.

Cette fois notre marquis, bien résolu à faire l'ouverture de ses projets matrimoniaux, avait pensé qu'il devait arriver en plus leste équipage que sa belle grande carroche.

Il avait enfourché, sans trop d'efforts, son joli andalous nommé *Rosidor* (toujours un nom de l'*Astrée*), excellente créature aux allures douces, au caractère tranquille, un peu charlatan, comme il convenait de l'être pour faire briller son cavalier, c'est-à-dire sachant, au moindre avertissement de la jambe ou de la main, rouler des yeux féroces, s'encapuchonner, gonfler ses naseaux comme un mauvais diable, voire faire assez haut la courbette, enfin se donner des airs de méchante bête.

Au demeurant, le meilleur fils du monde.

En mettant pied à terre, le marquis ordonna à Clindor de promener son cheval un quart d'heure autour du préau, sous prétexte qu'il avait trop chaud pour entrer tout de suite « en l'écurie, » mais en réalité, pour que l'on sût bien, dans la maison, qu'il chauvauchait toujours ce brillant palefroi.

Mais, avant de paraître devant Lauriane, le bon

M. Sylvain entra dans la chambre qui lui était réservée
chez son voisin, pour se rajuster, se parfumer et se re-
costumer de la façon la plus leste et la plus élégante.

De son côté, M. Sciarra d'Alvimar, tout en velours et
satin noir, à la mode espagnole, avec les cheveux courts
et la fraise de riches dentelles, n'eut qu'à changer ses
bottes contre des chaussures de soie et des souliers couverts de rubans pour se montrer dans tous ses avantages.

Bien que son costume sérieux et devenu « antique »
en France eût mieux convenu à l'âge de Bois-Doré qu'au
sien, il lui donnait je ne sais quel air de diplomate et de
prêtre, qui faisait d'autant mieux ressortir sa jeunesse
extraordinairement conservée, et l'élégance aisée de sa
personne.

Il semblait que le vieux de Beuvre eût pressenti un
jour de fiançailles ; car il s'était fait moins huguenot,
c'est-à-dire moins austère en ses habits que de coutume,
et, trouvant sa fille trop simple, il l'avait engagée à
mettre une plus belle robe.

Elle se fit donc aussi belle que le lui permettait le
deuil de veuve qu'elle devait garder jusqu'à un nouveau
mariage. L'usage alors ne transigeait pas.

Elle s'habilla tout en taffetas blanc avec la jupe de
dessus relevée sur un dessous d'un blanc grisâtre, que
l'on appelait *couleur de pain bis*. Elle mit un rabat et
des *rebras* (manchettes) de point coupé, et, dispensée
par le chaperon de veuve (le petit bonnet à la Marie
Stuart) de se conformer à la mode de l'affreuse perruque
poudrée qui régnait encore, elle put montrer ses beaux
cheveux blonds relevés en un bourrelet crépelé qui dé-
couvrait son joli front et encadrait ses tempes unement
veinées.

Pour ne pas sembler trop provinciale, elle se permit

seulement un nuage de poudre de Chypre, qui la faisait
d'un blond plus enfantin encore.

Bien que les deux prétendants se fussent promis d'être
aimables, il y eut, pendant le dîner, un peu de gêne de
leur part, comme si je ne sais quel doute leur fût venu
qu'ils se faisaient concurrence l'un à l'autre.

Le fait est que Bellinde avait raconté à la gouvernante
de M. Poulain la conversation qu'elle avait surprise, la
veille, entre Adamas et le marquis. La gouvernante en
avait fait part au recteur, lequel en avait averti d'Alvimar par un billet ainsi conçu :

« Vous avez, en la personne de votre hôte, un rival
dont vous saurez vous divertir : tirez parti de la circonstance. »

D'Alvimar ne fit que rire en lui-même de cette concurrence; son plan était de s'attaquer, tout d'abord, au
cœur de la jeune dame.

Peu lui importait que le père l'encourageât. Il pensait
que, maître des sentiments de Lauriane, il aurait bon
marché du reste.

Bois-Doré raisonnait autrement.

Il ne pouvait pas mettre en doute l'estime et l'attachement qu'on avait pour lui. Il n'espérait pas surprendre
l'imagination et tourner la tête; il eût voulu se trouver
seul avec le père et la fille, pour exposer tout simplement les avantages de son rang et de sa fortune; après
quoi, il comptait, par d'humbles galanteries, se faire deviner ingénieusement et honnêtement.

Enfin, il voulait se conduire en fils de famille bien
élevé, tandis que son rival eût préféré enlever la place en
héros d'aventure.

De Beuvre, qui voyait bien d'Alvimar devenir tendre,
contraria fort son vieil ami en le prenant à part, le long

de la petite rivière, pour lui adresser nombre de questions sur le rang et la fortune de son hôte ; à quoi Bois-Doré ne pouvait rien répondre, sinon que M. d'Ars le lui avait recommandé comme un homme de qualité dont il faisait le plus grand cas.

— Guillaume est jeune, disait M. de Beuvre ; mais il sait trop ce qu'il nous doit pour nous avoir présenté un homme indigne de notre bon accueil. Je m'étonne pourtant qu'il ne vous ait rien dit de plus ; mais M. de Villareal a dû s'ouvrir à vous des motifs de sa venue. Comment se fait-il qu'il n'ait point suivi Guillaume aux fêtes de Bourges ?

Bois-Doré ne pouvait répondre à ces questions ; mais, dans sa pensée intime, de Beuvre se persuadait que ce mystère ne couvrait pas d'autre dessein que celui de plaire à sa fille.

— Il l'aura vue quelque part, se disait-il, sans qu'elle ait fait attention à lui ; et, bien qu'il me semble fort catholique, il me semble aussi fort épris d'elle.

Il se disait encore que, dans l'état des choses, un gendre espagnol catholique relèverait la fortune de sa maison, et réparerait le tort qu'il avait fait à sa fille en se jetant dans la Réforme.

Ne fût-ce que pour faire mentir les jésuites, qui l'avaient menacé, il eût souhaité que l'Espagnol fût d'assez bonne maison pour prétendre à la main de Lauriane, même quand il eût été médiocrement riche.

M. de Beuvre raisonnait en sceptique. Il ne faisait pas des *Essais* de Montaigne le même bruit que Bois-Doré faisait de l'*Astrée*, mais il s'en nourrissait assidûment, et c'était même le seul livre qu'il lût désormais.

Bois-Doré, plus honnête en politique que son voisin, n'eût pas raisonné comme lui, s'il eût été père. Il ne tenaît pas plus que lui à la religion ; mais, des croyances du vieux temps, il avait gardé celle de la patrie, et l'esprit de la Ligue ne l'eût jamais fait transiger.

Il ne devina pas les préoccupations de son ami, absorbé qu'il était par les siennes propres, et, pendant un quart d'heure, jouant aux propos interrompus, ils parlèrent, sans se comprendre, de l'urgence d'un bon mariage pour Lauriane.

Enfin, la question s'éclaircit.

— Vous ! s'écria de Beuvre stupéfait de surprise, quand le marquis se fut déclaré. Eh ! qui diable pouvait s'attendre à cela ? Je m'imaginais que vous me parliez à mots couverts de votre Espagnol, et voilà qu'il s'agit de vous-même ? Oui-dà ! mon voisin, parlez-vous sensément, et ne vous prenez-vous point pour votre petit-fils ?

Bois-Doré mordit sa moustache ; mais, habitué aux railleries de son ami, il se remit bien vite et s'efforça de lui persuader qu'on se trompait sur son âge, et qu'il n'était pas si vieux que l'était son propre père, lequel, à soixante ans, s'était remarié avec succès.

Pendant qu'il perdait ainsi le temps, d'Alvimar s'efforçait de le mettre à profit.

Il avait su arrêter madame de Beuvre sous le gros if, dont les branches, pendantes jusqu'à terre, formaient comme une salle de sombre verdure où l'on se trouvait isolé au milieu du jardin.

Il débuta assez maladroitement par des compliments exagérés.

Lauriane n'était pas en garde contre le poison de la louange ; elle connaissait peu les belles manières des jeunes gens de condition, et n'eût pas su distinguer le mensonge de la vérité ; mais, heureusement pour elle, son cœur n'avait pas encore senti les ennuis de la solitude, et elle était beaucoup plus enfant qu'elle n'en avait l'air. Elle trouva fort plaisant le langage hyperbolique de d'Alvimar, et se prit à rire de sa galanterie avec un entrain qui le déconcerta.

Il vit que ses phrases ne faisaient pas fortune, et s'efforça de parler d'amour plus naturellement.

Peut-être en fût-il venu à bout et peut-être eût-il amené quelque trouble dans cette jeune âme ; mais Lucilio vint tout à coup, comme envoyé par la Providence, rompre ce dangereux entretien par les douces notes de sa sourdeline.

Il n'avait pas voulu venir avec Bois-Doré, sachant qu'on le ferait dîner à l'office et qu'il ne verrait pas Lauriane avant midi.

Lauriane, pas plus que son père, n'ignorait la tragique histoire du disciple de Bruno, et, à l'exemple de Bois-Doré, on affectait, à la Motte-Seuilly, de le traiter comme un simple artiste, dans la crainte de le compromettre, bien que l'on fît de lui le cas qu'il méritait.

Lucilio était le seul qui n'eût pas songé à faire toilette pour la circonstance. Il n'avait aucun espoir de se faire remarquer, et même il n'avait aucun désir d'attirer les yeux sur sa personne, sachant bien que le commerce mystérieux des âmes était le seul auquel il pût prétendre.

Aussi approcha-t-il de l'if sans vaine timidité et sans fausse discrétion ; et, comptant sur la vérité et sur la beauté de ce qu'il avait à dire en musique, il se mit à jouer, au grand déplaisir et au grand dépit de d'Alvimar.

Lauriane aussi fut un instant contrariée de cette interruption ; mais elle se le reprocha en voyant sur la

belle figure du sourdelinier l'intention naïve de lui être
agréable.

— Je ne sais pourquoi, pensa-t-elle, il y a sur cette
figure-là comme un rayonnement d'affection vraie et
de conscience saine que je ne trouve pas sur celle de
l'autre.

Et elle regardait encore d'Alvimar, maintenant tout
contrarié, boudeur, hautain, et elle se sentait comme un
froid de peur, soit de lui, soit d'elle-même.

Soit, encore, qu'elle fût très-sensible à la musique,
soit que son esprit fût disposé à une certaine exaltation,
elle se figura entendre dans sa tête les paroles des beaux
airs que lui jouait Lucilio, et ces paroles imaginaires lui
disaient :

« Vois le clair soleil qui brille dans le ciel doux, et les
vives eaux qui reçoivent ses feux sur *leurs facettes chan-*
geantes !

» Vois les beaux arbres courbés en noirs berceaux
sur le fond d'or pâle des prairies, et les prairies elles-
mêmes, redevenues riantes comme au printemps, sous
la broderie des fleurs roses de l'automne ; et le cygne
gracieux qui semble voguer en mesure à tes pieds, et
les oiseaux voyageurs qui traversent là-bas les nuages
diaprés.

» Tout cela, c'est la musique que je te chante : c'est
la jeunesse, la pureté, la foi, l'amitié, le bonheur.

» N'écoute pas la voix étrangère que tu ne comprends
pas. Elle est douce, mais trompeuse. Elle éteindrait le
soleil sur ta tête, elle dessécherait l'eau sous tes pieds ;
flétrirait les fleurs dans les prés et briserait l'aile des oiseaux dans le nuage ; elle ferait descendre autour de toi
l'ombre, le froid, la peur, la mort, et tarirait à jamais la
source des divines harmonies que je te chante. »

Lauriane ne voyait plus d'Alvimar. Perdue dans une douce rêverie, elle ne voyait pas non plus Lucilio. Elle était trasportée dans le passé, et, songeant à Charlotte d'Albret, elle se disait :

— Non, non, je n'écouterai jamais la voix du démon !

— Ami, dit-elle en se levant, lorsque le sourdelinier s'arrêta, tu m'as fait grand bien, et je te remercie ; je n'ai rien à t'offrir qui puisse payer les belles pensées que tu sais faire comprendre ; c'est pourquoi je te prie d'accepter ces douces violettes, qui sont l'emblème de ta modestie.

Elle avait refusé ces violettes à d'Alvimar, et elle affectait de les donner au pauvre musicien, devant lui.

D'Alvimar sourit de triomphe, se croyant provoqué par une agacerie plus provoquante qu'un aveu. Mais ce n'était point là la pensée de Lauriane ; car, feignant d'attacher son bouquet au chapeau du sourdelinier, elle dit tout bas à celui-ci :

— Maître Giovellino, je vous demande d'être un père pour moi, et de ne me point quitter d'un pas que je ne vous le dise.

Grâce à sa vive pénétration italienne, Lucilio comprit.

— Oui, oui, j'entends, lui répondit-il de son regard expressif ; comptez sur moi !

Et il vint s'asseoir sur les grosses racines du vieil if, à une distance respectueuse, comme un serviteur qui attend les ordres qu'on voudra lui donner, mais assez près pour ne pas permettre à d'Alvimar de dire un mot qu'il n'entendît fort bien.

D'Alvimar devina tout. On avait peur de lui ; c'était encore mieux ! Il avait un si profond dédain pour le sonneur de cornemuse, qu'il se remit à faire sa cour devant lui comme devant une bûche.

Mais son dangereux magnétisme perdit toute vertu.

Il semblait à Lauriane que la tranquille présence d'un homme de bien comme Lucilio fût un contre-poison. Elle eût rougi d'être vaine devant lui. Elle se sentait sous son regard, et c'était une protection. Elle vit l'Espagnol se piquer et s'irriter peu à peu. Elle essaya ses forces en lui tenant tête.

Il voulait qu'elle renvoyât cet importun, et il le disait, à dessein, de manière à être entendu de lui.

Lauriane refusa net, disant qu'elle voulait encore de la musique.

Aussitôt Lucilio se mit en devoir de gonfler sa musette.

D'Alvimar porta la main à son pourpoint, en tira un couteau espagnol bien affilé, et, l'ayant ôté de sa gaîne, se mit à jouer avec comme pour se donner une contenance ; tantôt faisant mine de vouloir écrire avec sur le vieil if, et tantôt de le lancer devant lui en manière de jeu d'adresse.

Lauriane ne comprit pas cette menace.

Lucilio était impassible, et pourtant il était trop Italien pour ne pas connaître la colère froide d'un Espagnol, et pour ne pas savoir où peut aller la pointe d'un stylet lancé comme au hasard.

En toute autre circonstance, il se serait inquiété pour son instrument, que l'œil de d'Alvimar semblait guetter pour le percer. Mais il obéissait à Lauriane, il combattait pour l'innocence, comme Orphée pour l'amour avec sa lyre victorieuse ; il entama bravement un des airs morisques qu'il avait entendus et notés la veille.

D'Alvimar se sentit bravé, et le foyer d'amertume qui couvait en lui commença à le brûler.

Adroit comme un Chinois à lancer le couteau, il réso-

lut d'effrayer l'impertinent ménétrier, et commença à
faire voler autour de lui cette lame brillante , qui vint
tracer des éclairs toujours plus serrés autour de lui , à
mesure qu'il poursuivait son chant plaintif et tendre.
Lauriane s'était éloignée de quelques pas, et, en ce moment, elle tournait le dos à cette scène atroce.

— J'ai bravé les tortures et la mort, se disait Giovellino ; eh bien, bravons-les encore, et que l'Espagnol n'ait
pas la joie de me voir pâlir.

Il tourna les yeux d'un autre côté, et joua avec autant
de recueillement et de perfection que s'il eût été à la
table de Bois-Doré.

Cependant d'Alvimar, allant et venant , prenait plaisir
à se placer devant lui et à le viser, comme s'il eût eu la
tentation de le prendre pour cible ; et , par une de ces
étranges fascinations qui sont le châtiment des mé-
chantes plaisanteries, il commençait à éprouver réellement cette tentation monstrueuse.

Il lui en passait des sueurs froides par le corps et des
vertiges dans la vue.

Lucilio le sentait plus qu'il ne le voyait ; mais il aimait
mieux risquer tout que de montrer un instant de crainte
à l'ennemi de sa patrie et au contempteur de sa dignité
d'homme.

XX

Pendant que cette terrible partie se jouait, à deux pas
de Lauriane inattentive, un étrange témoin veillait ; c'é-
tait le jeune loup élevé au chenil, qui avait pris les habitudes et les manières d'un chien, mais non les instincts.

et le caractère. Il caressait volontiers tout le monde, mais n'était attaché à personne.

Couché aux pieds de Lucilio, il avait regardé avec inquiétude le jeu cruel de l'Espagnol, et le poignard étant tombé deux ou trois fois près de lui, il s'était levé et retranché derrière l'arbre, sans autre souci que celui de sa propre sûreté.

Cependant, comme le jeu continuait, l'animal, qui commençait à sentir ses dents, les montra plusieurs fois en silence, et, se croyant attaqué, eut, pour la première fois de sa vie, l'instinct de la haine de l'homme.

L'œil en feu, le jarret tendu, l'échine hérissée et frissonnante, il était caché à d'Alvimar par la tige colossale de l'il, d'où il guettait le moment favorable, et d'où il s'élança tout à coup pour lui sauter à la gorge.

Il l'eût, sinon étranglé, du moins blessé, s'il n'eût été vigoureusement repoussé par un coup de pied de Lucilio, qui l'envoya rouler à distance.

La brusque interruption du chant et le son plaintif que rendit la musette abandonnée par l'artiste, firent retourner vivement Lauriane.

Ne comprenant rien à ce qui se passait, elle accourut pour voir d'Alvimar, qui, transporté de colère, éventrait l'animal avec son couteau.

Il accomplit cet acte de répression avec toute l'ardeur de la vengeance. Il était facile de voir, sur sa figure pâle et dans son œil injecté, la joie mystérieuse et profonde qu'il éprouvait d'avoir quelque chose à égorger

Il plongea trois fois l'acier dans les entrailles palpitantes, et, à la vue du sang, sa bouche se contracta d'une manière voluptueuse, que Lauriane, toute tremblante, serra de ses deux mains le bras de Lucilio, en lui disant à voix basse:

— Voyez, voyez! César Borgia! c'est lui en personne!

Lucilio, qui avait vu maintes fois à Rome le portrait point par Raphaël, fut encore plus à même de saisir cette ressemblance, et fit signe de la tête qu'il en était vivement frappé.

— Mais quoi, monsieur? dit la jeune dame, tout émue, à l'Espagnol triomphant; vous croyez-vous ici au cœur d'une forêt, et pensez-vous m'être agréable en me présentant la tête ou les pattes d'un animal que j'ai nourri de mes mains et caressé encore tout à l'heure devant vous? Fi! vous n'avez point de civilité, et, avec ce couperet tout sanglant, vous avez l'air d'un boucher plus que d'un gentilhomme!

Lauriane était en colère. elle ne sentait plus que de l'aversion pour cet étranger.

Lui, sortant comme d'un rêve, s'excusa en disant que ce loup avait voulu le dévorer; que c'était une mauvaise compagnie en une maison, et qu'il était content d'avoir délivré *madame* d'un accident qui eût pu arriver à elle aussi bien qu'à lui.

— Vous a-t-il donc attaqué? reprit-elle en regardant Lucilio, qui faisait signe que oui. — Alors, il vous a donc mordu? dit-elle encore; où est la blessure?

Et, comme d'Alvimar n'avait pas été touché, elle s'indigna de la frayeur qu'il avait eue d'une bête encore si jeune et si peu dangereuse.

— Le mot de frayeur n'est pas très-juste, répondit-il avec une sorte de rage; je ne croyais pas qu'on pût le jeter à celui qui tient encore l'arme de mort?

— Vous voilà bien ·fier d'avoir tué ce louveteau! Un enfant l'eût fait, et la chose lui serait pardonnable, mais non point à un homme, à qui un coup de fouet eût suffi pour s'en débarrasser. Je le dis, messire, vous avez eu grand'peur, et c'est la maladie de ceux qui aiment à verser le sang.

— Je vois, dit l'Espagnol soudainement abattu, que j'ai encouru votre disgrâce, et je retrouve ici, comme dans tout, l'effet de ma mauvaise fortune. Elle est si obstinée, qu'en bien des moments j'ai eu la pensée de lui céder le gain d'une bataille où je ne trouve que désavantage et déplaisir.

Il y avait beaucoup de vrai dans ce que d'Alvimar venait de dire, et, comme, après avoir machinalement essuyé son poignard, il semblait hésiter à le remettre dans sa gaîne, Lauriane, frappée de l'expression sinistre de son regard, le crut un peu fou, par suite de quelque grand malheur, et disposé à s'ôter la vie.

— Pour vous pardonner, lui dit-elle, j'exige que vous me remettiez l'arme dont vous venez de faire un si méchant emploi. Je n'aime point cette lame traîtresse, que les gentilshommes de France ne portent plus, si ce n'est à la chasse. L'épée suffit à un chevalier, et, pour la sortir du fourreau devant une dame, il faut le temps de la réflexion. J'aurais toujours peur d'un homme qui cache sur lui une arme trop prompte et trop facile à manier, et, comme je ne vois point que celle-ci soit d'un grand prix, je vous demande de m'en faire le sacrifice, en réparation du déplaisir que vous m'avez causé.

D'Alvimar crut qu'en le désarmant, on le caressait. Néanmoins il lui en coûtait de se séparer d'une arme aussi fidèle, et il hésita.

— Je vois bien, lui dit Lauriane, que c'est le don de quelque belle à laquelle vous n'êtes point libre de désobéir.

— Si vous avez cette pensée, répondit-il, je vous veux l'ôter bien vite.

Et, mettant un genou en terre, il lui présenta le poignard.

— C'est bien, dit-elle en lui retirant sa main, qu'il voulait baiser. Je vous pardonne comme à un hôte qu'on ne veut point mortifier; mais ce n'est rien de plus, je vous jure; et, quant à cette méchante lame, si je la garde, ce n'est point pour l'amour de vous, mais pour empêcher le mal qu'elle peut faire.

Ils étaient alors au pied du donjon, où ils rencontrèrent le marquis et M. de Beuvre discourant avec feu.

Lauriane allait leur raconter ce qui venait de se passer; mais son père ne lui en donna pas le temps.

— Écoutez çà, ma très-chère fille, lui dit-il en prenant sa main, qu'il passa sous le bras du marquis; notre ami veut vous dire un secret, et, du temps qu'il vous le contera, je tiendrai compagnie de mon mieux à M. de Villareal. Vous le voyez, ajouta-t-il en s'adressant à Bois-Doré, je vous confie ma brebis sans crainte de vos grandes dents, et je ne lui dis rien pour vous déconsidérer devant elle! Parlez-lui donc comme vous l'entendrez. S'il vous en cuit, je m'en lave les mains, vous l'aurez cherché!

— Je vois bien, dit madame de Beuvre au marquis, que vous avez quelque requête à me présenter.

Et, comme elle croyait qu'il s'agissait, comme de coutume, de quelque partie de chasse chez lui, elle ajouta que, quoi que ce fût, elle le lui octroyait d'avance.

— Prenez-y garde, ma fille! s'écria M. de Beuvre en riant, vous ne savez point à quoi vous vous engagez!

— Vous ne m'effrayez point, répondit-elle; il peut vitement parler.

— Ouais! vous croyez! mais vous vous trompez bien, reprit M. de Beuvre. Je gage que son compliment durera plus d'une heure. Allez donc tous les deux en quelque salle où vous ne serez point dérangés, et, quand vous aurez tout dit, vous viendrez nous rejoindre.

Le marquis ne se démonta point de ces plaisanteries. Il n'en était pas venu à la résolution de faire sa demande sans étouffer en lui-même quelques vives appréhensions de cet état de mariage ajourné par lui depuis une quarantaine d'années.

S'il était enfin décidé, c'est parce qu'il voulait faire la fortune et le bonheur de quelqu'un, et, cette idée une fois adoptée, il regardait comme un devoir de ne pas s'en laisser détourner.

A peine donc fut-il au salon, qu'il offrit son cœur, son nom et ses écus en style de l'*Astrée*, avec cette passion échevelée qui ne parle de rien moins que de tourments effroyables, de soupirs qui pourfendent le cœur, de frayeurs qui causent *mille morts*, d'espérances qui ôtent la raison, etc.; tout cela d'une convention si chaste et si froide que la plus farouche vertu ne pouvait s'en effaroucher.

Quand Lauriane eut compris qu'il s'agissait de mariage, elle n'en fut pas aussi étonnée que son père.

Elle savait le marquis capable de tout, et, au lieu d'en rire, elle en eut pitié. Elle avait de l'amitié pour lui, et même du respect pour sa bonté et sa loyauté. Elle sentit que le pauvre vieillard se livrerait à d'interminables brocards, pour peu qu'elle en donnât l'exemple, et que les railleries amicales et modérées dont il était l'objet allaient devenir blessantes et cruelles.

— Non, pensa cette jeune et sage enfant, il n'en sera pas ainsi, et je ne souffrirai pas que mon vieil ami soit la risée des valets. — Mon cher marquis, lui dit-elle en s'efforçant de lui parler dans son style, j'ai souvent songé à la possibilité et à la convenance du projet que vous me communiquez. J'avais deviné votre belle et honnête flamme, et, si je ne l'ai point partagée, c'est que je suis encore trop jeune pour que le malin Cupidon ait fait attention à moi. Laissez-moi donc prendre encore un peu mes ébats dans l'île enchantée de l'ignorance d'amour; rien ne me presse d'en sortir, puisque je suis heureuse avec votre amitié. De tous les hommes que je connais, vous êtes le meilleur et le plus aimable, et, si mon cœur me parle, il se pourra bien qu'il me parle de vous. Mais ceci est écrit dans le livre des destinées, et vous me devez laisser le temps d'interroger la mienne. Si, par quelque fatalité, je devais être ingrate envers vous, je vous le confesserais avec candeur et avec repentance, car ce serait tout dommage et toute honte pour moi; mais vous avez le cœur si grand et si excellent que vous me seriez encore ami et frère en dépit de ma sottise.

— Certes, je vous le jure! s'écria Bois-Doré avec un naïf enthousiasme.

— Eh bien donc, mon loyal ami, reprit Lauriane, attendons encore. Je vous demande sept années d'épreuve, comme c'est l'antique usage des parfaits chevaliers, et faites-moi la grâce que cette convention demeure secrète entre nous. Dans sept ans, si mon âme est restée insensible à l'amour, vous renoncerez à moi, de même que, si je partage votre passion, je ne vous en ferai pas mystère. Je vous jure également que, si, avant le terme de cette convention, je suis touchée, malgré moi, des soins de quelque autre, je vous en ferai l'humble et sincère confession. A cela, il n'y a guère d'apparence; pourtant je veux tout prévoir, tant je souhaite, perdant votre amour, de garder au moins votre amitié.

— Je me soumets à tout, répondit le marquis, et je vous jure, adorable Lauriane, la foi d'un gentilhomme et la fidélité d'un amant parfait.

— C'est sur quoi je compte, dit-elle en lui tendant la main ; je vous sais homme de cœur et berger incomparable. Sur ce, retournons auprès de mon père, et laissez-moi lui dire ce qui est convenu, afin que notre secret n'ait point d'autre confident que lui.

— Je le veux, répondit le marquis ; mais n'échangerons-nous point quelque gage?

— Quel? Parlez, j'y consens ; mais que ce ne soit point un anneau. Songez qu'étant veuve, je ne puis en porter d'autre que celui d'un nouveau mariage.

— Eh bien, permettez-moi de vous envoyer demain un présent digne de vous.

— Non pas! ce serait mettre du monde dans la confidence... Donnez-moi la première babiole que vous aurez sur vous... Tenez, ce petit drageoir d'ivoire émaillé que vous avez là en la main!

— Soit! mais que me donnerez-vous donc? Car je vois que vous entendez comme il faut cet échange. Il faut que ce soit chose que l'on ait sur soi au moment où l'on s'est donné parole.

Lauriane chercha dans ses poches et n'y trouva que son mouchoir, ses gants, sa bourse et le poignard de M. Sciarra.

La bourse venait de sa mère : elle donna le poignard.

— Cachez-le bien, dit-elle, et, tant que je vous le laisserai, espérez en moi; de même que, si je viens à vous le redemander...

— Je m'en percerai le sein! s'écria le vieux Céladon

— Non! c'est une chose que vous ne ferez point, dit Lauriane avec un grand sérieux; car j'en mourrais de

douleur, et ce serait, d'ailleurs, manquer à la promesse
que vous me faites de rester mon ami quand même.

— C'est juste, dit Bois-Doré en s'agenouillant et en
recevant le gage. Je vous fais le serment de n'en point
mourir, comme je vous fais celui de n'aimer ni seulement regarder aucune autre belle , tant que vous ne
m'aurez point arraché l'espoir de vous plaire

XXI.

Ils retournèrent au jardin, où M. de Beuvre les ac-
cueillit d'un air goguenard.

L'air sérieux et tranquille que prit Lauriane , l'air
attendri et radieux qui ne pouvait dissimuler le marquis,
le jetèrent dans une surprise si grande qu'il ne put se
tenir de les interroger, à mots couverts assez transpa-
rents, devant d'Alvimar.

Mais Lauriane répondit qu'elle était parfaitement d'accord avec le marquis, et d'Alvimar, ne voulant pas en
croire ses oreilles, prit encore cette assertion pour une
coquetterie à son adresse.

Alors l'inquiétude de M. de Beuvre devint très-vive,
et, prenant sa fille à part, il lui demanda si elle parlait
sérieusement, et si elle était assez folle ou assez ambi-
tieuse pour accepter un beau galant né sous le roi
Henri II.

Lauriane lui raconta comment elle avait réservé sa
réponse et remis toute explication à sept ans de là.

Après avoir ri à crever sa ceinture, de Beuvre, à qui

Lauriane recommandait le secret, eut quelque peine à comprendre la délicate bonté de sa fille.

Il se fût bien diverti de la déconvenue du marquis, et il trouvait que c'eût été une bonne leçon à lui donner que de lui rire au nez.

— Non, mon père, lui répondit Lauriane, c'eût été lui faire un grand chagrin, et rien de plus. Il n'est point d'âge à se corriger de ses travers, et je ne vois point ce que nous gagnerions à outrager un si excellent homme, quand il nous est facile de l'endormir dans ses rêveries. Croyez bien que, si la coquetterie des femmes est innocente, c'est envers de tels vieillards, et c'est peut-être même faire une bonne action que de les laisser dans leur fantaisie. Soyez assuré que, le jour où je dirais à celui-ci que j'ai du goût pour quelqu'un, il en serait peut-être fort aise, tandis que, si je lui avait dit que je n'en pouvais pas avoir pour lui, il serait peut-être fort malade à cette heure, non point tant de ma cruauté que de celle de sa vieillesse, laquelle je lui aurais fait voir en face, sans ménagement ni compassion.

Lauriane avait quelque ascendant sur son père. Elle obtint qu'il s'abstiendrait de bafouer le marquis sur ses belles amours avec elle, et d'Alvimar, malgré sa pénétration, ne devina rien de ce qui se passait entre eux.

C'était bien réellement une bonne action que Lauriane venait de faire, et, comme il y a un compte ouvert entre nous et la Providence, celle-ci l'en récompensa tout de suite en lui envoyant cet invisible secours qui est la rémunération, souvent immédiate, de tout mouvement généreux de nos âmes.

Lauriane était très-enfant; mais il y avait en elle l'étoffe d'une femme forte, et, si elle était capable, comme toute fille d'Ève, de subir une dangereuse fascination, du moins elle était capable aussi de réagir et de trouver un solide appui dans sa conscience.

Elle passa donc le reste de la journée sans être touchée des insinuations galantes de d'Alvimar, et même il lui sembla qu'en donnant son poignard au marquis comme un gage d'une généreuse amitié, elle s'était débarrassée de quelque chose qui la troublait et lui brûlait les mains. Elle eut soin de ne plus se trouver seule avec l'Espagnol, et de n'encourager aucun des efforts qu'il fit pour ramener la conversation sur les délicates banalités de l'amour.

D'ailleurs un incident vint rompre tout entretien particulier et distraire la compagnie.

Un jeune bohémien se présenta, demandant à réjouir l'illustre assistance par l'exercice de ses talents; je crois même que le drôle disait « son génie. »

A peine fut-il introduit, que d'Alvimar reconnut le jeune vagabond qui avait servi de truchement entre M. d'Ars et la Morisque, sur la bruyère de Champillé, et qui avait déclaré être Français et s'appeler La Flèche.

C'était un gars d'une vingtaine d'années, assez joli garçon, quoique flétri déjà par la débauche; l'œil était pénétrant, effronté; la bouche plate et perfide, la parole sotte, impudente et railleuse; du reste, bien fait dans sa petite taille, adroit de son corps comme un mime et de ses mains comme un larron; intelligent en toutes choses servant à mal faire; crétin en face de tout travail utile ou de tout bon raisonnement.

Ce personnage, comme tous ceux de son état, possédait quelques guenilles de rechange dont il se faisait un costume de fantaisie pour se livrer à ses exercices.

Il se présenta donc vêtu d'une sorte de cape génoise doublée de rouge, et coiffé d'un de ces chapeaux effarou-

chés, hérissés de plumes de coq, chapeaux sans nom,
sans forme, sans raison d'être; ruines arrogantes et
désespérées, dont Callot a immortalisé la splendide in-
vraisemblance dans ses grotesques Italiens.

De courtes bottes dentelées, l'une beaucoup trop
grande, l'autre beaucoup trop petite pour son pied,
laissaient voir des chausses d'un rouge tourné à la lie de
vin. Un énorme scapulaire couvrait cette poitrine de
mécréant, écriteau de sauvegarde contre l'accusation,
toujours suspendue sur sa tête, de paganisme et de magie noire. Une chevelure d'une longueur insensée et d'un
blond fade tombait plate sur sa face maigre, enluminée
d'ocre rouge, et une moustache naissante allait rejoindre
deux crocs de poil follet blanchâtre, plantés sous le menton lisse et luisant.

Il commença d'une voix de trompette fêlée :

— Que l'illustrissime compagnie daigne excuser *l'hardiesse dont je m'ose* précipiter aux genoux de son indulgence. En effet, convient-il à un bélître de mon acabit,
avec sa physionomie hérissée, les cicatrices de son pourpoint et son chapeau qui postule depuis longtemps pour
servir d'épouvantail de chènevière, de comparoir devant une dame dont les yeux font honte à la lumière du
soleil, pour venir débiter ici une multiplicité de sotti-
ses? Elle me dira peut-être, pour me remettre le cœur
au ventre que je ne suis point un bâtier de paysan,
ni un méchant batteur d'estrade, ni un valet grenier
à coups de bâton, car il est dit des valets qu'ils sont
comme les noyers, lesquels tant plus ils sont battus, tant
plus ils rapportent. Elle me dira encore que je ne suis
ni un escogriffe, ni un tire-laine, ni un damoiseau, ni un
fier-à-bras, ni un olibrius, ni un godelureau, ni un pour-
fendeur, ni un ostrogoth, ni un escargot; que j'ai as-

sez bonne mine, nonobstant une physionomie un peu
subalterne ; mais, devant un mérite comme celui de la
dame que je vois (on n'estropie pas une déesse pour la
regarder), et devant une réunion de seigneurs qui res-
semblent plus à une assemblée de monarques qu'à une
charretée de veaux en foire, le plus vaillant homme du
monde perd la tramontane et n'est plus qu'un égout d'i-
gnorance, une sentine de stupidités et le bassin de toutes
les impertinences...

Maître La Flèche eût pu parler deux heures sur ce ton,
avec une volubilité insupportable, si on ne l'eût interrompu pour lui demander ce qu'il savait faire.

— Tout ! s'écria le vaurien. Je puis danser sur les
pieds, sur les mains, sur la tête et sur le dos; sur une
corde, sur un balai, sur la pointe d'un clocher comme
sur celle d'une lance; sur des œufs, sur des bouteilles,
sur un cheval au galop, sur un cerceau, sur un tonneau,
voire sur l'eau courante, mais ceci à la condition qu'une
personne de la société voudra bien me faire vis-à vis
sur l'eau dormante. Je puis chanter et rimer en trente-sept
langues et demie, pourvu qu'une personne de la société
me voudra bien répondre, sans faire une faute, dans
trente-sept langues et demie. Je puis manger des rats,
du chanvre, des épées, du feu...

— Assez, assez, dit de Beuvre impatienté; nous connaissons ton chapelet : c'est le même pour tous les hâ-
bleurs tels que toi. Vous prétendez savoir toutes choses, et
vous n'en savez qu'une, qui est de dire la bonne aventure.

— A dire le vrai, répondit La Flèche, c'est en cela que
j'excelle, et, si Vos rayonnantes Altesses veulent s'inscrire, je vais tirer au sort pour savoir par qui commencer;
car le destin est un esprit bourru qui ne connaît ni le
sexe ni le rang des personnes.

— Va, tire au sort; voilà mon gage, dit M. de Beuvre en lui jetant une pièce d'argent. A vous, ma fille.

Lauriane jeta une pièce plus grosse, le marquis un petit écu d'or, Lucilio une monnaie de cuivre, et d'Alvimar un caillou, en disant :

— Comme je vois que les gages seront donnés au devin je trouve que celui-ci ne mérite que d'être lapidé.

— Prenez garde, lui dit Lauriane en souriant, il ne vous prédira que des ennuis; on sait bien qu'en fait d'horoscope, on n'en a jamais que pour son argent.

— Ne croyez pas cela; le destin est mon maître, dit La Flèche, qui brouillait les gages dans une espèce de tirelire, et qui tout à coup affecta de parler sans phrase et d'un air fatal.

Il retourna son indescriptible chapeau, qui menaçait le ciel comme un donjon insolent, et le rabattit sur ses yeux comme une lugubre éteignoir, il fit plusieurs grimaces, prononça des paroles dépourvues de sens qui prétendaient être des formules cabalistiques, et, s'étant détourné pour essuyer à la dérobée son fard grossier, il montra sa face blêmie par la prophétique inspiration.

Alors il traça sur le sable la grande *asphère* des nécromants ignares avec tous les signes de l'astrologie des carrefours ; puis il plaça une pierre au milieu et y jeta la tirelire, qui, en se brisant, répandit les gages sur les différents signes tracés dans les compartiments.

En ce moment, d'Alvimar se pencha pour ramasser son caillou.

— Non, non ! s'écria le bohémien en s'élançant sur sa conjuration avec l'adresse d'un singe, et en posant le bout du pied sur le gage de d'Alvimar, sans effacer aucun des signes qui l'entouraient; non, messire ! vous ne pouvez plus empêcher la destinée. Elle est au-dessus de vous comme de moi !

— Certes, dit Lauriane en étendant sa petite canne entre d'Alvimar et La Flèche. Le devin est maître dans son cercle magique, et, en dérangeant votre destinée, vous pouvez déranger aussi les nôtres.

D'Alvimar se soumit; mais sa figure trahit une agitation singulière qu'il comprima aussitôt.

XXII

La Flèche commença par le gage le plus rapproché de la pierre centrale qu'il appelait le Sinaï.

C'était celui de Lucilio ; il fit mine de mesurer des angles, de supputer des chiffres, et dit, en prose rimée :

> Homme sans langue et de grand cœur,
> Savoir de misère est vainqueur.

— Voyez-vous, dit Bois-Doré bas à d'Alvimar, que le drôle a bien deviné le triste cas de notre musicien !

— Cela n'était pas difficile, répondit d'Alvimar avec dédain. Il y a un quart d'heure que le muet vous parle par signes !

—- Vous ne croyez donc point du tout à la divination? reprit Bois-Doré pendant que la Flèche continuait ses calculs d'un air absorbé, mais l'oreille ouverte à tout ce qui se passait autour de lui.

— Eh bien donc, y croyez-vous vous-même, messire?

dit d'Alvimar feignant d'être étonné du sérieux avec
lequel le marquis lui avait fait cette question.

— Moi? Mais... oui, un peu, comme tout le monde!

— Personne ne croit plus à ces billevesées!

— Mais si; j'y crois beaucoup, moi, dit Lauriane. Sorcier, je te prie, si ma destinée est mauvaise, de me laisser un peu de doute, ou de trouver dans ta science le
moyen de la conjurer.

— Illustre reine des cœurs, répondit la Flèche, j'obéis
à vos ordres. Un grand danger vous menace; mais si, pendant seulement trois jours, à partir du moment où nous
sommes,

> Vous ne donnez point votre cœur,
> Du diable il sera le vainqueur!

— Ne saurais-tu trouver d'autres rimes? lui cria d'Alvimar. Ton dictionnaire n'est pas riche!

— N'est pas riche qui veut, messire, répondit le bohémien; et pourtant il y a des gens qui veulent bien fort,
si fort qu'ils font tout pour la richesse, au risque de la
hache et de la hart!

— Est-ce dans la destinée de ce gentilhomme que tu
lis de pareilles choses? dit Lauriane, qui avait été très-
frappée de ce qui la concernait dans l'avertissement du
devin, et qui s'efforçait de tourner tout en plaisanterie.

— Peut-être! dit avec aisance M. d'Alvimar; on ne sait
ce qui peut arriver.

— Mais on peut le savoir! s'écria la Flèche. Voyons,
qui veut le savoir?

— Personne, dit le marquis, personne, s'il y a du fâcheux dans l'avenir de quelqu'un de nous.

— Vraiment, mon voisin, vous avez la foi! dit de

Beuvre, qui ne croyait précisément à rien. Vous êtes une fière pratique pour tous les bateleurs qui voudront vous en conter !

— Comme vous voudrez, répliqua Bois-Doré, mais je n'y peux rien. J'ai vu des choses si surprenantes ! Dix fois ce qui m'a été prédit m'est arrivé.

— Comment voulez-vous, lui dit d'Alvimar, qu'un idiot et un ignorant de cette espèce pénètre l'avenir, dont Dieu seul a le secret ?

— Je ne crois pas à la science de l'opérateur, répondit le marquis, si ce n'est que, par état, il sait calculer des nombres, et que ces nombres sont pour lui comme les lettres d'un livre, avec lesquelles la propre fatalité des nombres compose des mots et des phrases.

De Beuvre se moqua du marquis et somma le devin de tout dire.

D'Alvimar eût souhaité qu'il en fût autrement, car son incrédulité était feinte ; il croyait à l'action du diable dans tout ce qui est maléfice, et il se promettait de recommander La Flèche à M. Poulain, pour qu'il avisât à le faire coffrer et brûler dans l'occasion. Mais il n'en était pas moins dévoré, malgré lui, de l'anxiété d'ouvrir le livre de sa destinée, et il se trouvait d'ailleurs entraîné à faire l'esprit fort devant madame de Beuvre.

La Flèche, sommé de parler, vu qu'il avait assez étudié son grimoire, réfléchit en lui-même sérieusement. Il se méfiait de l'Espagnol. Il savait qu'il ne risquait rien avec les gens qui ne croyaient à rien, ce ne sont pas ceux-là qui dénoncent ou accusent les sorciers, et il était trop pénétrant pour ne pas avoir compris qu'en essayant de retirer son gage, d'Alvimar avait voulu se soustraire à ces révélations qu'il feignait de mépriser.

Il prit le parti dans lequel il se retranchait quand il

se trouvait avec des gens disposés à s'émouvoir trop ; ce fut de dire des banalités à tout le monde.

Il espérait que d'Alvimar se retirerait, et qu'il pourrait faire aux autres, à coup sûr, quelque prédiction agréable qui lui serait grassement payée ; car, depuis trois jours qu'il errait dans les environs, se glissant partout, écoutant aux portes, ou feignant de ne pas comprendre le français pour laisser causer devant lui, il avait appris bien des choses, et, quant à d'Alvimar, il en savait une sur son compte, que celui-ci eût bien voulu ensevelir dans un profond oubli.

Mais d'Alvimar, calmé par l'insignifiance des prédictions, ne se retirait pas; personne ne s'amusait plus, et La Flèche faisait *fiasco*, après avoir travaillé d'avance à une belle recette.

On allait le renvoyer. Il se redressa.

— Illustres seigneurs, dit-il, je ne suis pas sorcier, je le jure par l'image du saint patron que je porte sur la poitrine; je proteste contre tout pacte avec le diable. Je n'exerce que la magie blanche, tolérée par les autorités ecclésiastiques ; mais...

—Mais, si tu n'es pas voué au diable, va-t'en au diable ! dit M. de Beuvre en riant ; tu nous ennuies !

— Eh bien, dit La Flèche effrontément, vous voulez de la cabale, vous en aurez, à vos risques et périls ! mais ce n'est pas moi qui en ferai, et je m'en lave les mains !

Il se retourna aussitôt vers un panier qu'il avait apporté avec lui, et où l'on supposait qu'il tenait quelque attirail d'escamotage ou quelque bête curieuse, et il en tira une fillette de huit à dix ans, qui paraissait n'en avoir que quatre ou cinq, tant elle était petite et menue; avec cela noire, laide, ébouriffée un véritable lutin tout de rouge habillé, qui commença, pendant qu'il l'apportait dans ses bras, par lui appliquer vingt soufflets, lui tirer les cheveux et lui déchirer la figure avec ses griffes

On crut d'abord que cette résistance enragée faisait partie de la représentation ; mais on vit le sang couler en grosses gouttes tout le long du nez du sacripant.

Il s'en émut peu, et, s'essuyant avec sa manche :

— Ce n'est rien, dit-il ; la princesse dormait dans son panier, et elle a le réveil acariâtre.

Puis il ajouta en espagnol, parlant bas à la petite :

— Sois tranquille, va ! tu la danseras ce soir !

L'enfant, placée sur la pierre du *Sinaï*, s'accroupit en singe et regarda autour d'elle avec des yeux de chat sauvage.

Il y avait dans sa laideur malingre un caractère si accusé de souffrance et de colère, de malheur et de haine, qu'elle en était presque belle et, à coup sûr, effrayante.

Lauriane eut le cœur serré de voir la maigreur de cette misérable créature, presque nue sous la pourpre sordide de ses haillons.

Elle frémit en songeant au sort de cette enfant, exaspérée sans doute par la tyrannie et les coups d'un méchant saltimbanque, et elle s'éloigna de quelques pas, appuyée sur le bras de son bon Céladon Bois-Doré, lequel, sans le dire, se sentait presque aussi attristé qu'elle.

Mais de Beuvre avait l'écorce plus dure, et il pressa La Flèche de faire parler l'esprit malin.

— Voyons, ma belle Pilar, dit la Flèche en accompagnant chaque parole d'une mimique grosse de menaces intelligibles pour sa victime ; voyons, reine des farfadets et des gnomes, il faut parler. Ramassez la pièce qui est le plus près de vous.

Pilar resta longtemps immobile, faisant mine de se rendormir ; elle grelottait la fièvre.

— Allons, allons, gibier de potence, étoupe de bûcher ! reprit La Flèche, ramassez cette pièce d'or, et je vous dirai où est Mario, votre bien-aimé.

— Hein ! fit le marquis en se retournant, que dit-il de Mario ?

— Qu'est-ce que Mario ? lui demanda Lauriane.

— Silence ! cria de Beuvre ; le diable parle, et c'est de vous qu'il s'agit, mon voisin !

L'enfant parla ainsi en français avec un accent prononcé et une voix criarde :

> Celui de qui dépend ce gage,
> S'il veut écouter le présage
> Et se bien garer de l'amour...

— J'en ai assez dit, je n'en veux plus dire, ajouta-t-elle en espagnol.

Elle ne se souvenait plus de sa leçon. Ni prières ni menaces ne purent lui faire retrouver la mémoire ; mais elle n'avoua pas qu'on l'avait serinée ; elle était déjà sorcière et vaniteuse de son état. Elle connaissait le grimoire beaucoup mieux que La Flèche, et elle aimait à prophétiser. En voulant lui apprendre des vers, ce qu'elle appelait une autre magie, La Flèche l'avait irritée, et le sentiment qu'elle ne s'en tirerait pas avait mortifié son amour-propre.

Elle secoua sa tête hérissée de cheveux noirs comme l'encre, frappa du pied et se livra à une colère de pythonisse.

— C'est bien ! c'est bien ! s'écria La Flèche résolu à en tirer parti, n'importe comment. Voilà que ça vient ; le diable lui entre dans le corps, elle va parler !

— Oui, dit l'enfant en espagnol et en sautillant dans le cercle avec fureur, et je sais tout mieux que toi, mieux que tous les autres. Voilà ! voilà ! voilà ! Je sais, demandez-moi.

— Parlons français, dit La Flèche. Que doit-il arriver au seigneur dont tu tiens le gage ?

C'était celui du marquis.

— Liesse et confort ! dit l'enfant.

— Très-bien ! mais quels ?

— Vengeance ! répondit-elle.

— A moi, vengeance ? dit Bois-Doré : ce n'est point là mon humeur.

— Non certes, ajouta Lauriane en regardant d'Alvimar malgré elle. Le diable se sera trompé de gage.

— Non ! je ne me suis pas trompée, reprit la gnomide.

— Vrai ? dit La Flèche. Si vous en êtes bien sûre, parlez, diablesse ! Vous pensez donc que ce noble seigneur, ici présent, a quelque injure à laver ?

— Dans le sang ! répondit Pilar avec une énergie de tragédienne.

— Hélas ! dit le marquis bas à Lauriane, il n'est sans doute que trop vrai ! Vous savez bien, mon pauvre frère !

Et il dit tout haut :

— Je veux interroger cette petite devineresse moi-même.

— Faites, monseigneur ! répondit La Flèche. Attention, la mouche noire ! et parlez honnêtement à qui vaut mieux que vous !

Le marquis, s'adressant alors à Pilar .

— Voyons, ma pauvre petite, qu'est-ce que j'ai perdu ? dit-il avec douceur.

Elle répondit :

— *Un fils !*

— Ne riez pas, mon voisin, dit le marquis à de Beuvre,
elle dit la vérité. Il était comme mon fils !

Et à Pilar :

— Quand l'ai-je perdu ?

— Il y a onze ans et cinq mois.

— Et combien de jours ?

— Moins cinq jours.

— Ici, elle se trompe, dit le marquis à Lucilio ; car
j'ai eu de ses nouvelles depuis l'époque qu'il lui plait de
dire ; mais voyons si elle verra clair dans le reste.

Et, s'adressant à l'enfant :

— Comment l'ai-je perdu ? dit-il.

— De malemort ! répondit-elle ; mais vous aurez consolation.

— Quand ?

— Avant trois mois, trois semaines ou trois jours.

— Quelle consolation ?

— De trois sortes : vengeance, sagesse, famille.

— Famille ? Je serai donc marié ?

— Non, vous serez père !

— Vrai ? s'écria le marquis sans se troubler du gros
rire de M. de Beuvre. Quand serai-je père ?

— Avant trois mois, trois semaines ou trois jours. J'ai
tout dit sur vous, je veux me reposer.

La séance fut suspendue par un déluge de plaisanteries de M. de Beuvre au marquis.

Pour que l'événement de l'héritier prédit eût lieu avant
trois mois, trois semaines ou trois jours, il fallait que
trois femmes en eussent « reçu la commande. »

Le pauvre marquis savait si bien le contraire que
toute sa foi à la magie en fut refroidie.

Il se laissa railler, protestant de son innocence et

ne désirant point trop qu'on la crût aussi réelle qu'elle l'était.

L'enfant demanda à recommencer ses conjurations pour le dernier gage.

C'était le caillou de d'Alvimar.

Mais, pour l'intelligence de ce qui va suivre, il faut que le lecteur sache ce qui était convenu entre Pilar et son propriétaire, La Flèche.

Ce que La Flèche savait et voulait faire savoir à Bois-Doré, il comptait le faire dire par l'enfant hors de la présence de d'Alvimar.

L'enfant, par caprice et ostentation, ne voulut plus tenir compte de la convention faite entre eux. Elle voulait réciter toute sa leçon, dût-elle en souffrir et dût La Flèche y perdre la vie ou la liberté.

Peut-être aussi ces dangers qu'elle pouvait attirer sur lui, et qu'elle n'ignorait pas, alléchaient-ils ses instincts de haine.

Elle parla donc comme elle l'entendait, en dépit des avertissements et des grimaces de son maître, lequel ne pouvait lui rien dire en espagnol qui ne fût compris de d'Alvimar.

Elle ramassa le caillou, examina les signes qui l'entouraient, fit la mimique du calcul, et dit en espagnol avec une effrayante ardeur à la menace :

— Malheur, mécompte et disgrâce à celui dont le gage est tombé sur l'étoile rouge !

— Bravo ! dit d'Alvimar en riant d'un rire nerveux et forcé ; continuez, sale créature ! Allons, allons, race de chiens, rebut de la terre, dites-nous les arrêts du ciel !

Pilar, irritée par ces injures, devint si sauvage qu'elle

fit peur à tous ceux qui la regardaient et à La Flèche lui-
même.

— Sang et meurtre ! s'écriait-elle en bondissant avec
des gestes convulsifs ; meurtre et damnation ! sang,
sang et sang !

— Tout cela pour moi ? dit d'Alvimar, qui, en ce moment, ne put cacher son épouvante.

— Pour toi ! pour toi ! cria cette guêpe furieuse, et la
mort, l'enfer ! bientôt, tout de suite, avant trois mois,
trois semaines ou trois jours, damné ! damné ! l'enfer !

— Assez ! assez ! dit Bois-Doré, qui ne comprenait
presque pas l'espagnol, mais qui vit d'Alvimar pâle et
prêt à défaillir ; cette enfant est possédée d'un mauvais
diable, et c'est peut-être péché que de l'écouter.

— Oui, sans doute, monsieur, répondit d'Alvimar,
elle est possédée du diable, et ses menaces sont vaines
et méprisables, car l'enfer ne peut rien sans la volonté
de Dieu ; mais, si j'étais ici châtelain et justicier, je
ferais enfermer ce bandit et cette vermine, et je les li-
vrerais...

— La la ! dit M. de Beuvre, il n'y a point tant à se
fâcher ! Je ne sais ce qui vous a été dit, mais je m'étonne
que vous ayez fini d'en rire. Pourtant j'avoue que
les transports de cette guenuche enragée sont une laide
comédie, et je vois que ma fille en est troublée. Allons,
drôle, dit-il à La Flèche, c'est assez. Gardez pour vous
les gages si chacun y consent, et allez vous faire pendre
ailleurs.

La Flèche n'avait pas attendu cette permission pour
plier bagage. Il était fort pressé de se soustraire aux intentions bienveillantes de l'Espagnol à son égard.

La petite Pilar n'en fut pas émue. Tout au contraire,
elle ramassa les pièces d'or et d'argent qui avaient servi

de gages, et, quand elle en vint au caillou d'Alvimar, elle
le lui jeta dans les jambes avec dédain.

Il en fut si outragé qu'il l'eût peut-être traitée comme
il avait fait du louveteau, s'il eût eu encore l'arme dont
il se servait si vite et si bien.

Mais il fit en vain le mouvement involontaire de la
saisir, et Lauriane, qui le regardait, s'applaudit de
l'avoir désarmé. Il rencontra ses yeux et se hâta de
sourire ; puis il essaya de parler d'autre chose, et Bois-
Doré demanda à Lucilio un air de musette pour dissi-
per le fâcheux effet de cette aventure, tandis que La
Flèche, remportant son grand panier sur sa tête, ses
instruments magiques sous son bras, et, tirant de l'autre
main la petite sibylle encore toute frémissante, fran-
chissait avec empressement la herse et le pont-levis du
manoir.

— A présent, tu vas me donner à manger? dit-elle
quand ils furent en rase campagne.

— Non, tu as trop mal travaillé !

— J'ai faim.

— Tant mieux !

— J'ai faim, je ne peux plus marcher.

— En cage alors !

Il la remit dans son panier, malgré elle, et l'emporta
en courant.

Les cris de l'infortunée créature se perdirent sans écho
dans la plaine immense.

— Mario ! Mario ! pleurait sa voix entrecoupée ; je
veux voir Mario ! Méchant ! assassin ! Tu m'avais promis de me faire voir Mario, qui me donnait à manger
et qui jouait avec moi, et sa mère, qui m'empêchait
d'être battue ! Mercédès ! Mario ! venez me chercher !
Tuez-le ! il me fait mal, il me secoue, il me tue, il me

fait mourir de faim ! Damnation sur lui ! mort et sang et meurtre ! Le fouet, le feu, la roue, l'enfer pour les méchants !

XXIII

Pendant que le bohémien fuyait dans la direction du nord, le marquis, avec d'Alvimar et Lucilio, reprenait en sens contraire le chemin de Briantes.

Il lui tardait de faire part à son fidèle Adamas de ce qu'il regardait comme une heureuse issue de son entreprise ; et, bien qu'il crût devoir à son amour d'étouffer quelques soupirs d'inquiétude ou d'impatience, tout bien considéré, il ne se trouvait pas trop contrarié d'avoir sept ans devant lui avant de prendre une nouvelle résolution matrimoniale.

D'Alvimar était de fort méchante humeur, non-seulement à cause des prédictions qui avaient remué sa bile et troublé sa cervelle, mais encore à cause de la tranquillité des adieux que lui avait faits madame de Beuvre, tandis qu'elle avait tendu ses deux petites mains au marquis en lui promettant gaiement sa visite pour le surlendemain.

— Serait-il possible, pensait-il, qu'elle eût accepté les écus de ce vieillard, et que je me visse supplanté par un rival de soixante et dix ans ?

Il avait bien envie de questionner, de railler, de se dépiter.

Mais il n'y avait pas moyen d'entamer la conversation avec Bois-Doré sur ce sujet.

Le marquis avait un air de triomphe discret et mo-

deste qui le faisait redoubler de politesse et de prévenance pour son hôte.

D'Alvimar ne put se venger de sa défaite qu'en écla-
boussant tant qu'il put maître Jovelin, trottant derrière
le marquis.

A peine arrivé au manoir, comme l'heure du souper
n'était pas encore venue, il sortit à pied pour aller con-
férer avec M. Poulain.

— Eh bien, monsieur, dit, en débottant son maître,
le fidèle Adamas, qui, en sa qualité d'*homme de chambre*, ne quittait presque jamais le manoir de Briantes ;
faut-il songer au repas des fiançailles ?

— Précisément, mon ami, répondit le marquis. Il y
faut songer au plus tôt.

— Vrai, monsieur ? Eh bien, j'en étais sûr, et j'en
suis si content que je ne m'en connais plus. Figurez-
vous, monsieur, que cette haquenée rouge que vous
appelez Bellinde, et qui serait mieux nommée Tisi-
phone...

— Allons, allons, Adamas, vous avez l'humeur trop
peu endurante ! Vous savez que je n'aime point entendre injurier une personne du sexe. Qu'y a-t-il encore
entre vous ?

— Pardon, mon noble maître ; mais il y a que cette
fille ténébreuse écoute aux portes, et qu'elle sait la démarche que monsieur a faite aujourd'hui. Ce tantôt, elle
en a ri comme une mouette avec la sotte gouvernante
du recteur.

— Que savez-vous de cela, Adamas ?

— Je le sais par magie, monsieur ; mais, enfin, je le
sais !

— Par magie ? Depuis quand vous adonnez-vous aux
sciences occultes ?

— Je le dirai à monsieur ; je n'ai rien de caché pour lui, mais que monsieur daigne donc me raconter comment il s'y est pris pour faire connaître ses sentiments à l'incomparable dame de ses pensées, et comment elle a répondu ; car je suis sûr que rien d'aussi éloquent ne s'est dit sous le ciel depuis que le monde est monde, et je voudrais savoir écrire aussi vite que maître Jovelin, pour le coucher sur le papier à mesure que monsieur me le rapportera.

— Non, Adamas, aucune parole ne sortira de ma bouche, scellée par un serment de preux chevalier. J'ai juré de ne point trahir le secret de ma félicité. Tout ce que je peux te dire, mon ami, c'est de te réjouir du présent avec ton maître, et d'espérer avec lui en l'avenir !

— Alors, monsieur, c'est conclu, et...?

Adamas fut interrompu par un petit grattement de chat à la porte.

— Ah ! fit-il après avoir été regarder, c'est l'enfant qui voudrait vous offrir le bonsoir. — Va-t'en, mon petit ami ; monseigneur te verra plus tard, il est occupé.

— Oui, oui, Adamas, qu'il revienne ! Il est bien question d'enfant ! Je ne sais quelles idées de paternité m'avaient passé hier par la tête ! Cela est du dernier bourgeois ! Non ! non ! je ne suis plus ce vieux garçon qui voulait se marier bien vite, pour faire une fin. Je suis un jeune homme, Adamas, oui, un jeune amoureux, un blondin, sur ma parole, tendrement condamné à prouver sa constance par des épreuves, à soupirer et à faire des vers, en un mot, à attendre, dans les tourments et les délices de l'espoir, le bon plaisir de ma souveraine.

— Si je comprends bien, reprit Adamas, cette divinité jalouse se méfie un peu de l'humeur volage de mon

maître, et elle exige qu'il renonce à toute galante aventure ?

— Oui, oui, c'est cela, Adamas, ce doit être cela ! Un
peu de défiance ! c'est bien la punition de ma folle jeunesse ; mais je saurai si bien marquer ma sincérité...
Regarde donc à la porte, on gratte encore !

— Quoi ! dit Adamas sérieusement à Mario, en entre-
bâillant un peu la porte, c'est encore vous, mon lutin ?
Ne vous ai-je pas dit d'attendre ?

— J'ai attendu, répondit Mario avec sa voix douce et
caressante jusque dans l'espièglerie ; vous m'avez dit :
« Va-t'en, et reviens. » J'ai été au bout de l'autre chambre, et me voilà revenu.

— Il est drôlet ! dit le marquis ; laisse-le entrer.
— Bonjour, mon petit ami ; or çà, viens me baiser, et
puis joue tranquillement avec Fleurial. J'ai à parler d'affaires sérieuses avec le bon M. Adamas. Voyons, Adamas, c'est après-demain que je traite mon incomparable
voisine. Il y faut songer ; c'est un petit dîner sans façons, quatorze services tout au plus.

— On les aura, monsieur; voulez-vous que j'appelle
le maître-queux ?

— Non, je n'aime point à ordonner, et si propres que
soient les gens de cuisine, ils sentent toujours la cuisine.
Aide-moi à imaginer...

— Qu'est-ce que c'est donc que ce couteau-là ? dit
très-vivement Mario, que le marquis, débonnaire et
passablement distrait, tenait entre ses jambes et laissait
fouiller dans ses poches.

— Rien, rien, dit le marquis en cherchant à reprendre le gage que Lauriane lui avait donné. Rends-moi
ça, mon petit ami ; les enfants ne touchent point à ça.
Ça mord, vois-tu ! Rends-le donc !

— Oui, oui, le voilà ! dit Mario ; mais j'ai bien vu ce qu'il y avait dessus, et je sais bien à qui il est.

— Tu ne sais ce que tu dis !

— Si fait, je dis qu'il est au monsieur espagnol que vous appelez Villareal. Il vous l'a donc donné ?

— Voyons, que marmotes-tu là ! Tu rêves !

— Non, bon monsieur ! J'ai bien vu la devise qui est sur la lame ; c'est en espagnol et je la connais bien ; ma mère Mercédès a un poignard tout pareil où il y a la même devise.

— Et que signifie cette devise ?

— *Je sers Dieu.* — S. A.

— Et que signifie S. A.?

— Ça doit être les premières lettres du nom de celui à qui est le poignard. C'est comme cela qu'on les place, à jour, près du manche.

— Je le sais bien ; mais pourquoi dis-tu que ce poignard vient du monsieur espagnol qui s'appelle Villareal ?

L'enfant ne répondit pas et parut embarrassé.

Il n'était plus sous l'œil vigilant et défiant de la Morisque. Il avait parlé plus qu'il ne devait, et il se rappelait trop tard ses recommandations.

— Mon Dieu, monsieur, dit Adamas, les enfants parlent quelquefois pour parler, et sans savoir ce qu'ils disent. Parlons donc, nous autres, de la chose importante. Votre garde, le père Andoche, a apporté aujourd'hui un chapelet de râles qui sont d'un gras...

— Oui, oui, tu as raison, mon ami ; parlons du dîner. Pourtant, je ne sais... je me demande comment elle avait, en la poche de sa jupe, ce poignard espagnol.

— Qui, monsieur ?

— *Elle*, parbleu ! De quelle autre personne pourrais-je parler désormais ?

— C'est juste ; pardon, monsieur ! Parlons du poignard. Je croyais qu'en effet c'était un don de M. de Villareal, ou qu'il vous l'avait prêté ; car, pour de vrai, il vient de lui. Ces deux lettres S. A. sont sur ses autres armes, qui sont fort belles, et que j'ai remarquées ce matin pendant que son valet les fourbissait.

Le marquis tomba dans la rêverie.

Comment Lauriane avait-elle le poignard de Villareal ? Elle l'avait reçu de lui, puisqu'elle en avait disposé comme de sa propriété.

Il avait beau chercher dans toute la généalogie des de Beuvre, il n'y trouvait pas un nom auquel ces initiales S. A. pussent se rapporter.

— Aurait-elle, se disait-il, fait le même accord avec lui qu'elle a fait ensuite avec moi?

Il se consola pourtant en songeant qu'elle faisait apparemment peu de cas du premier, puisqu'elle lui en avait sacrifié le gage ; mais il n'en restait pas moins quelque chose d'incompréhensible dans cette circonstance, et le bon marquis n'était pas encore assez fou pour ne pas appréhender d'être l'objet de quelque « berquerie. »

Et puis ce que l'enfant avait dit compliquait l'embarras de son esprit, et il ne savait plus quelle intrigue de la destinée ou quelle mystification environnait ce poignard.

Il eut envie d'aller s'en expliquer tout de suite avec son hôte ; mais il se souvint que Lauriane lui avait commandé de cacher son gage et de ne le laisser voir à personne.

Adamas vit le souci sur le front de son maître et s'en émut.

— Qu'y a-t-il, monsieur, lui dit-il, et que peut faire votre pauvre Adamas pour vous tirer d'intrigue?

— Je ne sais, mon ami. Je voudrais deviner comment

il se fait que la Morisque ait une arme comme celle-ci, portant même devise et mêmes chiffres.

Puis, baissant la voix pour que Mario ne l'entendît point :

— Tu m'avais dit, et il m'avait semblé que cette femme était fort honnête. Pourtant elle aurait dérobé cet objet à notre hôte? C'est chose que je ne puis souffrir, qu'il soit larronné en ma maison.

Adamas partagea aussitôt les soupçons de son maître, d'autant plus que Mario, sentant qu'il avait parlé à l'étourdie, se glissait hors de la chambre, sur la pointe du pied, pour se dérober à de nouvelles questions. Adamas le retint.

— Vous nous faites des contes, mon bel ami, lui dit-il, et, par là, vous méritez de perdre les bonnes grâces de mon seigneur et maître. Il n'est point vrai que votre Mercédès ait la chose que vous dites, ou bien...

Le marquis l'interrompit, ne voulant pas que l'accusation fût formulée devant l'enfant.

— Y a-t-il longtemps, mon garçon, lui dit-il, que ta mère a ce poignard?

L'enfant avait vécu quelque temps avec les bohémiens, il savait donc ce que c'était que le vol. Il était doué, d'ailleurs, d'une finesse extraordinaire. Il comprit le soupçon qu'il avait attiré sur sa mère adoptive, et il aima mieux lui désobéir que ne pas la justifier.

— Oui, répondit-il, il y a bien longtemps.

Et, comme il avait un grand air d'assurance et de fierté, le marquis et Adamas sentirent qu'ils tenaient le moyen de le faire parler.

— C'est donc M. de Villareal qui le lui avait donné? dit Adamas.

— Oh! non! il l'avait laissé...

— Où? demanda le marquis. Voyons, il faut le dire,
ou je n'aurai plus de confiance en vous, petit. Où l'avait-
il laissé?

— Dans le cœur de mon père! répondit Mario, dont
la figure s'anima extraordinairement.

Il avait besoin d'effusion; ce mystère lui pesait, il
avait dit le premier mot, il ne pouvait plus se taire.

— Adamas, dit le marquis saisi de je ne sais quelle
émotion subite, ferme les portes, et, toi, mon enfant,
viens ici et parle. Tu es avec des amis, ne crains rien,
nous te défendrons, nous te ferons avoir justice. Dis-
nous tout ce que tu sais de ta famille?

— Eh bien, dit l'enfant, si vous m'aimez, il faut punir
M. de Villareal, parce que c'est lui qui a assassiné mon
père.

— Assassiné?

— Oui, Mercédès l'a vu!

— Quand cela?

— Le jour que je suis venu au monde, le jour que ma
mère est morte.

— Et pourquoi l'a-t-il assassiné?

— Pour avoir beaucoup d'argent et des bijoux que
mon père avait.

— Voleur et assassin! dit le marquis en regardant
Adamas; un homme de qualité! un ami de Guillaume
d'Ars! Est-ce croyable, cela?

— Monsieur, dit Adamas, les enfants font beaucoup
de contes, et je crois bien que celui-ci se moque de
nous.

Le rouge monta au front du beau Mario.

— Je ne mens jamais! dit-il avec une touchante énergie. M. Anjorrant l'a toujours dit : « Cet enfant-là n'est
pas du tout menteur. » Ma Mercédès m'a toujours dit

qu'il ne fallait jamais mentir, mais se taire quand on ne voulait pas répondre. Puisque vous me faites parler, je dis ce qui est vrai.

— Il a raison, s'écria le marquis, et je vois bien qu'il a de noble sang plein le cœur, ce joli garçon! — Parle-moi, je te crois. Dis-moi comment s'appelait ton père.

— Ah! cela, je ne le sais pas.

— Sur votre honneur, mon petit ami?

— Sur la vérité, répondit l'enfant; ma mère s'appelait Marie, voilà tout ce que je sais, et c'est pour cela que M. Anjorrant m'a donné, en me baptisant, le nom de Mario.

— Mais Mercédès a dit, je m'en souviens bien, observa Adamas, que cette dame avait remis au curé une bague d'alliance; elle a parlé aussi d'un cachet.

— Oui, répondit Mario, le cachet venait de mon père, il y avait des armes dessus; mais il nous a été volé, il n'y a pas longtemps. Quant à la bague, jamais M. Anjorrant, ni ma Mercédès, qui est pourtant très-adroite, ni moi, ni personne, n'avons pu l'ouvrir. Pourtant il y a quelque chose dedans. Ma mère, qui est morte sans dire un mot que son nom de baptème, Marie, a fait signe au curé d'ouvrir son anneau. Elle n'avait pas la force de le faire; mais, lui, il ne le savait pas!

— Va le chercher, dit le marquis, nous saurons peut-être!

— Oh! non! répondit Mario effrayé; ma Mercédès ne voudra pas, et, si elle sait que j'ai parlé, elle aura bien du chagrin.

— Mais, enfin, pourquoi se cache-t-elle de nous qui pouvons t'aider à te faire retrouver ta famille?

— Parce qu'elle croit que vous écouterez l'Espagnol, et qu'il la tuera s'il apprend qu'elle l'a reconnu.

— Et lui, il ne la reconnaît donc pas?

— Il ne l'a jamais vue, puisqu'elle était cachée!

— L'a-t-elle donc revu quelque part depuis cette méchante affaire?

— Non, jamais.

— Et, après dix ans passés, elle croit être sûre de le reconnaître? C'est bien douteux.

— Elle dit qu'elle en est sûre, qu'il n'a presque pas vieilli, qu'il est toujours habillé de noir; et son vieux domestique, elle est bien sûre aussi que c'est le même. Oh! elle les avait bien regardés. Quand, il y a trois jours, nous les avons rencontrés auprès d'un autre château qui n'est pas loin d'ici...

— Ah! oui! voyons, dit le marquis, conte-nous comment elle l'a rencontré.

— Il était avec un beau et bon jeune seigneur que je vous ai depuis entendu appeler Guillaume en parlant de lui. Celui-là avait donné beaucoup de monnaie aux bohémiens avec qui nous étions.

» Et, tout d'un coup, comme l'Espagnol avait l'air méchant et voulait me frapper, Mercédès m'a dit:

» — C'est lui! tiens! c'est lui! et l'autre, le vieux valet, c'est lui aussi!

» Et elle a couru après eux pour les voir, jusqu'à ce que M. Guillaume nous ait dit que ça l'ennuyait.

» Alors Mercédès lui a fait demander son nom et celui de son ami, afin, disait-elle, de prier pour eux. Mais M. Guillaume s'est moqué de nous, et les bohémiens ont repris leur route d'un autre côté.

» Alors ma Mercédès les a laissés marcher et m'a dit:

» — Nous tenons les assassins de ton père, je t'en réponds. Il nous faut savoir leurs noms.

» Alors nous sommes revenus sur nos pas, nous avons été mendier au château de la Motte, et, comme on ne faisait pas grande attention à nous, Mercédès m'a dit d'écouter ce que disaient les domestiques et les paysans; et comme cela nous avons su que l'Espagnol allait demeurer chez le *marquis*, parce que le *marquis* avait envoyé chercher son carrosse, et commandé que l'on apprêtât chez lui la chambre d'honneur pour un étranger

» Et puis nous avons causé avec une bergère, dans un champ qui est par là.

» Elle nous a dit :

» — Le marquis est tout à fait bon. Vous pouvez aller chez lui passer la nuit; il vous fera du bien. Voilà son château là-bas.

» Nous sommes donc venus ici tout de suite, et, dès hier matin, nous avons revu l'assassin, les deux assassins ! Et, moi, j'ai vu les lettres sur les pistolets et sur la grande épée que tenait le domestique, et j'ai dit encore à Mercédès :

» — Montre-moi le méchant couteau qui a tué mon pauvre papa; il me semble bien que c'est les mêmes lettres qui sont dessus. »

— Et tu en es sûr? dit le marquis.

— J'en suis bien sûr; et vous verrez vous-même si Mercédès veut vous les montrer !

— Où est-elle maintenant?

— Avec M. Jovelin, qu'elle aime beaucoup parce qu'il s'est jeté dans l'eau pour moi.

— Il faut absolument que Jovelin lui arrache son secret, dit le marquis à Adamas; va le chercher, que je lui parle.

XXIV

Adamas sortit et revint dire que Jovelin allait venir.

Il l'avait trouvé dans une conférence fort animée avec la Morisque : elle, parlant arabe ; lui, écrivant tout ce qu'elle disait, et lui, faisant beaucoup de gestes qu'elle avait l'air de comprendre.

— Il m'a fait signe qu'il ne pouvait s'interrompre, ajouta Adamas ; je crois bien, monsieur, qu'il lui fait avouer la vérité par douceur et persuasion ; ne le dérangeons pas. Il écrit vite, mais elle ne lit pas très-bien, même dans sa langue, et c'est merveilleux de voir comme, avec ses yeux et ses mains, il se fait entendre. Prenez patience, monsieur ; nous allons savoir quelque chose.

On attendit un quart d'heure qui sembla un siècle au marquis.

L'heure s'avançait ; on avait sonné le premier coup du souper. Il fallait peut-être se retrouver en face de Villareal sans avoir rien éclairci.

Bois-Doré était dans une vive agitation. Il se levait et se rasseyait, disant, à part lui, des mots sans suite qui intriguaient fort Adamas.

Mario, le croyant fâché contre lui, se tenait pensif et interdit dans un coin.

Fleurial, voyant l'anxiété de son maître, le regardait fixement, suivait tous ses pas et gémissait de temps en temps en remuant la queue, comme pour lui dire : « Mais qu'est-ce que vous avez donc ? »

Enfin Adamas se hasarda à formuler la question.

— Monsieur, s'écria-t-il, vous avez en ceci une idée que vous cachez à votre serviteur, et, par là, vous lui rendez votre peine encore plus pesante. Parlez, monsieur, parlez à Adamas comme vous parleriez à votre bonnet; il ne le redira non plus qu'un bonnet de nuit, et cela vous soulagera d'autant.

— Adamas, répondit Bois-Doré, je crains bien d'être fou; car il y a, dans cet enfant et dans l'histoire qu'il nous raconte, quelque chose qui me remue plus que de raison. Il faut que tu saches qu'aujourd'hui je me suis fait dire ma destinée par des bohémiens, et qu'il y a eu là dedans des paroles bien obscures, mais qui peuvent tout de même s'expliquer par l'intérêt que je sens pour ce petit malheureux. On m'a dit, entre autres choses étranges, que je serais père avant trois mois, trois semaines ou trois jours. Or, comme je te jure, Adamas, que je ne puis compter sur aucune paternité directe dans un aussi court délai, il est évident que je dois devenir père par adoption. Mais une autre parole de cette prédiction me tourmente davantage : c'est que l'on m'a révélé la mort de mon frère, en la plaçant juste à la même date que la Morisque donne à celle du père de cet enfant. Comment arranger cela? La magicienne parlait à mots couverts et symboliques, mais elle a dit cette date clairement, en faisant le calcul des années, des mois et des jours qui se sont écoulés depuis. Et moi, en revenant ici, je faisais le même calcul, et je tombais juste sur le quatrième jour après la mort de notre roi Henri. Viens ici, Mario, n'as-tu pas dit quatre jours ?

— Mais, monsieur, observa Adamas, n'avez-vous pas dit vous-même, hier, que la dernière lettre de M. Florimond était datée du seizième jour de juin et de la ville de Gênes ?

— Il est vrai, mon ami; mais on peut se tromper de date en écrivant, et mettre un mois pour un autre; cela est arrivé à tout le monde !

— Mais, monsieur, est-ce que la ville de Gênes n'e t pas en Italie, et fort distante du lieu où cet enfant place la mort de son père ?

— Sans doute, mon ami. Je torture la vraisemblance des choses pour arranger les paroles de la devineresse, et c'est une fantaisie dont je te permets de me reprendre. Et cependant, ouvre la crédence où sont enfermées les chères reliques de mon frère, et cette dernière lettre que j'ai tant relue sans en jamais pénétrer le sens !

— Mon Dieu, monsieur, dit Adamas en ouvrant le tiroir et en présentant la lettre à son maître, tout ce qui est arrivé et tout ce qui a dû arriver, vous l'avez fort bien compris et deviné dans le temps; M. Florimond vous donnait fort peu de ses nouvelles, à cause des grandes occupations secrètes qu'il avait dans les cours d'Italie, où l'envoyait son maître le duc de Savoie. Il vous parlait de ses voyages sans vous en dire le but, parce que cela lui était interdit par la politique qu'il servait et qui n'était pas toujours la vôtre. Cette dernière lettre vous annonce d'autres voyages que ceux dont il était fraîchement revenu, et voici ce qu'il vous dit en propres termes : « Si vous n'entendez point parler de moi d'ici à l'automne, n'en prenez point de souci. Ma santé est bonne, et mes affaires personnelles ne sont point en mauvais état. » La date est bien authentique, puisqu'il commence en vous disant : « Monsieur et bien-aimé frère, vous avez dû recevoir ma lettre de janvier dernier : depuis ces cinq mois passés... »

— Je sais tout cela, Adamas, je le sais par cœur, et, ce nonobstant, quand j'ai été en Italie, l'année 1611, m'enquérir en personne de ce pauvre frère, dont je n'entendais plus parler, il m'a été dit qu'il n'était jamais revenu d'une mission à Rome, pour laquelle il était parti quinze mois auparavant. Et, quand je fus à Rome, il y avait plus de deux ans qu'on ne l'y avait vu. J'ai parcouru toute l'Italie jusqu'en 1612, sans trouver de lui aucun indice et aucun vestige, à ce point que je m'imaginai qu'il avait fait quelque grand voyage aux Indes d'Orient ou d'Occident, pour son propre compte, et que je l'en verrais revenir quelque jour; mais, à la fin, j'ai dû tenir pour certain qu'il avait été méchamment occis par les brigands dont l'Italie est infestée, ou qu'il avait péri dans quelque tempête sur mer. Il n'avait pas fait grosse fortune au service du Savoyard, bien qu'il ne se soit jamais plaint, et je pense qu'il n'était guère accompagné dans ses courses. Enfin j'ai perdu l'espoir de le retrouver, mais non celui de découvrir son sort et de le venger, s'il a été mis à mort traîtreusement.

Pendant que le marquis et Adamas devisaient ainsi, Mario, dont on ne s'occupait plus, s'était glissé derrière le fauteuil du marquis.

Il écoutait, il regardait avec attention la lettre que Bois-Doré tenait dans ses mains. Il savait très-bien lire, comme nous l'avons dit, et même l'écriture manuscrite; mais il était en proie à une grande anxiété, craignant de se tromper et d'être encore accusé de parler au hasard.

Enfin, il se crut à peu près sûr de son fait, non-seulement d'après l'écriture, mais encore d'après les expres-

sions de la lettre et la particularité des circonstances.
Il s'écria:

— Attendez !

Et il sortit plein de résolution et de joie, sans que le
marquis, absorbé dans ses réflexions, en tînt beaucoup
de compte.

Mario connaissait déjà la chambre de maître Jovelin,
et il y trouva sa mère, qui se retirait sans avoir voulu
montrer les objets dont elle était la gardienne jalouse et
méfiante.

Lucilio avait été aussi frappé que le marquis de la
coïncidence de la date fixée dans la mémoire de l'enfant
par l'abbé Anjorrant, avec celle attribuée par la petite
bohémienne à la mort de Florimond.

Il ne croyait nullement à la magie; mais, comme il
avait été également frappé du nom de Mario prononcé
par La Flèche, il craignait que le marquis ne fût la dupe
de quelque jonglerie.

Il commençait à soupçonner la Morisque elle-même,
et son premier soin, en rentrant au manoir, avait été de
l'appeler pour la questionner par écrit, avec beaucoup
de précision et de sévérité. Il exigeait qu'elle montrât la
bague et la lettre de M. Anjorrant dont elle avait parlé ;
et, bien que cette femme éprouvât beaucoup de respect
et de sympathie pour lui, cette insistance lui faisant
craindre l'intervention indirecte de l'Alvimar dans l'interrogatoire qu'elle subissait, elle s'était renfermée dans
un silence plein d'angoisse.

Dès qu'elle vit Mario, son cœur froissé exhala la plainte
qu'il n'osait adresser directement à Lucilio.

— Viens, mon pauvre enfant, lui dit-elle ; on nous
chasse d'ici, car on nous accuse de vouloir tromper et
d'avoir raconté une histoire qui ne serait pas vraie.

Viens, partons bien vite, afin que l'on connaisse que nous ne demandons secours qu'à Dieu et à nous-mêmes.

Mais Mario l'arrêta.

— C'est assez nous méfier, lui dit-il ; mère, il faut faire ce qu'on nous demande. Donne-moi la lettre, donne-moi la bague ! elles sont à moi, je les veux tout de suite !

Lucilio fut frappé de l'énergie de l'enfant, et la Morisque, stupéfaite, garda quelques instants le silence.

Jamais Mario ne lui avait parlé ainsi, jamais elle n'avait senti en lui la moindre velléité d'indépendance, et voilà qu'il lui commandait avec autorité !

Elle eut peur, elle crut à quelque prodige ; toute la force de son caractère tomba devant une idée fataliste ; elle ôta de sa ceinture l'escarcelle de peau d'agneau où elle avait cousu les précieux objets.

— Ce n'est pas tout, mère, lui dit encore Mario : il me faut aussi le couteau.

— Tu n'oseras pas y toucher, enfant ! c'est le couteau qui a tué...

— Je sais, je l'ai déjà regardé. Je veux le regarder encore. Il faut que j'y touche, et j'y toucherai. Donne !

Mercédès remit le couteau et dit en joignant les mains :

— Si c'est l'esprit contraire qui fait agir et parler mon fils, nous sommes perdus, Mario !

Il ne l'écouta pas, et appuyant le petit sac de peau sur la table de Lucilio, il le décousit lestement avec le poignard ; il en tira la bague, qu'il passa dans son pouce, et la lettre de l'abbé Anjorrant à M. de Sully, dont il fit sauter le scel et la soie, à la grande consternation de Mercédès.

Cela fait, il ouvrit la missive, en tira un papier taché et maculé, le baisa, le regarda avec attention ; puis, s'écriant : « Viens, mère! venez, monsieur Lovello! » il s'élança dans l'escalier, rentra dans la chambre du marquis, saisit impétueusement, dans les mains de celui-ci, la lettre qu'il commentait encore, compara les écritures, et, posant tout ce qu'il tenait dans les mains d'Adamas, lettres, bague et poignard, il sauta sur les genoux du marquis, lui jeta ses bras au cou et se mit à l'embrasser si fort que le bon monsieur en fut comme étranglé pendant un moment.

— Voyons, voyons! dit enfin Bois-Doré, un peu fâché de cette familiarité à laquelle il ne s'attendait pas, et qui avait gravement compromis sa frisure, ce n'est point l'heure de jouer ainsi, mon bel ami, et vous prenez là des libertés... Qu'est-ce que vous nous apportez? et pourquoi?...

Mais le marquis s'arrêta en voyant Mario fondre en larmes.

L'enfant avait obéi à une inspiration, il avait eu la foi ; mais, l'esprit des autres n'allant pas si vite et si droit que le sien, le doute, la peur et la honte lui revenaient. Il avait désobéi à Mercédès, qui pleurait et tremblait.

Lucilio le regardait d'un air attentif, dont il se sentait intimidé ; le marquis repoussait son étreinte passionnée, et Adamas, stupéfait, n'avait pas l'air de constater sans hésitation la similitude des écritures.

— Voyons, ne pleurez pas, mon enfant, dit le marquis agité, en prenant des mains d'Adamas la lettre de son frère et le papier froissé et usé que Mario avait apporté. Qu'as-tu, Adamas, et pourquoi trembles-tu de la sorte? Qu'est-ce donc que ce papier taché de noir? Vrai Dieu! ce sont des traces de sang ! Rapproche la bougie,

Adamas, voyons!... Eh! mes amis! eh! monseigneur Dieu qui êtes au ciel! Jovelin! Adamas! voyons ceci! Je ne suis point halluciné? C'est l'écriture, c'est le vrai caractère de mon frère chéri? Et ce sang... Ah! mes amis, cela est bien dur à regarder... Mais... Mario, où as-tu pris cela?

— Lisez, lisez, monsieur, s'écria Adamas, assurez-vous bien...

— Je ne puis, dit le marquis, qui devint pâle; le cœur me faut! D'où vient ce papier?

— On l'a trouvé sur mon père, dit Mario reprenant courage; voyez si ce n'est pas une lettre pour vous, qu'il voulait vous envoyer. M. Anjorrant me l'a fait lire bien des fois; mais il n'y avait pas votre nom dessus, et nous n'avons jamais su à qui la faire tenir.

— Ton père! répéta le marquis sortant comme d'un rêve; ton père!...

— Lisez donc, monsieur! s'écria Adamas; assurez-vous.

— Non! pas encore, dit le marquis. Si c'est un songe que je fais, je ne souhaite pas en être détrompé. Laissez-moi m'imaginer que ce bel enfant... Viens ici, petit, dans mes bras... Et toi, Adamas, lis si tu peux! moi, je ne saurais!

— Je lirai, moi, dit Mario; suivez avec vos yeux. Et il lut :

« Monsieur et bien-aimé frère,

» N'ayez point égard à la lettre que vous recevrez de moi après celle-ci et que je vous ai écrite de Gênes, à la date du seizième jour du mois prochain, en prévision d'une longue et dangereuse absence, durant laquelle, redoutant vos inquiétudes sur mon compte, j'ai souhaité de vous tranquilliser par une lettre anticipée, et aussi vous empêcher de vous enquérir de moi en ce pays, où je désirais que cette absence ne fût point remarquée.

» Comme, grâce à Dieu, me voici, plus vite et plus heureusement que je ne l'espérais, hors de peine et de danger, je vous veux, dès ce jour, informer de mes aventures, lesquelles je puis enfin vous dire sans dissimulation ni réserve, gardant toutefois les détails pour le très-prochain et très-désiré moment où je serai près de vous avec ma femme honorée et aimée ; et, si Dieu le permet, avec l'enfant dont, sous peu de jours, elle me rendra père !

» Il vous suffira, aujourd'hui, de savoir que, marié secrètement dès l'an passé, en Espagne, avec une belle et noble dame, contrairement au gré de sa famille, j'ai dû la quitter pour le service de mon prince, et revenir non moins secrètement auprès d'elle, pour la soustraire à la rigueur de ses parents et la conduire en France, où nous avons enfin mis le pied aujourd'hui, à la faveur de nos précautions et déguisements.

» Nous comptons nous arrêter à Pau, d'où je vous enverrai cette lettre, en attendant celle qui vous annoncera, s'il plaît au ciel, l'heureuse délivrance de ma femme, et où j'aurai le loisir qui me manque en ce moment pour vous raconter... »

Ici, la lettre avait été interrompue par quelque soin imprévu.

Elle avait été pliée et emportée dans le justaucorps du voyageur, pour être achevée et cachetée à Pau probablement, et là, confiée aux messagers qui faisaient tant bien que mal, à cette époque, le service des lettres dans les villes de quelque importance.

XXV

Bois-Doré pleura beaucoup en écoutant cette lecture, qui, dans la bouche de Mario, pénétrait plus avant encore dans son cœur.

— Hélas! dit-il, je l'accusai souvent d'oubli, et il songeait à moi dès son premier jour de joie et de sécurité! Il allait venir, sans doute, me confier sa femme et son enfant, et je n'aurais pas vécu seul et sans famille! Mais, va, repose en paix dans le sein de Dieu, mon pauvre ami! ton fils sera le mien, et, dans ma douleur de t'avoir si cruellement perdu, j'ai, du moins, cette consolation d'embrasser ta vivante image! car c'est tout son air et toute sa grâce, mon ami Jovelin, et j'en ai eu le cœur remué, dès le premier regard que j'ai jeté sur cet enfant. Et maintenant, Mario, embrassons-nous comme oncle et neveu que nous sommes, ou bien plutôt comme père et fils que nous devons être.

Cette fois le marquis s'inquiéta peu de sa perruque, et il embrassa son fils adoptif avec une effusion qui changea en joie, autour de lui, les douloureux souvenirs évoqués par la lettre.

Cependant Mercédès, que les soupçons de Lucilio avaient navrée, tenait maintenant à faire constater la vérité dans tous ses détails.

— Donne-leur la bague, dit-elle à Mario; peut-être ils sauront l'ouvrir, et tu connaîtras le nom de ta mère.

Le marquis prit ce gros anneau d'or et le retourna dans tous les sens; mais lui, l'homme aux inventions et

aux secrets, il ne put jamais trouver le moyen de
l'ouvrir.

Ni Jovelin ni Adamas ne furent plus habiles, et l'on
dut y renoncer provisoirement.

— Bah! dit le marquis à Mario, ne nous inquiétons
point. Tu es le fils de mon frère, voilà ce dont je ne puis
douter. D'après sa lettre, tu appartiens à une plus grande
famille que la nôtre ; mais nous n'avons pas besoin de
connaître tes aïeux espagnols pour te chérir et nous réjouir de toi !

Cependant Mercédès pleurait toujours.

— Qu'a donc cette pauvre Morisque? dit le marquis à
Adamas.

— Monsieur, répondit-il, je n'entends pas ce qu'elle
dit à maître Jovelin ; mais je vois bien qu'elle craint de
ne pouvoir rester auprès de son enfant.

— Et qui l'en empêcherait, par hasard? Sera-ce moi
qui lui dois tant de joie et de remerciment? Venez çà,
bonne fille more, et demandez-moi ce que vous voulez.
S'il ne vous faut qu'une maison, des terres, des troupeaux et des serviteurs, voire un bon mari à votre gré,
vous aurez toutes ces choses, ou j'y perdrai mon nom !

La Morisque, à qui Mario traduisit ces paroles, répondit qu'elle ne demandait qu'à travailler pour vivre, mais
en un lieu où elle pût voir son cher Mario tous les jours.

— Accordé! dit le marquis en lui tendant les deux
mains qu'elle couvrit de baisers; vous resterez en mon
logis, et, s'il vous plaît de voir mon fils à toutes les
heures, vous me ferez plaisir ; car, puisque vous le ché-
rissez si bien, nulle autre femme que vous ne le soignera.
Or çà, mes amis, félicitez-moi de la grande consolation
qui m'arrive, et qui, vous le savez, Jovelin, est conforme
en tous points à la prédiction

Là-dessus il embrassa Lucilio, et même, pour la première fois de sa vie, le fidèle Adamas, qui écrivit en
lettres d'or ce fait glorieux sur ses tablettes.

Puis le marquis prit Mario dans ses bras, le plaça sur
la table au milieu de la chambre, et, s'éloignant de quelques pas, se mit à le contempler comme s'il ne l'eût pas
encore vu.

C'était son bien, son héritier, son fils, la plus grande
joie de sa vie.

Il l'examinait de la tête aux pieds en souriant, avec
un mélange de tendresse, d'orgueil et d'enfantillage,
comme si c'eût été un tableau ou un meuble magnifique;
et, comme il se sentait déjà père et ne voulait pas donner de vanité ridicule à ce noble enfant, il renfonçait
ses exclamations et se contentait de faire briller ses
gros yeux noirs, de montrer ses grandes dents riantes,
tournant complaisamment la tête à droite et à gauche,
comme pour dire à Adamas et à Lucilio : « Hein! quel
garçon, quel air, quels yeux, quelle taille, quelle genti-
lesse, quel fils! »

Ses deux amis partageaient sa joie, et Mario suppor-
tait l'examen d'un air tendre et assuré qui semblait leur
dire : « Vous pouvez me regarder, vous ne trouverez
en moi rien de mauvais; » mais il semblait dire au vieillard plus particulièrement : « Tu peux m'aimer de toutes
tes forces, je te le rendrai bien. »

Et, quand l'examen fut fini, il y eut encore entre eux
une étreinte, comme s'ils eussent voulu se rendre en
un baiser tous les baisers dont l'enfance de l'un et la
vieillesse de l'autre avaient été privées.

— Voyez-vous, mon grand ami, dit le marquis à Lucilio dans sa joie, qu'il ne se faut point moquer des
devins, lorsque c'est par les astres qu'ils nous prédisent

nos destinées? Vous hochez votre bonne et forte tête? Vous croyez pourtant que notre planète...

Le bon marquis eût bien essayé d'exposer un système quelconque de sa façon, où l'astronomie, qui le charmait, eût été un peu corroborée d'astrologie, qui le charmait plus encore, si Lucilio ne l'eût interrompu par un billet où il le pressait d'aviser avec lui aux moyens de découvrir l'assassin de son frère.

— En ceci, vous avez grandement raison, dit Boisdoré; et pourtant, dans ce jour de liesse à nul autre pareil, il m'en coûte de songer à punir. Mais je le dois, et, s'il vous plaît, nous allons en discourir ensemble.

— Va, Adamas, cours dire à ce M. d'Alvimar que je le prie d'excuser un moment de retard dans le souper; et surtout ne faisons rien savoir encore, dans la maison, de la grande recouvrance que nous avons faite... Va donc, mon ami... Que fais-tu là? ajouta-t-il en voyant Adamas qui se regardait au grand miroir enchâssé dans un cadre à réseau d'or, en se faisant à lui-même d'étranges grimaces.

— Rien, monsieur, répondit Adamas; j'étudie mon sourire.

— Et à quelles fins, je te prie?

— N'est-il pas à propos, monsieur, que je me compose une physionomie traîtresse pour parler à ce traître?

— Non, mon ami; car, pour le croire tel, il faut avoir mieux examiné les choses, et c'est ce que nous allons faire.

En ce moment Clindor frappa à la porte.

Il annonçait, de la part de M. de Villareal, une indisposition et le désir de ne pas quitter sa chambre.

— C'est pour le mieux, dit le marquis à Adamas;

j'irai lui faire visite. Après quoi, nous instruirons son
procès entre nous.

— Vous n'irez pas seul, monsieur, dit Adamas. Qui
sait si cette maladie n'est pas feinte, et si, averti par sa
conscience, ce coquin ne vous tend pas quelque piége?

— Tu déraisonnes, mon cher Adamas. S'il a tué mon
pauvre frère, assurément il n'a jamais su son nom, puisqu'il est chez moi sans inquiétude.

— Mais voyez donc le poignard, mon cher maître!
Vous n'avez pas encore regardé cette preuve...

— Hélas! dit Bois-Doré, penses-tu que je puisse l'examiner froidement?

Lucilio conseilla au marquis de voir son hôte avant
d'avoir rien éclairci, afin d'être assez calme pour lui
cacher ses soupçons.

Adamas laissa passer le marquis; mais il se glissa sur
ses talons jusqu'à la porte de l'appartement de l'Espagnol.

D'Alvimar était effectivement malade. Il était sujet à
des migraines nerveuses très-violentes, que ramenait
tout accès de colère, et il en avait eu plus d'un dans la
journée.

Il remercia le marquis de sa sollicitude et le supplia de
ne pas s'occuper de lui. Il ne lui fallait que de la diète,
du silence et du repos jusqu'au lendemain.

Bois-Doré se retira en recommandant à la Bellinde de
veiller discrètement à ce que son hôte ne manquât de
rien, et il prit occasion de cette visite pour examiner la
figure du vieux Sancue, à laquelle il n'avait pas encore
fait attention.

Long, maigre et blême, mais osseux et robuste, l'ancien éleveur de porcs était assis dans la profonde embrasure de la fenêtre, lisant, aux dernières lueurs du jour,

un livre ascétique dont il ne se séparait jamais, et qu'il ne comprenait pas. Articuler avec les lèvres les paroles de ce livre et réciter machinalement le chapelet, telle était sa principale occupation et, ce semble, son unique plaisir.

Bois-Doré, du coin de l'œil, observait tantôt le maître étendu d'un air accablé sur son lit, tantôt le serviteur calme, austère et pieux, dont le profil monacal se dessinait sur le vitrage.

— Ce ne sont pas là des voleurs de grand chemin, pensait-il. Que diable! ce jeune homme blanc et mince, à l'œil doux comme celui d'une demoiselle... Il est vrai que, tantôt, lorsqu'il se fâcha contre les bohémiens, et, hier, lorsqu'il déclamait contre les Morisques, il n'avait pas l'air aussi bénin que de coutume. Mais ce vieil écuyer à barbe de capucin, lisant en son livre de piété avec tant de recueillement... Il est vrai que rien ne ressemble tant à un honnête homme qu'un coquin qui sait son métier! Allons, ma pénétration ne suffit point ici, il faut peser les faits.

Il retourna dans le pavillon qui était attribué en entier à son appartement, chaque étage se composant d'une grande pièce et d'une plus petite : au rez-de-chaussée, la salle à manger avec l'office pour la desserte ; au premier, le salon de compagnie et le boudoir ; au second, la chambre à coucher du châtelain et un autre boudoir ; au troisième, la grande salle dite des verdures (1), celle qu'Adamas décorait parfois du nom de salle de Justice ; au quatrième, un appartement vacant et non terminé.

---

1. On sait qu'on appelait *verdures d'Auvergne* des tentures de tapisserie représentant des arbres, des feuillages et des oiseaux, sans personnages et sans paysage déterminé. On les fabriquait, je crois, à Clermont.

Dans la construction récente accolée au flanc de ce petit édifice, étaient superposées les chambres d'Adamas, de Clindor et de Jovelin, communiquant avec celles de la *grand'maison* ; c'est ainsi que, sans raillerie, on appelait ingénument, dans le village, le petit pavillon du marquis.

Il retrouva son monde réuni dans la salle des Verdures, et seulement alors il se rappela que la Morisque avait eu accès dans sa chambre, au milieu de l'émotion générale. Il sut gré à Adamas d'avoir transporté la séance hors de son sanctuaire. Il vit Jovelin occupé à écrire, et, sans vouloir le déranger, il s'assit et prit connaissance de la lettre adressée par l'abbé Anjorrant à M. de Sully, à l'effet de le mettre à même de découvrir la famille de Mario.

Cette lettre avait été écrite peu de temps après la mort de Florimond, M. Anjorrant ignorant encore la mort de Henri IV et la disgrâce de Sully ; elle n'était pas parvenue. Ceci en était une copie, que l'abbé avait gardée et léguée à Mario, avec la lettre non achevée de Florimond. Cette lettre de l'abbé, ou plutôt ce Mémoire, contenait des détails très-précis sur l'assassinat du faux colporteur, tels que l'abbé les avait recueillis de la bouche de Mercédès, et confirmés par divers indices.

Dans tout cela, rien ne révélait la prétendue culpabilité de d'Alvimar et de son valet. Les assassins étaient restés inconnus. L'un et l'autre, il est vrai, étaient décrits assez fidèlement dans les dépositions de la Morisque consignées dans ce Mémoire ; mais cette femme, qui assurait maintenant les reconnaître, pouvait fort bien se faire illusion, et son accusation ne suffisait pas pour les condamner.

Le couteau catalan, instrument du crime, confronté

avec celui donné par Lauriane, était une preuve plus
énergique. Ces deux armes étaient, sinon identiques, du
moins tellement ressemblantes, qu'au premier coup
d'œil, on avait peine à les distinguer l'une de l'autre.
Les chiffres et la devise étaient sortis du même poinçon,
et les lames de la même fabrique.

Mais Florimond pouvait avoir été tué avec une arme
dérobée à M. de Villareal ou perdue par lui.

Rien ne prouvait que celle donnée au marquis par
Lauriane vînt de cet étranger.

Enfin, les chiffres vus par Mario, Mercédès et Adamas
sur les autres armes de l'Espagnol pouvaient n'être pas
les siens, puisque en somme il s'était fait présenter par
Guillaume sous le nom d'Antonio de Villareal.

XXVI

L'équitable Bois-Doré faisait tout haut ces réflexions à
Adamas, lorsque le muet lui présenta la feuille qu'il
venait d'écrire.

C'était le bref récit de ce qui s'était passé le matin, à
la Motte-Seuilly, entre Lauriane, l'Espagnol et lui : le
couteau lancé méchamment à diverses reprises pour
l'effrayer et l'interrompre, plongé ensuite dans les entrailles du louveteau, et enfin cédé en gage de soumission et de repentir à madame de Beuvre, sous les yeux
mêmes de Jovelin.

— Alors, ceci devient grave! dit le marquis tout
pensif, et je vois, dans le Villareal, un fort méchant
homme. Pourtant, il se peut qu'aucune de ces armes

n'ait été en sa possession, il y a dix ans, et qu'il les ait reçues depuis en don ou en héritage. Il serait alors le parent ou l'ami de l'assassin ; il se trouve des scélérats et des lâches dans les meilleures familles. Comme vous, maître Jovelin, j'ai mauvaise opinion de notre hôte ; mais je suis certain que, comme moi, vous hésitez encore beaucoup à le condamner sur ces preuves.

Lucilio fit signe que oui, et conseilla au marquis de tâcher de lui faire avouer la vérité par surprise ou par ruse.

— C'est à quoi nous songerons avec soin, répondit Bois-Doré, et vous m'y aiderez, mon grand ami. Pour le moment, il nous faut aller souper, et, puisque nous sommes seuls entre nous, nous allons nous donner la joie de manger avec notre petit futur marquis, dont la place, pas plus que la vôtre, n'est à l'office.

— Et pourtant, monsieur, si vous m'en croyez, di' Adamas, nous laisserons encore aujourd'hui les choses comme elles sont. La Bellinde est une méchante peste et je la trouve beaucoup trop amie avec le presbytère officine de mauvais propos contre nous tous.

— Voyons, Adamas, dit le marquis, qu'y a-t-il donc de si piquant entre le presbytère et toi ?

— Il y a, monsieur, que, moi aussi, j'ai consulté la magie. Ce matin, à peine fûtes-vous parti, qu'un nommé La Flèche, le même bohémien, sans doute, que vous avez vu, sur le jour, à la Motte, vint rôder autour du château et offrir de me dire la bonne aventure. Je refusai ; j'ai trop grand'peur des prédictions, et je dis que le mal qui nous doit arriver nous arrive deux fois quand nous le connaissons d'avance. Je me contentai de lui demander qui m'avait dérobé la clef de l'armoire aux liqueurs, et il me répondit sans hésiter :

« — Celle que vous supposez !

» — Nommez-la, repris-je connaissant bien que c'était la Bellinde, mais voulant éprouver la science de cet habile compère. — Les astres me le défendent, répondit-il ; mais je vous puis dire ce que fait, au moment où nous parlons, la personne que vous n'aimez point. Elle est chez le recteur, où elle se gausse de vous, disant que vous avez mis en tête au châtelain de ce manoir d'épouser la jeune madame...

— Taisez-vous, Adamas, taisez-vous ! s'écria pudiquement le marquis ; vous ne devez point répéter les billevesées...

— Non, monsieur, non ! je ne dis rien ; mais, voulant savoir si le sorcier disait vrai, dès qu'il fut parti, je m'en allai, comme en me promenant, le long du presbytère, où je vis la Bellinde à une croisée, avec la gouvernante, lesquelles toutes deux se mirent à rire et à me bafouer en se cachant.

Jovelin demanda si ce bohémien était entré dans le château.

— Il l'eût fort souhaité, dit Adamas ; mais Mercédès, qui le regardait de la cuisine sans se montrer à lui, me pria de ne point le recevoir, disant qu'il était sujet à dérober, et je ne le laissai point entrer dans le préau. Il en regardait la porte avec beaucoup d'émotion, et, comme je lui demandai ce qu'il y voyait, il me répondit :

« — Je vois de grands événements près de s'accomplir dans cette maison ; si grands et si surprenants que je les dois annoncer à votre maître. Faites-moi parler à lui.

» — Vous ne pouvez, lui dis-je, il n'est point céans.

» — Je le sais, reprit-il. Il est à la Motte-Seuilly, où

j'essayerai de le voir ; mais, si je ne peux lui parler là
sans témoins, je reviendrai ici, et véritablement, si vous
me refusez encore l'entrée, vous en aurez regret un jour,
car bien des destinées sont en mes mains.

— Tout cela est fort remarquable, dit naïvement le
marquis Le fait est qu'il m'a prédit tout ce qui m'arrive,
et je regrette maintenant de ne l'avoir pas interrogé davantage. S'il revient, Adamas, il me le faut amener. —
Ne m'avez-vous pas dit, mon cher Mario, que c'était un
garçon d'esprit ?

— Il est très-amusant, répondit Mario ; mais ma Mercédès ne l'aime pas. Elle croit que c'est lui qui nous a
voié le cachet de mon père. Moi, je ne le crois pas, car
il nous a aidés à le chercher et à le réclamer aux autres
bohémiens. Il paraissait nous aimer beaucoup, et il faisait tout ce que nous lui demandions.

— Et qu'est-ce qu'il y avait sur ce cachet, mon cher
enfant ?

—Des armoiries. Attendez ! M. l'abbé Anjorrant les avait
regardées avec un verre qui faisait voir gros, car c'était si
fin, si fin qu'on ne distinguait pas bien, et il m'avait dit

« — Retiens ceci : *D'argent à l'arbre de sinople.* »

— C'est bien cela, dit le marquis ; ce sont les armes
de mon père ! Ce seraient les miennes si le roi Henri ne
m'en avait composé d'autres à sa guise.

— Les unes et les autres, écrivit Lucilio, sont sculp-
tées sur la porte du préau. Demandez à l'enfant s'il ne
les avait pas vues en arrivant ici.

— Et comment les eût-il vues ? dit Adamas, qui lisait
les paroles de Lucilio en même temps que son maître.
Les maçons qui réparaient l'arcade avaient leur échafaud
dessus !

— Et ce matin, reprit Lucilio avec son crayon,

lorsque le bohémien regardait cette porte, pouvait-il
voir les écussons ?

— Oui, répondit Adamas, les échafauds étaient enle-
vés, et les maçons occupés ailleurs. Les écussons remis
à neuf... Mais j'y songe, maître Jovelin, ce La Flèche
devait savoir quelque chose de l'histoire de notre cher
enfant puisqu'ils ont voyagé ensemble ?

— Je ne crois pas, répondit Mario ; nous n'en parlions
jamais à personne.

— Mais vous en parliez avec Mercédès? écrivit Lucilio.
La Flèche comprend-il l'arabe ?

— Non, il comprend l'espagnol ; mais je parlais toujours arabe avec Mercédès.

— Et, dans la bande de ces bohémiens, n'y avait-il
pas d'autres Morisques?

— Il y avait la petite Pilar, qui comprend l'arabe
parce qu'elle est fille d'un Morisque et d'une gitana.

— Alors, écrivit Lucilio au marquis, renoncez à la
croyance au merveilleux. La Flèche a voulu exploiter la
circonstance. Il savait jusqu'à un certain point l'histoire de Mario ; il a appris la vôtre dans le pays, celle
de votre frère disparu il y a dix ans. Il avait volé le
cachet. Il a reconnu les armoiries sur l'écusson de la
porte. Il avait retenu les dates. Il a deviné, pressenti
ou supposé la vérité entière. Il a couru à la Motte pour
vous faire sa prédiction, qu'il a apprise par cœur à la
petite gitanelle. Ce soir ou demain, il vous apportera
le cachet, pensant débrouiller à lui seul le mystère que
vous savez maintenant, et recevoir une grosse récompense. C'est un filou et un intrigant, rien de plus.

Il en coûtait au marquis d'admettre des explications
si naturelles et si vraisemblables; pourtant il s'y rendit.

Adamas lutta encore.

— Comment, dit-il à Lucilio, expliquerez-vous ce qu'il m'a révélé de la Bellinde et du presbytère?

Lucilio répondit que cela était bien aisé. Bellinde avait écouté, la veille, aux portes de l'appartement du marquis; La Flèche avait écouté, le matin, à la porte ou sous les fenêtres de la cure.

— Vous dites sensément les choses, s'écria le marquis, et je vois bien qu'il n'y a pas là d'autre magie que celle de la sainte Providence, qui a amené, avec cet enfant, la vérité et la joie dans ma maison. Allons souper! nous aurons ensuite l'esprit plus lucide.

Cette fois, le marquis soupa vite et sans plaisir.

Il se sentait espionné par Bellinde, qui n'avait plus l'espoir d'écouter dans le passage secret, vu qu'Adamas, pendant qu'il tenait les maçons, l'avait fait murer dans la journée; mais la curieuse et malveillante fille remarquait les longues conférences du marquis et de Jovelin avec Mercédès et l'enfant, les portes fermées pendant ces entretiens, et surtout les airs importants et triomphants d'Adamas dont chaque regard semblait lui dire : « Vous ne saurez rien ! »

Elle n'était pas assez intelligente pour deviner quoi que ce fût. Elle pensait que le marquis, donnant suite à ses espérances de mariage, préparait avec « les égyptiens » un divertissement pour la petite veuve.

Il n'y avait rien là dont elle pût tirer parti contre Adamas, son ennemi personnel; mais elle ressentait, contre lui et contre la Morisque, une jalousie qui ne cherchait que l'occasion d'une vengeance.

Lorsque Bois-Doré fut seul avec Jovelin, ils concertèrent et arrêtèrent un plan de conduite pour le lendemain vis-à-vis de d'Alvimar.

La lettre de M. Anjorrant fut attentivement relue et

commentée. Puis le bon Sylvain, qui n'aimait pas à s'absorber dans les affaires sérieuses et tristes, fit revenir son héritier et passa la soirée à causer et à jouer avec lui. En cela, il tenait bien réellement de son cher maître Henri IV, sans penser à le singer.

Il adorait les grâces de l'enfance, et, sans le défaut de souplesse de ses reins, il eût fait volontiers le cheval autour de la chambre.

— Ça, dit-il à Adamas quand il vit le sommeil alourdir les paupières soyeuses de Mario, il faut le rendre à la Morisque, pour que, cette nuit encore, elle prenne soin de lui. Mais, demain, quand nous aurons tiré au clair l'affaire de ce Villareal, il ne sera plus question de cacher la vérité, et je veux que mon héritier ait son lit dans le boudoir de ma propre chambre. Venez, mon enfant, dit-il à Mario, regardez ce petit nid, tout or et soie, qui n'attendait qu'un gentil seigneur tel que vous! Aimez-vous cette tenture de lampas rose vif et ces petits meubles incrustés de nacre? Ne semble-t-il pas qu'ils aient été destinés à un personnage de votre taille? Il s'agira, Adamas, de lui arranger un lit qui soit un chef-d'œuvre. Que dirais-tu d'un carré à colonnes torses d'ivoire avec un gros bouquet de plumes roses à chaque coin?

— Monsieur, dit Adamas, dès que nous serons tranquilles, je mettrai mon esprit à la question pour vous contenter, car rien n'est trop beau pour votre héritier. Et nous songerons aussi à ses habillements, qui doivent être appropriés à sa qualité.

— J'y songe, Adamas, j'y songe! s'écria le marquis, et je veux que sa garde-robe soit toute semblable à la mienne. Tu me feras venir ici les meilleurs tailleurs, les lingères, les cordonniers, chapeliers et plumassiers les plus habiles du pays, et, un mois durant, je veux que, sous mes yeux, jour et nuit, s'il le faut, on travaille à l'équipement de mon neveu.

— Et ma Mercédès, dit Mario sautant de joie, est-ce qu'on lui donnera aussi de belles robes comme la Bellinde en a ?

— La Mercédès aura de belles robes, des robes d'or et d'argent, si c'est sa fantaisie... Et cela me fait penser... Écoutez, mon cher Jovelin, il me semble que cette femme est belle et encore jeune. Ne seriez-vous point d'avis de lui laisser reprendre ici le costume morisque, qui est fort galant, sauf le voile, qui est par trop islamite ? Puisque cette bonne créature est franche chrétienne à l'heure qu'il est, et que nous vivons dans un pays où le populaire n'a jamais vu de Morisque, ce costume ne choquera les regards de personne et réjouira les nôtres. Qu'en pense votre sagesse ?

La sagesse de Lucilio avait fort à faire pour concilier la tendre affection que méritait le marquis avec le sentiment que sa puérilité faisait naître. Mais, n'espérant pas corriger un si vieil enfant, en somme, la raison lui commandait d'en prendre son parti et de l'aimer tel qu'il était.

Le philosophe eût désiré que, pour commencer la nouvelle destinée de Mario, on ne l'affolât point tant de parures et de luxe, mais qu'on lui dît plutôt quelque chose des devoirs nouveaux qu'il avait à pratiquer.

Il se consola en remarquant que l'enfant était moins enivré de la possession de ces choses que réjoui et attendri des amitiés et caresses dont il se voyait l'objet.

Le lendemain, d'Alvimar, qui n'avait pas dormi de la nuit, fit demander par Bellinde, qui le soignait avec

complaisance, la permission de ne pas paraître avant
l'après-midi.

Le marquis lui fit encore une courte visite, et fut
frappé de l'altération de ses traits. Sous le coup des
sinistres prédictions qui lui avaient été faites, il avait eu
des rêves affreux.

Enfin, la clarté du jour avait fait entrer l'espoir dans
son âme, et il sommeilla une partie de la journée.

XXVII

Le marquis profita de ce répit pour revenir à ses projets de parures.

Il monta avec Mario et Adamas à la salle vacante, qui
était au quatrième étage, c'est-à-dire au-dessus de la
chambre des Verdures.

Cette salle, inachevée, offrait un pêle-mêle de coffrets
et d'armoires où Mario, dès que les cadenas et couver-
cles furent levés, et les battants ouverts, crut entrer dans
un conte de fées. Ce n'étaient que tissus magnifiques,
galons éblouissants, rubans, dentelles, plumes et bijoux,
riches tentures, cuirs de Cordoue, meubles en pièces
tout neufs et prêts à être montés, reliquaires chargés de
pierreries, excellentes peintures sur verre qui n'attendaient que l'assemblage, belles mosaïques d'émail numé-
rotées en piles, pièces de toile fine, immenses rideaux
de guipure, treillis d'or et d'argent; enfin un butin complet qui sentait son partisan d'une lieue, et que le marquis regardait comme très-légitimement acquis à la
pointe de son épée.

Cet amas de dépouilles opimes s'appelait, dans la maison, le magasin, le fourre-tout. Il était censé contenir le trop-plein des objets d'ameublement, le rebut, les rognures.

Adamas seul était initié au contenu de ces coffres merveilleux, et il appelait tout bas cette salle le *trésor* ou *l'abbaye*.

Il y avait là, non pas des colifichets à la mode, comme dans les appartements du marquis, mais des objets d'art ou d'industrie d'une grande valeur et d'une grande beauté, quelques-uns fort anciens et d'autant plus précieux : des étoffes dont les procédés de fabrication étaient déjà perdus, des armes de toute dimension et de tous pays, quelques bons tableaux et manuscrits précieux, etc.

Tout cela voyait rarement le jour, le marquis craignant d'éveiller la cupidité de certains voisins, et ne faisant sortir ses richesses du magasin que peu à peu et avec vraisemblance de récente acquisition.

Il était cependant fort rare que les héros pillards de ce temps fussent condamnés à restitution ; mais il arrivait fort bien que quelque puissant personnage, survenant pour son compte et prétendant agir au nom de l'Eglise ou de l'État, s'appropriât tranquillement l'objet en litige.

C'est ainsi que Catherine de Médicis, pour remercier Jean de Hangest (dit le capitaine d'Yvoi) de lui avoir rendu Bourges par trahison, s'était emparée du magnifique calice orné de perreries, pillé par lui dans le trésor de la Sainte-Chapelle de cette ville, et qu'il avait mis de côté comme sa part de butin.

Au milieu de toutes ces merveilles, le marquis choisissait tout ce qu'il fallait pour l'équipement de Mario, qui était appelé à dire son goût quant aux couleurs

On se représenterait mal les habitudes de cette époque si l'on pensait qu'il fût nécessaire d'aller, comme aujourd'hui, à Paris pour prendre le ton et trouver des ouvriers habiles dans l'art de la toilette et de la décoration.

Ce ne fut guère que sous Louis XIV que la centralisation du luxe et de la mode fit de Paris l'école du goût et l'arbitre de l'élégance. Richelieu commença l'œuvre de cette centralisation en détruisant le pouvoir des princes. Avant lui, on avait la cour dans les grands centres de province, et les artisans des moindres localités servaient le luxe des seigneurs avec une habileté traditionnelle. Un riche châtelain avait des artisans parmi ses vassaux; et, même dans les maisons bourgeoises, on faisait faire à domicile les meubles, les habits, les souliers et les bottes.

Bois-Doré n'eut donc qu'à choisir les matériaux et à commander à Adamas les objets que celui-ci devait faire confectionner sous ses yeux.

Sous le rapport de la toilette, Adamas était une capacité. On pouvait se fier à lui, et, au besoin, il mettait la main à l'œuvre avec succès.

Les colonnes et corniches d'ivoire, destinées au lit de l'enfant, furent trouvées après quelques recherches.

— Je savais bien qu'il y avait ici quelque chose comme cela, dit en souriant le marquis. C'est là un excellent travail qui provient d'un dais de parade enlevé en la chapelle de l'abbaye de Fontgombaud, dont je fus abbé, c'est-à-dire seigneur par droit de conquête, quinze jours durant. Lorsque je m'en emparai, je me souviens d'avoir dit en moi-même: « Si le nouvel abbé de Fontgombaud pouvait bientôt devenir père, ce serait là un baldaquin digne de son premier-né! » Mais, hélas! mon ami, je n'héritai point de toutes les vertus des moines, et il

m'a fallu, pour avoir un fils, le trouver par miracle en
mon âge mûr. N'importe! il ne m'en sera pas moins
cher, et il n'en dormira pas moins son sommeil d'ange
sous le pavois de madame la Vierge de Fontgombaud.

Le marquis fut interrompu dans ses souvenirs par
l'arrivée de La Flèche, qui demandait à lui parler.

On referma avec soin les coffres et les portes du trésor, et on reçut le drôle dans la basse-cour.

Il faisait beau temps, et Jovelin fut d'avis de ne pas
introduire dans la maison un intrigant de cette espèce.

Ce qu'il avait prévu arriva. La Flèche rapportait le
cachet, qu'il prétendait avoir surpris dans les mains de
la petite Pilar; il prétendait aussi révéler le mystère de
la naissance de Mario et l'assassinat de Florimond par
M. de Villareal.

On le laissa dire, et, quand il eut fini, on le renvoya,
en lui donnant un écu pour la peine qu'il avait prise de
rapporter le cachet; mais on feignit de ne rien comprendre à son histoire, de n'y ajouter aucune foi, et
de trouver fort mauvais qu'il se permît d'accuser M. de
Villareal, contre lequel il n'avait effectivement d'autre
preuve que l'émotion et l'exclamation de la Morisque,
lorsqu'elle avait cru le reconnaître sur la bruyère de
Champillé.

En ceci, le marquis, conseillé par Lucilio, agissait
sagement. Dans le cas où il eût accueilli l'accusation,
La Flèche eût été fort capable d'en donner avis à l'Espagnol, afin de tirer du même sac deux moutures.

La Flèche, fort mécontent de son *fiasco*, se retirait
l'oreille basse, lorsqu'en suivant le mur extérieur du
jardin de *Galathée,* il s'entendit appeler par une voix
douce.

C'était Mario, que le marquis n'avait pas voulu ad-

mettre à cet entretien, désirant que tout rapport entre
son héritier et la bohème fût brisé sans retour. Mais,
comme il ne s'était pas expliqué à cet égard, l'enfant ne
crut pas lui désobéir en se glissant dans le labyrinthe
et en guettant, par une petite meurtrière donnant sur
le village, la sortie du bohémien.

— Qui m'appelle? dit celui-ci en cherchant des yeux
autour de lui.

— C'est moi, dit Mario. Je veux que tu me donnes
des nouvelles de Pilar.

— Et qu'est-ce que tu donneras pour ça ?

— Je ne peux rien te donner. Je n'ai rien !

— Imbécile! vole quelque chose !

— Non, jamais. Veux-tu me répondre?

— Tout à l'heure ; réponds-moi d'abord. Que fais-tu
dans ce château?

— De la musique.

— Après?... Ah! ah! tu ne veux pas parler? C'est
bon. Adieu!

— Et tu ne me diras pas où est Pilar?

— Elle est morte, répondit brutalement le bohémien,
qui s'éloigna en sifflant.

Mario le rappela en vain. Quand il ne l'entendit plus
il se mit à courir et à jouer dans le labyrinthe, essayant
de se persuader que La Flèche s'était moqué de lui.
Mais l'idée de la mort de sa petite compagne se dressait
affreuse dans sa vive imagination.

— Elle disait que La Flèche la battait, pensa-t-il ;
mais je ne le croyais pas. Il ne la battait pas devant
nous. Mais peut être qu'elle ne mentait pas ; peut-être
qu'en la battant, il l'a tuée.

Et, en songeant ainsi, l'enfant versa quelques larmes.
Pilar n'était pas une créature bien aimable ; mais il y

avait déjà du Bois-Doré chez le bon Mario; il était particulièrement sensible à la pitié, et, d'ailleurs, l'abbé
Anjorrant l'avait élevé dans l'horreur de la violence et
de la cruauté. Mais il cacha ses pleurs, craignant de
faire de la peine à son oncle, qu'il aimait déjà passionnément.

D'Alvimar sortit enfin de sa chambre.

Le repos qu'il avait pris, un beau soleil couchant, la
joyeuse chanson des grives, chassèrent les noirs pres-
sentiments dont il était assiégé depuis quelques jours.

Habillé et parfumé, il se rendit auprès du marquis et
le remercia de l'intérêt qu'il lui avait montré et des
soins dont il avait été l'objet. Bois-Doré ne pouvait se
résoudre à accuser intérieurement cet homme encore si
jeune, d'un maintien si distingué et d'une physionomie
dont l'habituelle mélancolie lui semblait véritablement
interessante; mais, quand ils furent à table pour le souper, Lucilio étant là, comme de coutume, pour faire de
la musique, Bois-Doré se rappela ce qui était convenu
entre eux, et résuma ce qu'il appelait ses engins de
siége, pour livrer un assaut formidable à la conscience
de son hôte.

Il avait trop guerroyé et traversé trop d'aventures
périlleuses pour ne pas savoir se composer un maintien
et une figure, sans avoir besoin, comme Adamas, de
faire des études préalables devant une glace. Bien que
depuis longtemps il vécût assez tranquille pour n'être
plus forcé de déroger à sa candeur naturelle, il était
trop l'homme de son temps pour ne pas savoir faire
dire à son regard, et au besoin vingt fois par jour :

« Vive le roi ! Vive la Ligue ! »

Les généreux chants de la sourdeline le dispensèrent

de soutenir une conversation banale qui lui eût semblé bien longue.

Ces chants, qui le disposaient au calme dont il avait besoin, produisirent cette fois sur d'Alvimar une excitation fiévreuse.

Il haïssait décidément Lucilio. Il savait son prénom, échappé devant lui au marquis, et d'après cette révélation, M. Poulain, qui était fort au courant des hérésies contemporaines, avait deviné, presque avec certitude, que *Jovelin* était la traduction libre de Giovellino. La circonstance de la mutilation le confirmait dans ce soupçon, et déjà il s'occupait du moyen de s'en assurer et de lui susciter quelque persécution nouvelle.

D'Alvimar l'y eût volontiers aidé, s'il n'eût été forcé de s'effacer pour quelque temps, et le pauvre philosophe lui était d'autant plus antipathique, qu'il ne pouvait rien contre lui jusqu'à nouvel ordre. Sa belle musique, dont il avait été charmé, le premier jour, lui semblait maintenant une bravade insupportable, et l'humeur qui s'emparait de lui ne le disposait pas à subir patiemment les investigations qu'on lui préparait.

Après le souper, le marquis lui proposa une partie d'échecs dans le boudoir de son salon.

— Je le veux bien, répondit-il, à la condition que nous n'aurons point là de musique. Je ne saurais jouer avec cette distraction.

— Ni moi non plus, certes, dit le marquis. — Serrez votre douce voix dans son étui, mon brave maître Jovelin, et venez voir cette tranquille bataille. Je sais que vous prenez intérêt à une partie bien menée.

On passa dans le boudoir, et l'on y trouva un magnifique échiquier en cristal monté en or, d'excellents siéges et beaucoup de bougies allumées.

D'Alvimar n'était pas encore entré dans cette petite
pièce, une des plus luxueuses de la *grand'maison*, il
donna un regard distrait et rapide aux babioles dont elle
était encombrée, puis on s'assit, et la partie s'engagea.

XXVIII

Le marquis, fort calme et poli, semblait donner toute
son attention à son jeu.

Debout derrière lui, Lucilio pouvait observer le moindre mouvement, la moindre expression de figure de l'Espagnol, placé en pleine lumière.

D'Alvimar jouait avec assez de promptitude et de résolution.

Bois-Doré, plus lent, faisait d'assez longues pauses,
pendant lesquelles l'Espagnol, un peu impatienté, regardait les objets environnants. Ses yeux se portèrent
naturellement à diverses reprises sur une étagère placée
à sa gauche et tout près de lui, contre le mur. Peu à
peu l'objet le plus en vue, parmi les *bibelots* dont ce
petit meuble était couvert, attira et fixa son attention,
et Lucilio remarqua chez lui un sourire d'ironie et de
dépit chaque fois que son regard s'attachait sur cet objet.

C'était un couteau nu et brillant, posé sur un coussinet de velours noir à franges d'or, et protégé par une
cloche de verre.

— Qu'est-ce? lui dit enfin le marquis. Vous me semblez
distrait! Vous êtes en prise, messire, et je ne veux point
avoir si bon marché de vous. Quelque chose vous nuit
ou vous gêne. Sommes-nous trop près de ce meuble, et
voulez-vous en éloigner la table?

— Non, répondit d'Alvimar, je suis fort bien ; mais je confesse que ce beau meuble porte quelque chose qui me préoccupe. Vous plaît-il répondre à une question, si vous ne la trouvez point indiscrète ?

— Vous ne pouvez faire question qui le soit, messire. Parlez, de grâce.

— Eh bien, je vous demande, mon cher marquis, comment il se fait que vous ayez là, sous verre, et triomphante sur un coussinet, l'arme de voyage de votre humble serviteur?

— Oh ! pour cela, vous vous abusez, mon hôte ! Ce couteau ne me vient pas de vous !

— Je sais que je ne vous l'ai point donné ; mais je sais qu'il vous a été donné venant de moi, et c'est un hasard que vous n'ignorez peut-être pas. Je comprends que tout cadeau d'une belle main vous soit précieux ; mais je vous trouve bien dur pour le pauvre monde, d'exhiber ainsi ce trophée de votre victoire aux yeux d'un rival éconduit.

— Ce sont énigmes pour moi que vos paroles !

— Eh ! si ; je n'ai point la berlue ! Me voulez-vous permettre de lever ce verre et de regarder de près?

— Regardez et touchez, messire ; après quoi, je vous dirai, si vous le souhaitez, pourquoi cette relique d'amour et de tristesse est là parmi tant d'autres souvenirs du temps passé.

D'Alvimar prit le couteau, le regarda attentivement, le mania, et, le reposant tout à coup où il l'avait pris :

— Je me suis trompé, dit-il, et je vous en demande excuse. Ceci n'est point ce que je croyais.

Lucilio, qui l'observait attentivement, avait cru voir un frémissement de terreur ou de surprise relever le coin de sa narine mobile et délicate. Mais cette légère contraction faciale se produisait chez lui pour la moindre cause et même parfois sans cause.

Il se remit à jouer.

Mais Bois-Doré l'arrêta.

— Pardonnez-moi, lui dit-il ; mais vous avez paru reconnaître cet objet, et c'est un devoir pour moi de vous interroger : vous pourrez peut-être me fournir quelque lumière sur un fait mystérieux dont, depuis longtemps, ma vie est tourmentée et troublée. Veuillez donc me dire, monsieur de Villareal, si vous connaissez la devise et les lettres initiales qui sont gravées sur cette lame. Voulez-vous la regarder encore ?

— C'est inutile, monsieur le marquis, je ne connais pas l'objet ; il ne m'a jamais appartenu.

— Éprouveriez-vous de la répugnance à vous en assurer ?

— De la répugnance ? Pourquoi cette question, messire ?

— Je vais m'expliquer. Peut-être avez-vous reconnu cette arme pour avoir appartenu à quelqu'un dont vous rougissez d'être le compatriote, et dont vous me diriez pourtant le nom si j'invoquais votre loyauté.

— Si vous faites de ceci une grave affaire, répondit d'Alvimar, bien qu'à mon tour je ne vous entende point, je veux bien examiner encore.

Il reprit le couteau, le regarda avec un grand calme, et dit :

— Ceci est de fabrique espagnole, arme très-usitée chez nous. Il n'est personne de noble, ou seulement de libre condition, qui n'en porte une semblable en sa ceinture ou en sa manche. La devise est une des plus banales et des plus répandues : *Je sers Dieu*, ou *Je sers mon maître*, ou *Je sers l'honneur* ; voilà ce qu'on lit sur la plupart de nos armes, que ce soient rapières, pistolets ou coutelas.

— Fort bien ; mais ces deux lettres S. A. qui semblent un chiffre particulier ?

— Vous pourriez les trouver sur mes propres armes aussi bien que cette devise ; ce sont marques de la fabrique de Salamanque.

Bois-Doré sentit ses soupçons s'évanouir devant une explication si naturelle.

Lucilio sentait, au contraire, augmenter les siens. Il trouvait d'Alvimar trop empressé de prévenir l'explication qu'on eût pu lui demander sur sa propre devise et sur ses propres chiffres, que l'on était censé ne point connaître.

Il toucha le genou du marquis en feignant de caresser Fleurial, et l'avertit ainsi de ne pas renoncer à son enquête.

D'Alvimar sembla l'y aider lui-même en demandant avec un certain air de fierté blessée la raison de cet interrogatoire.

— Vous pourriez aussi me demander, répondit Bois-Doré, pour quelle raison un objet qui m'est horrible à voir, se trouve là sous mes yeux à toute heure. Sachez-le, monsieur, cette arme maudite est celle qui a tué mon frère ; et j'ai tenu à ne me la point cacher, à seules fins de me rappeler sans cesse que j'ai à découvrir son assassin et à venger sa mort.

La figure de d'Alvimar exprima une vive émotion ; mais ce pouvait être une émotion sympathique et généreuse.

— Vous aviez raison de l'appeler une relique de douleur, dit-il en éloignant le couteau. Était-ce de votre frère que vous parliez hier matin, lorsque, consultant

ces égyptiens, vous leur demandâtes quand et comment
il avait péri ?

— Oui ; je demandais ce que je savais bien, voulant
éprouver leur science, et, véritablement, ce démon de
petite fille me répondit si fidèlement, que j'eus lieu d'en
être étonné. N'avez-vous point remarqué, messire, qu'elle
me donna un calcul qui plaçait l'événement au dixième
jour de mai de l'année 1610 ?

— Je n'ai point suivi ce calcul. Est-ce ce jour-là, en
effet, que votre frère fut tué ?

— C'est ce jour-là. Je vois que vous en êtes fort
surpris ?

— Surpris, moi ?... Pourquoi le serais-je ? J'imagine
que les devins ne révèlent du passé que ce qu'ils en
connaissent. Mais dites-moi, je vous prie, comment
arriva cette triste affaire. Vous n'en connûtes donc jamais les auteurs ?

— Vous aviez raison de dire les auteurs, car ils étaient
deux... deux que je voudrais bien découvrir. Mais vous
ne m'y aiderez point, je le vois, puisque cette arme ac-
cusatrice n'a aucun signe particulier.

— La chose n'eut donc point de témoins ?

— Pardonnez-moi, elle en eut.

— Qui ne purent vous renseigner sur les personnes ?

— Elles purent les décrire, et non les nommer. Si
cette douloureuse histoire vous intéresse, je peux vous
la rapporter dans tous ses détails.

— Certes, je prends intérêt à vos peines, et je vous
écoute.

— Eh bien, dit le marquis en repoussant l'échiquier
et en rapprochant sa chaise de la table, je vais vous
dire tout ce que j'ai recueilli d'une enquête qui me fut
communiquée par le curé d'Urdoz.

— Urdoz?... où prenez-vous Urdoz? Je ne me souviens point...

— C'est un lieu où vous devez avoir passé, si vous avez voyagé sur la route de Pau?

— Non, je vins en France par celle de Toulouse.

— Alors, vous ne le connaissez point. Je vous le décrirai tout à l'heure. Sachez d'abord que mon frère, étant simple gentilhomme et médiocrement riche, mais d'honnête famille, de noble figure, d'aimable humeur et galant homme s'il en fut, plut, en une ville d'Espagne que je ne sais point, à une dame ou demoiselle de qualité, dont il devint l'époux par mariage secret, contrairement au gré de la famille.

— Qui s'appelait...?

— Je l'ignore. Tout ceci était affaire de cœur dont je ne reçus point la confidence entière et que je ne pus découvrir par la suite. J'ai su seulement qu'il enleva son amie, et que tous deux, déguisés en pauvres gens, gagnèrent la France, où ils entrèrent par ce chemin d'Urdoz.

La dame étant près de son terme, ils voyageaient dans une petite voiture de pauvre apparence, une manière de chariot de colporteur, traînée par un seul cheval acheté en route, et qui n'allait guère vite au gré de leur impatience.

Pourtant ils parvinrent sans encombre jusqu'à la dernière étape espagnole, où, après avoir passé la nuit en une méchante auberge, mon frère eut l'imprudence de vouloir changer de l'or d'Espagne contre de l'or de France, et de demander à une manière de gentilhomme qui se trouvait là avec un vieux valet, et qui lui faisait offre de ses services, s'il lui en pourrait procurer pour un millier de pistoles.

Ce personnage ne put lui offrir qu'une petite somme, et, lorsque mon frère remonta en sa voiture avec sa compagne emmantelée et voilée, on remarqua, dans l'auberge, que les deux inconnus lui firent politesse en regardant fort les deux coffres qu'il chargeait lui-même, l'un contenant ses espèces, et l'autre les bijoux de sa femme, et qu'ils partirent ensuite, se dirigeant sur ses traces, bien qu'ils eussent annoncé le dessein de se vouloir rendre d'un côté opposé. Ces mêmes coquins furent signalés de façon à ne pas laisser de doutes lorsque description fut faite des assasins de mon frère.

— Ah! dit d'Alvimar, on vous les a décrits ?

— Parfaitement. L'un avait la physionomie belle et tellement jeune, qu'il semblait adolescent. Il était de taille médiocre, mais bien prise. Il avait la main blanche et menue comme celle d'une femme, la barbe naissante fort noire, la chevelure soyeuse, un grand air de noblesse, un costume de voyage assez riche, peu ou point de rechange, car sa valise ne pesait rien ; un bon cheval andalous, et cet infâme couteau dont il se servait pour manger et pour égorger. L'autre...

— Peu importe, messire. Votre frère... ?

— Je vous dois dépeindre l'autre malandrin, tel qu'il me fut dépeint. C'était un homme d'âge, qui avait du moine et du spadassin. Un long nez tombant sur une moustache grise, l'œil vague, la main calleuse, l'humeur taciturne ; une véritable brute d'Espagne...

— Plaît-il, messire?

— Une brute comme il y en a en tous pays où l'on croit se racheter de l'enfer avec des patenôtres. Ces bandits suivirent mon pauvre frère comme deux loups féroces et couards suivent une proie qu'ils n'osent attaquer, et le rejoignirent... Qu'est-ce, messire? Avez-vous trop chaud en cette petite chambre?

— Peut-être, messire, répondit d'Alvimar agité. Je trouve lourd à respirer l'air d'une maison où il semble que le nom d'Espagnol soit tenu en mépris comme vous faites.

— Nullement, monsieur. Remettez-vous... Je ne rends point votre nation fautive de l'abaissement de quelques-uns. Il y a partout des infâmes. Si je parle aigrement de ceux qui me ravirent un frère, vous me devez bien excuser.

D'Alvimar s'excusa à son tour de sa susceptibilité, et pria le marquis de ne pas interrompre son récit.

— Ce fut donc, reprit celui-ci, environ une lieue après la bourgade appelée Urdoz, que mon frère se trouva seul avec sa femme sur un mur de rochers, le long d'un précipice fort profond. Le chemin serpentait en une montée si rude, que le cheval renonça un moment, et mon frère, craignant qu'il ne reculât dans le ravin, sauta par terre et vitement descendit sa femme entre ses bras. Il faisait un grand chaud, et, pour qu'elle ne souffrît point du soleil, il lui montra devant eux un ombrage de sapins, où elle se rendit doucement pendant qu'il laissait souffler le cheval.

— Cette dame vit donc tuer son mari?

— Non! elle se trouvait avoir tourné un petit massif de la montagne lorsque l'événement arriva. Dieu voulut sauver l'enfant qu'elle portait; car, si les assassins l'eussent vue, ils ne lui eussent point fait de grâce.

— Qui donc put savoir comment votre frère périt?

— Une autre femme que le hasard avait amenée là tout près, derrière un quartier de roche, et qui n'eut pas le temps d'appeler à l'aide, tant l'horrible meurtre fut vite expédié. Mon frère s'efforçait de faire avancer le cheval, lorsque les assassins l'atteignirent. Le plus jeune mit pied à terre, lui disant avec une hypocrite courtoisie :

« — Eh ! mon pauvre homme, votre bête est fourbue. Ne vous faut-il point de l'aide ? »

Le vieux drôle qui le suivait descendit aussi, et, comme s'ils eussent voulu pousser bonnement à la roue, tous deux se rapprochèrent de mon frère, qui ne se méfiait point, et, au même instant, le témoin que le ciel avait mis là le vit trébucher et tomber de son long entre les roues, sans qu'un seul cri pût faire croire qu'il eût été frappé. Ce poignard lui avait été planté dans le cœur jusqu'au manche, par une main qui en connaissait trop bien l'exercice.

— Alors, vous ne savez point qui, du maître ou du valet, porta le coup ? Vous dites que le maître était fort jeune ; il n'est point à croire que ce fût lui.

— Peu m'importe, messire. Je les tiens pour aussi vils l'un que l'autre ; car le gentilhomme se conduisit entièrement comme le laquais. Il s'élança dans la voiture sans se donner le temps reprendre son arme, pressé et enragé qu'il était de voler les deux coffrets. Il les jeta à son camarade, qui les mit sous son manteau, et tous deux prirent la fuite, retournant sur leurs pas, aiguillonnés, non point par le remords ou la honte, sentiments humains qu'ils n'étaient point capables de ressentir, mais par la peur du fouet et de la roue, qui sont la récompense et la fin de telles engeances !

— Vous en avez menti, monsieur ! s'écria, en se levant, d'Alvimar hors de lui et pâle de rage. Le fouet et

la roue.... Vous mentez par la gorge! et vous me rendrez
raison...

Il retomba sur sa chaise, suffoqué et comme étranglé
de l'aveu que lui arrachait enfin la colère.

XXIX

Le marquis fut comme foudroyé aussi de cette sortie,
à laquelle il ne s'attendait pas, tant, jusque-là, le coupable avait fait bonne contenance et donné un air naturel à ses fréquentes interruptions.

Il se remit le premier, comme on peut croire, et,
froissant de sa longue main nerveuse le poignet convul-
sif de d'Alvimar :

— Malheureux! lui dit-il avec un mépris accablant,
vous devez remercier le ciel qui vous a fait mon hôte;
car, si je n'eusse donné ma parole de vous protéger,
parole qui vous préserve de moi-même, je vous brise-
rais contre le mur de cette chambre.

Lucilio, craignant une lutte, avait saisi le couteau
resté sur la table.

D'Alvimar vit ce mouvement et eut peur. Il se dégagea
des mains du marquis et saisit la garde de son épée.

— Tenez-vous donc tranquille, et ne craignez rien
ici, lui dit Bois-Doré avec calme. Nous ne sommes point
des assassins, nous autres!

— Ni moi non plus, monsieur, répondit d'Alvimar,
qui sembla vaincu par cette dignité de procédés, et,
puisque vous ne voulez point déroger aux lois de l'honneur, je ferai l'effort de me justifier.

— Vous justifier, vous? Allons donc! vous êtes convaincu et condamné par le démenti que vous m'avez donné, à preuve que je le méprise !

— Gardez vos mépris pour ceux qui supportent l'outrage en silence. Si je l'eusse fait, vous ne me soupçonneriez pas ! J'ai repoussé l'injure. Je la repousse encore !

— Ah ! vous prétendez nier, à présent ?

— Non pas ! J'ai occis votre frère... ou tout autre. J'ignore le nom de l'homme que j'ai tué... ou laissé tuer ! Mais que savez-vous des raisons qui m'ont conduit à ce meurtre ? Que savez-vous si je n'exerçais pas une vengeance légitime ? Que savez-vous si cette femme... dont vous ignorez le nom, n'était pas ma sœur, et si, en vengeant l'honneur de ma famille, je ne reprenais point, comme son propre bien, l'or et les bijoux emportés par un séducteur ?

— Taisez-vous, monsieur ! n'insultez pas la mémoire de mon frère.

— Vous-même avez confessé qu'il n'était pas riche : où eût-il pris mille pistoles pour fuir ainsi avec une femme ?

Bois-Doré fut ébranlé. Son frère, à cause de la différence de leurs opinions, n'avait jamais voulu accepter de lui la moindre part d'une fortune qu'il considérait avec raison comme provenant de la dépouille de son propre parti.

Il fut obligé de se rabattre sur cette allégation que la femme de son frère avait eu le droit d'emporter ce qui était à elle. Mais d'Alvimar répondit que la famille avait aussi le droit de le considérer comme sien. Il repoussait donc avec énergie l'accusation de vol.

— Vous n'en êtes pas moins un traître, lui dit le marquis, pour avoir lâchement poignardé un gentilhomme au lieu de lui demander raison.

— Prenez-vous-en au déguisement de votre frère,

répondit d'Alvimar avec feu, Dites-vous que, le voyant sous les habits d'un vilain, j'ai pu croire que je le pouvais faire tuer comme un vilain par mon domestique.

— Que ne le faisiez-vous arrêter dans cette auberge, où vous dîtes reconnaître votre sœur, au lieu de le suivre pour le saisir dans un guet-apens ?

— Apparemment, répondit d'Alvimar, toujours fier et animé, que je ne voulus point faire d'esclandre et compromettre ma sœur devant une populace.

Et comment, au lieu de courir après elle pour la ramener à sa famille, la laissâtes-vous sur ce chemin, où elle est morte dans les douleurs, une heure après, sans avoir été ensuite réclamée de personne ?

— Pouvais-je la poursuivre, ignorant qu'elle était là, tout près de moi ? Votre témoin n'a pu entendre toutes mes paroles; les questions que jedevais faire au ravisseur, je n'avais point à les crier sur le chemin. Que savez-vous s'il ne me répondit point que ma sœur était restée à Urdoz, et si ce que l'on prit pour une fuite n'était pas l'empressement de courir après elle ?

— Et, ne la trouvant point à Urdoz, vous ne sûtes rien de sa mort si déplorable ? Vous n'eûtes même point souci du lieu de sa sépulture ?

— Qui vous dit que je ne sais pas mieux que vous, monsieur, tous les détails de cette fâcheuse histoire ? A ma place, ne pouvant plus remédier à rien, eussiez-vous fait bruit, dans un pays où personne ne pouvait rien deviner du nom de votre sœur et du déshonneur de votre famille?

Le marquis, accablé de la vraisemblance de ces explications, garda le silence.

Il demeurait pensif et tellement absorbé dans ses réflexions, qu'il entendit à peine annoncer une visite.

Guillaume d'Ars venait d'être introduit dans le salon voisin.

Lucilio vit un éclair de joie briller dans les yeux de d'Alvimar, soit que le plaisir de revoir un ami en fût cause, soit que ce fût seulement l'espoir d'échapper à une situation périlleuse.

D'Alvimar s'élança hors du boudoir, et la porte battante rembourrée retomba pour un instant entre lui et ses hôtes.

Lucilio, voyant le marquis perdu dans de pénibles réflexions, le toucha comme pour l'interroger.

— Ah! mon ami! s'écria Bois-Doré, dire que je ne sais que résoudre et que je suis peut-être dupe du plus grand fourbe qui existe! J'ai fait fausse route. J'ai exposé la bonne Morisque, et peut-être aussi mon enfant, à la vengeance et aux embûches du plus dangereux ennemi; j'ai été gauche; j'ai fourni les raisons de la défense, en avouant que je ne connaissais pas le nom de la dame, et maintenant, qu'il y ait mensonge ou vérité dans l'excuse du meurtrier, je ne me trouve plus en droit de lui ôter la vie. Mon Dieu! mon Seigneur Dieu, est-il possible que les honnêtes gens soient condamnés à être joués par les scélérats, et qu'en toutes guerres ceux-ci soient les plus avisés, et, en définitive, les plus forts!

En parlant ainsi, le marquis, indigné contre lui-même, frappa du poing sur la table avec énergie; puis il se leva pour aller recevoir Guillaume d'Ars, dont il entendait l'accent joyeux et insouciant dans la pièce voisine.

Mais le muet lui saisit vivement le bras avec une exclamation inarticulée.

Il tenait un objet sur lequel il appelait son attention par un bégayement de surprise et de joie.

C'était l'anneau que le marquis avait mis à son petit

doigt, cet anneau mystérieux qu'il n'avait pu ouvrir, et
qui, grâce au vigoureux coup de poing appliqué sur la
table, venait de se séparer en deux cercles passés l'un
dans l'autre. Il n'y avait aucune espèce de secret dans
cette bague. Seulement les parties joignaient très-serré,
et il avait fallu une grande secousse pour les disjoindre.

Lire les noms gravés dans les deux cercles fut l'affaire
d'un instant. C'étaient ceux de Florimond et de sa femme.
Comprendre que l'on tenait enfin la vérité fut une certitude spontanée.

Le marquis donna rapidement un ordre à Lucilio et
alla, d'un cœur allégé et d'un visage riant, serrer les
mains de Guillaume.

D'Alvimar et M. d'Ars n'avaient eu que le temps d'é-
changer quelques mots sur le bon voyage de l'un et sur
l'agréable surprise de l'autre. Cependant, Guillaume
avait remarqué quelque altération sur le visage de son
ami, lequel avait allégué la migraine de la veille.

Le marquis, après les premières amitiés à son jeune
parent, voulut donner des ordres pour son souper.

— Non pas, merci ! dit Guillaume ; j'ai pris quelque
chose en route pendant que mes chevaux soufflaient, car
il me faut repartir d'ici à l'instant même. Vous voyez
que je reviens plus tôt que je ne devais. J'ai été averti à
Saint-Amand, où j'avais été hier faire, avec partie de la
jeunesse du pays, la conduite d'honneur à monseigneur
de Condé, que mon intendant était fort malade en ma
maison. Craignant d'en mourir, cet honnête homme me
dépêchait un exprès pour m'avertir de revenir au plus
vite, afin d'être mis par lui au courant du plus gros de
mes affaires, dont j'avoue ne pas savoir le premier mot.
Je suis venu cependant ici, d'abord pour savoir s'il convient à M. d'Alvimar de me suivre, ce soir, en mon lo-

gis, ou si, enchaîné dans vos jardins d'Astrée, il souhaite
passer encore cette nuit dans les enchantements.

— Non, répondit vivement d'Alvimar : j'ai assez abusé
de la civilité de M. le marquis. Je suis mal portant et
deviendrais maussade. Je souhaite partir avec vous à
l'heure même et vais commander que l'on prépare mes
chevaux en toute hâte.

— C'est inutile, dit le marquis ; je vais clocher ; j'aurai bientôt le plaisir de vous revoir, monsieur de Villareal.

— C'est moi qui viendrai dès demain prendre vos or
dres, monsieur le marquis, et vous donner toutes les
explications que vous souhaiterez... sur la partie que
nous avons jouée tout à l'heure.

— Quelle partie faisiez-vous ? dit Guillaume.

— Une partie d'échecs fort savante, répondit le marquis.
Adamas arriva au coup de clochette.

— Les chevaux et les bagages de M. de Villareal, dit
Bois-Doré.

Pendant que l'on exécutait cet ordre, le marquis, avec
une tranquillité qui fit espérer à d'Alvimar que tout était
apaisé entre eux, rendit compte à Guillaume de l'emploi
du temps à Briantes et à la Motte-Seuilly durant son
absence. Puis il le questionna sur les belles fêtes de
Bourges.

Le jeune homme ne demandait qu'à en parler : il
raconta les émotions du tir, ou plutôt, comme on disait
alors, « de l'honorable jeu de l'arquebuse. »

On avait construit les buttes aux prés Fichaux, et un
grand pavillon garni de tapisseries et de ramées pour
les dames et demoiselles de la ville. Les tireurs étaient
placés sur un parquet, à cent cinquante pas du pavois.
Six cent cinquante-trois arquebusiers s'étaient présentés.

Triboudet, de Sancerre, avait seul mérité le prix ; mais
il avait été obligé de le partager avec Boiron, de Bourges,
pour avoir pris un faux nom, afin de devancer son tour ;
de quoi les gens de Sancerre avaient bien crié, car ils
eussent tenu à honneur de prouver que leurs tireurs
étaient les meilleurs du royaume, et l'on trouvait bien
de l'injustice dans la division du prix. C'était évidem-
ment pour ne point mécontenter ceux de Bourges, que
l'on avait rendu ce mauvais jugement.

— En effet, disait Guillaume en narrant avec le feu
de la jeunesse, ou Triboudet a gagné, ou il a perdu. S'il
a gagné, il a droit à tout l'honneur et à tout le profit de
la chose. J'accorde qu'il est coupable d'avoir pris un
faux nom. Eh bien, que, pour cette faute, on le punisse
de quelque amende ou de quelques jours de prison ,
mais qu'il n'en soit pas moins le vainqueur du jeu ; car
l'honneur du talent est chose sacrée, et, malgré que nous
n'aimions pas beaucoup les vieux sorciers sancerrois, il
n'est pas un gentilhomme qui n'ait protesté contre le
passe-droit fait à Triboudet. Mais, que voulez-vous ! les
grosses villes mangeront toujours les petites, et les gros
robins de Bourges prennent sans façon le haut du pavé
sur toute la bourgeoisie de la province. Ils le prendraient
bien volontiers sur la noblesse, si on les laissait faire !
Je m'étonne qu'Issoudun ait concouru. Argenton s'en est
abstenu, disant que le prix était donné d'avance, et que
rien ne valait devant les juges de Bourges, sinon les
champions de Bourges.

— Et ne pensez-vous pas que le prince se soit mêlé
de cette injustice? demanda le marquis.

— Je n'en répondrais pas ! Il fait grandement la cour
au peuple de sa bonne ville; à telles enseignes qu'il
s'est mis dans des frais, malgré qu'il n'aime guère à dé-

penser son argent pour l'amusement des autres. Il en-
tretient en ce moment deux troupes de comédie, l'une
française, l'autre italienne, qui représentent dans des
jeu : de paume très-bien décorés.

— Quoi ! dit Bois-Doré, vous avez revu *les tragiques
historiens* de M. de Belleroze ? Ils sont ennuyeux comme
quarante jours de pluie !

— Non, non ; cette fois, la troupe s'appelle les Comé-
diens français du sieur de Lambour, et il y a là des
gens fort habiles. Mais le temps se passe, et voici le
fidèle Adamas qui vient nous dire que les chevaux sont
prêts, n'est-ce pas ? Partons donc, mon cher Villareal,
et, puisque vous avez promis au marquis de venir demain le remercier, je m'invite avec vous.

— J'y compte bien, reprit Bois-Doré.

— Et vous pouvez compter aussi, monsieur, lui dit
d'Alvimar en le saluant profondément, que je vous four-
nirai toutes les preuves de ce que j'ai avancé.

Bois-Doré ne répondit que par un salut.

Guillaume, pressé de se mettre en route, ne remarqua
pas que le marquis, malgré son apparente courtoisie,
s'abstînt de tendre la main à l'Espagnol, et que celui-ci
n'osa lui demander de toucher la sienne.

XXX

A peine furent-ils en selle, que le marquis, s'adressant à Adamas, lui dit d'une voix émue :

— Vite, mon hausse-col, ma bourguignote, mes
armes, mon cheval et deux hommes !

— Tout cela est prêt, monsieur, répondit Adamas.
Maître Jovelin nous a tout commandé, disant, de votre
part, que, si M. d'Ars repartait ce soir, vous lui feriez
escorte... Mais à quelles fins?...

— Tu le sauras quand je serai revenu, dit le marquis
en remontant à sa chambre pour s'équiper. A-t-on eu
soin d'apprêter les chevaux dans la petite écurie, de
manière que les gens qui me doivent escorter fussent
seuls dans le secret?

— Oui, monsieur; j'y ai eu l'œil en personne.

— Est-ce que tu vas bien loin? s'écria Mario, qui
venait de souper avec Mercédès et qui rentrait dans la
chambre à coucher.

— Non, mon fils, je ne vais pas loin. Je serai ici
dans deux petites heures. Vous devez dormir tranquille;
et vite, embrassez-moi!

— Oh! comme tu te fais beau! dit ingénument Mario; est-ce que tu vas encore à la Motte-Seuilly?

— Non, non. Je vais danser dans un bal, répondit en
souriant le marquis.

— Emmène-moi, que je te voie danser, dit l'enfant.

— Je ne puis; mais patientez, mon Cupidon; car, à
partir de demain, je ne ferai plus un pas sans vous.

Quand le vieux gentilhomme fut coiffé de son petit
casque de cuir jaune rayé d'argent, doublé d'une coiffe
ou *secrète* de fer, et orné de longs panaches tombant
sur l'épaule; quand il eut endossé son court manteau
militaire, attaché sa longue épée, et bouclé, sous sa
fraise de dentelle, le hausse-col d'acier brillant, Adamas
put jurer sans trop de flatterie qu'il avait un grand air,
d'autant plus que, les émotions de la soirée ayant fait
tomber son fard, il avait à peu près sa figure naturelle,
qui n'était point celle d'un dameret.

— Vous voilà prêt, monsieur, dit Adamas. Mais n'irai-je point avec vous?

— Non, mon ami; tu vas fermer toutes les portes de mon pavillon, et passer la soirée avec mon fils. S'il s'endort, tu lui feras un lit de campagne avec des coussins. Je le veux trouver là quand je rentrerai ; et, maintenant, éclaire-moi, je veux causer au salon avec maître Jovelin.

Il embrassa Mario à plusieurs reprises avec attendrissement, et descendit un étage.

— Où allez-vous, et qu'avez-vous résolu? lui dirent les yeux expressifs de Lucilio.

— Je vais à Ars pour achever l'enquête... Et puis après, n'est-ce pas? Après, s'il y a lieu, je me concerterai avec Guillaume pour que le traître ne se puisse échapper, et je reviendrai me consulter avec vous pour le reste. Au revoir donc bientôt, mon grand ami.

Lucilio soupira en regardant partir le marquis. Il lui semblait occupé de projets plus sérieux qu'il n'en avouait dans son programme.

Pendant que, sans se presser, le marquis se disposait à sortir, Guillaume et d'Alvimar, celui-ci suivi de Sanche, l'autre de ses quatre hommes d'escorte, se dirigeaient assez lentement vers le château d'Ars par le chemin d'en bas, c'est-à-dire par celui qui laisse les plateaux du Chaumois sur la droite et qui passe assez près de La Châtre.

La lune n'étant pas levée et les chevaux de Guillaume étant très-fatigués, on ne pouvait aller plus vite.

D'Alvimar profita de cette circonstance pour prendre, comme malgré lui, un peu d'avance avec son écuyer.

Alors, ralentissant sa monture :

— Sanche, lui dit-il, n'avez-vous rien oublié à Briantes de ce qui m'appartient?

— Je n'oublie jamais rien, Antonio!

— Si fait, vous oubliez vos poignards dans le corps des gens que vous défaites.

— Encore ce reproche?

— J'ai mes raisons pour le faire aujourd'hui. Dites-moi, mon cheval ne boite plus, mais le croyez-vous en état de fournir une longue course, cette nuit?

— Oui. Qu'y a-t-il de nouveau?

— Écoutez bien, et tâchez de comprendre vite. Le *colporteur* était un gentilhomme, le frère du marquis de Bois-Doré. Le couteau dont vous vous servites est dans les mains de ce vieillard, qui a juré vengeance, et qui nous accuse par la bouche de je ne sais quel témoin.

— La Morisque.

— Pourquoi la Morisque?

— Parce que ces maudits portent toujours malheur.

— Si vous n'avez pas d'autre raison...

— J'en ai d'autres, je vous les dirai.

— Oui, plus tard. Songeons à quitter ce pays sans d'autre explication avec le vieux fou. Je lui en ai dit assez pour lui faire prendre patience. Il m'attend demain.

— Pour un duel?

— Non; il est trop vieux!

— Mais il est fort rusé; avez-vous envie de pourrir en quelque oubliette de son manoir? N'importe, j'irai avec vous, si vous y allez.

— Je n'irai pas. Certaine prédiction me rend fort prudent. Quand nous serons auprès de cette petite ville dont vous voyez les feux là-bas, écartez-vous de l'es-

corte, disparaissez, et, un quart d'heure après, revenez
me joindre en disant tout haut que quelqu'un de la ville
vous a remis une lettre pour moi. J'irai jusqu'au château
d'Ars comme pour la lire, et, aussitôt que j'aurai fait
cette feinte, je dirai à M. d'Ars qu'il me faut partir à
l'instant même. Est-ce entendu?

— C'est entendu.

— Alors, attendons M. d'Ars et ne montrons aucune
hâte.

Quand le bon M. de Bois-Doré, armé jusqu'aux dents
et bien assis en selle sur le beau *Rosidor*, eut franchi
l'enceinte du village de Briantes, il vit Adamas, monté
sur une bonne petite haquenée fort paisible, se faufiler
à son côté.

— Voire! c'est vous, monsieur le rebelle? dit le marquis d'un ton qui ne réussit pas à être courroucé; ne
vous avais-je point défendu de me suivre et ordonné
de garder mon héritier?

— Votre héritier est bien gardé, monsieur; maître
Jovelin m'a donné sa parole de ne le point quitter, et,
d'ailleurs, je ne sache pas qu'en votre château il coure
maintenant aucun risque, puisque l'ennemi est dehors
et que nous lui allons sus.

— Je sais que le danger est pour nous maintenant,
Adamas, et c'est pourquoi je ne voulais pas de toi qui
est vieux et cassé, et qui, d'ailleurs, ne fus jamais un
grand homme de guerre.

— Il est vrai, monsieur, que je n'aime guère à recevoir
des coups, mais j'aime bien à en donner quand je peux.
Je ne suis plus un jeune homme; mais, si je n'ai pas
bon pied, j'ai bon œil, et je prétends veiller à ce que
vous ne tombiez pas dans quelque embûche. C'est pourquoi j'ai pris avec moi deux hommes de plus, qui nous

rejoindront dans trois minutes. D'ailleurs, je serais devenu fou à vous attendre sans rien savoir et sans rien faire. Ah çà! mon maître, où allons-nous, et de quelle façon allons-nous donner?

— Tu vas voir, mon ami, tu vas voir! Mais hâtons-nous Il n'y a plus grand temps à perdre pour les rejoindre à mi-chemin d'Ars.

On prit le galop, et, en moins d'un quart d'heure, on se trouva en vue de Guillaume et de son escorte, qui continuaient d'aller un très-petit train.

La lune se levait et faisait briller les armes des cavaliers.

C'était à un endroit que l'on appelait et qu'on appelle encore La Rochaille, endroit assez voisin des habitations aujourd'hui, mais, en ce temps-là, très-aride et complétement désert.

Le chemin passait à mi-côte entre un petit ravin et une colline semée de grosses roches grises, parmi lesquelles poussaient d'assez maigres châtaigniers. Le lieu était mal famé; les paysans de tous les temps ont attaché aux grosses pierres des idées superstitieuses, soit qu'ils les attribuent toujours indistinctement au travail des démons de l'ancienne Gaule, soit qu'ils les croient tombées du ciel, à l'effet d'exterminer le culte de ces mauvais diables.

Le marquis fit faire halte à sa petite troupe avant qu'elle eût été signalée par celle de Guillaume, et, piquant des deux, il alla se mettre en travers du chemin de son jeune parent.

En entendant approcher ce galop, Guillaume et d'Alvimar s'étaient retournés, le premier fort tranquille, pensant que c'était quelque voyageur épeuré, le second très-inquiet, et songeant toujours à la prédiction que

semblaient confirmer et hâter les événements de cette
soirée.

Lorsque Bois-Doré passa sur le flanc gauche de cette
escorte, Guillaume ne le reconnut pas sous le costume
militaire ; mais d'Alvimar le reconnut aux battements
de son cœur troublé, et le vieux Sanche, averti par une
émotion analogue, se rapprocha de lui.

Leurs anxiétés se dissipèrent lorsque Bois-Doré les
devança sans leur parler. Ils pensèrent alors que ce n'était
pas lui. Mais quand il se fut arrêté en présentant la tête
de son cheval aux naseaux des leurs, ils se regardèrent
et se serrèrent instinctivement l'un contre l'autre.

— Qu'est-ce donc monsieur? dit Guillaume en prenant un de ses pistolets dans la fonte de sa selle. Qui
êtes-vous et que demandez-vous?

Mais, avant que Bois-Doré eût eu le temps de lui répondre, un coup de pistolet partait entre eux, et la balle
coupait la bourguignote du marquis, lequel, voyant
le mouvement de Sanche pour l'assassiner, s'était rapidement baissé en criant :

— Guillaume! c'est moi !

— Mille tonnerres du diable! s'écria Guillaume effrayé ; qui a tiré sur le marquis ? Au nom du ciel, marquis, êtes-vous touché?

— Nullement, répondit Bois-Doré ; mais je dois dire
que vous avez, en votre compagnie, de sales poltrons,
qui tirent sur un homme seul avant de savoir si c'est
un ennemi?

— Oui, certes, et sur l'heure j'en ferai justice, reprit
le jeune homme indigné. Misérables drôles, lequel de
vous a tiré sur le meilleur homme du royaume!

— Pas moi !... Ni moi !... Ni moi ! s'écrièrent à la fois
les quatre valets de M. d'Ars.

— Non, non ! dit le marquis : aucun de ces bons enfants n'eût fait pareille chose. J'ai vu celui qui a fait le coup, et le voilà !

En parlant ainsi, Bois-Doré, avec une dextérité, une vigueur et une promptitude dignes de ses meilleurs jours, coupait d'un coup de fouet la figure de Sanche, et, tandis que l'assassin portait les mains à ses yeux, il le prenait au collet, et, l'arrachant de sa selle, il le poussait à terre et fouaillait son cheval, qui s'emporta et disparut dans la direction de Briantes.

Au même instant, les quatre hommes du marquis, forçant la consigne qu'il leur avait donnée d'attendre ses ordres, arrivaient bride avalée, avec Adamas, que le bruit du coup de pistolet et celui du cheval en fuite avaient jeté dans l'inquiétude la plus vive.

— Ah ! vous voilà ! dit le marquis à ses gens. Eh bien, ramassez-moi ce cavalier démonté. Il m'appartient, vu que j'ai le *droit d'épave* sur cette route. Il est mon prisonnier. Liez-le ; il y a à se méfier de ses mains.

XXXI

Tandis que le colossal carrosseux Aristandre liait les mains de Sanche étourdi de sa chute, et le dépouillait de ses armes, d'Alvimar sortait enfin de la stupeur où cette scène rapide l'avait jeté.

Un instant il avait songé à abandonner son fatal complice à la colère de Bois-Doré ; mais en voyant traiter si rudement celui qui venait encore de se dévouer pour lui, un reste de pudeur et d'orgueil le força de réclamer.

— Messire, dit-il, je comprends que vous soyez irrité

contre la stupidité de ce vieillard, qui dormait sur son
cheval, et qui, réveillé en *tressaut*, s'est cru attaqué par
une bande de voleurs. Certes, il mérite un châtiment,
mais non pas d'être traité en prisonnier relevant de
votre droit seigneurial ; car il est à moi, et c'est à moi
seul qu'il appartient de le punir de l'injure qu'il vous a
faite.

— Vous appelez cela une injure, monsieur de Villareal ?
dit le marquis d'un ton de mépris. Mais ce n'est pas encore à vous que j'ai affaire, c'est à mon parent et ami
Guillaume d'Ars.

— Je ne souffrirai aucune explication, reprit d'Alvimar avec une rage calculée, avant que mon serviteur me
soit rendu, et, si c'est un combat que vous voulez...

— Guillaume, écoutez-moi, dit Bois-Doré.

— Non, personne ne vous écoutera ! s'écria d'Alvimar
en essayant de dégager son cheval, que Guillaume, placé
entre lui et Bois-Doré, retenait, pour empêcher un conflit.
Monsieur d'Ars, je suis votre ami et votre hôte, vous
m'avez invité, vous m'avez accueilli ; vous m'avez promis assistance et loyauté en toute rencontre ; vous ne
me laisserez pas outrager, même par une personne de
votre famille. Dans un cas pareil, c'est à moi que vous
devez secours et justice, fût-ce contre votre propre frère ?

— Je le sais, répondit Guillaume, et il en sera ainsi.
Mais tranquillisez-vous d'abord et laissez parler M. de
Bois-Doré. Je le connais assez pour être sûr de sa courtoisie envers vous et de sa générosité envers votre valet.
Laissez passer un moment de colère ; c'est la première
fois que je le vois si courroucé, et, bien qu'il en ait sujet,
je suis assuré de l'en faire revenir. Allons, allons, tenez-
vous en repos, mon cher ! Vous êtes en colère aussi ; mais
vous êtes le plus jeune, et mon cousin est l'offensé. Je

vous confesse que, s'il eût reçu la moindre blessure, j'eusse tué votre valet sur la place, eussé-je dû vous en rendre raison après.

— Mais, que diable ! monsieur, s'écria d'Alvimar espérant toujours empêcher l'explication par une querelle et, au besoin, par une rixe, où est la faute de mon serviteur, s'il vous plaît ? Quelle était la fantaisie de M. le marquis, de courir sur notre flanc sans se faire reconnaître, et de venir nous barrer la route, au risque d'être pris pour un fol ? N'avez-vous pas, vous-même, empoigné votre pistolet pour lui crier qui-vive ?

— Sans doute ; mais je n'eusse pas tiré sans attendre la réponse, ni vous non plus, j'imagine, et vous ne sauriez défendre la sotte ou méchante action de votre valet. Allons, soyez calme. Si vous voulez que je puisse arranger l'affaire à votre honneur et satisfaction, ne m'en ôtez pas les moyens par votre violence.

Pendant que d'Alvimar continuait à discuter avec âpreté, et que le marquis attendait avec beaucoup de calme, Adamas, inquiet de l'issue de l'affaire et agissant à sa tête, avait parlé aux gens de Guillaume. Il leur avait appris tout ce qu'il savait, et ils lui avaient juré que, dans le cas où M. d'Ars se verrait forcé de leur donner l'ordre de défendre d'Alvimar contre les gens de Bois-Doré, il n'y aurait qu'un engagement simulé, pendant lequel on laisserait à qui de droit le soin de faire justice des assassins.

Tous ces valets des deux camps étaient parents ou amis, et ne se souciaient nullement d'échanger des horions pour l'amour d'un étranger coupable ou suspect.

Le temps que d'Alvimar espérait gagner par sa résistance était donc une circonstance qui tournait fatalement contre lui, et quand Guillaume, impatienté et révolté de son obstination, lui tourna le dos pour aller, à deux pas de lui, s'expliquer avec le marquis, d'Alvimar se vit entouré par les gens de ce dernier, sans que ceux de Guillaume y fissent la moindre opposition.

Son inquiétude devint alors des plus sérieuses, et il regarda autour de lui, calculant le peu de chances qu'il avait de s'enfuir, à moins de laisser dans cette tentative l'honneur ou la vie.

Mais l'espoir lui revint en entendant Guillaume, à qui Bois-Doré venait de dire en peu de mots ses griefs, se refuser à croire qu'il ne fût pas dupe de fausses apparences.

— M. de Villareal? répondait-il au marquis. Voilà une chose impossible, et qu'il me faudrait avoir vue de mes propres yeux pour y croire. Or, comme vous ne l'avez point vue et que vous devez être abusé par de faux rapports, permettez-moi de défendre l'honneur de ce gentilhomme, et ne comptez pas, monsieur et bon cousin, que, malgré le respect que je vous porte, je laisse insulter et maltraiter, sans preuves, un ami qui s'est confié à ma garde. D'ailleurs, vous n'avez point ce droit, et c'est de la justice royale que relève tout gentilhomme. Calmez donc vos esprits exaltés, je vous en conjure, et me laissez rentrer chez moi, où vous savez que j'ai hâte de me rendre.

— Mes esprits ne sont point exaltés, reprit Bois-Doré en élevant la voix avec une dignité que Guillaume ne lui avait jamais vue, et je m'attendais à votre réponse, mon cher cousin et ami. Elle est telle que je la ferais en votre place, et je n'y blâme rien. Ayant auguré que votre conduite serait ce qu'elle est, j'ai résolu de conformer la mienne aux égards que je vous dois, et c'est pourquoi vous me voyez ici, à mi-chemin de nos respectives demeures, et sur un terrain neutre et communal.

» J'ai bien quelques droits sur cette route ; mais, à trois pas de la berge, dans ces vieilles roches, je ne suis ni chez vous ni chez moi. Donc, sachez que j'ai résolu de m'y battre à outrance, seul à seul, contre ce traître, lequel ne me peut refuser le combat, vu que je l'ai, à dessein, molesté et provoqué en la personne de son valet, et que je le provoque et insulte à cette heure, le traitant devant Dieu, devant vous et devant les honnêtes gens qui nous accompagnent, de lâche et infâme meurtrier.

» Je ne crois pas que vous me puissiez savoir mauvais gré de ce que je fais ; car je vous prie de remarquer que, tant que vous et lui avez été en mon logis, je me suis abstenu de toute injure et de tout dépit, en quoi je vous ai tenu ma parole de lui être un hôte fidèle ; et je vous prie de remarquer aussi que je me suis mis en mesure de le rencontrer en pleins champs, afin de n'avoir point à violer votre domicile, ne voulant, pour rien au monde, vous mettre en la nécessité de porter secours à ce misérable.

» Enfin, mon cousin, je vous prie de regarder à ceci, qui est le plus grand sacrifice que je vous puisse faire : c'est qu'au lieu de le faire périr sous le bâton de mes gens, comme il le mérite, je descends, moi, gentilhomme et digne de l'être, à me mesurer avec un assassin de la plus vile espèce. Sans l'amitié dont vous l'honorez, je l'eusse fait jeter dans un cul de basse-fosse, mais voulant vous respecter jusque dans l'erreur où vous êtes sur son compte, je déroge à tout privilège d'honneur pour le combattre, lui, l'infâme et dégradé, avec les armes de l'honneur.

» J'ai dit, et vous ne pouvez plus me rien objecter.

» Soyez son témoin, tout indigne qu'il est de vos bontés ; Adamas sera le mien. Je me contenterai de l'assistance de cet honnête homme, puisque en pareille affaire il ne peut être question d'un engagement avec les *seconds*.

— Certes, s'écria Guillaume ému de la noblesse d'âme du vieillard, il ne se peut voir une conduite plus loyale que la vôtre, mon cousin, et, avec les soupçons que vous avez, vous montrez une générosité peu commune. Mais ces soupçons n'étant pas fondés...

— Il n'est plus question de soupçons, reprit le marquis, puisque vous n'en voulez pas entendre parler ; je provoque un de vos amis, et je pense que vous ne tiendriez point pour tel un homme capable de reculer.

— Non, certes! s'écria Guillaume; mais, moi, je ne souffrirai pas ce duel, qui ne convient pas à votre âge, mon cousin! Je me battrais plutôt en votre place. Tenez, voulez-vous recevoir ma parole? Je vous la donne de venger en personne la mort de votre frère, si vous venez à bout de démontrer invinciblement que M. d'Alvimar en a été lâchement et méchamment l'auteur. Attendez à demain, et je me porte justicier de notre famille, comme c'est mon devoir envers vous.

Le mouvement de Guillaume était digne de la générosité du marquis ; mais Guillaume, en laissant échapper une allusion à son âge, l'avait singulièrement mortifié.

— Mon cousin, dit-il, revenant à cette puérilité d'esprit qui contrastait si étrangement avec la magnanimité de ses instincts, vous me prenez pour quelque vieux *signor Pantaleone*, à l'épée rouillée et à la main tremblante. Avant de me renvoyer à la béquille, ayez, je vous prie, souvenance des égards que je vous montre, lesquels ne méritent point l'injure que vous me faites en me proposant de venger, en ma place, l'odieuse mort de mon frère chéri. Allons, je crois que voilà assez de paroles, et je suis à bout de patience. Votre M. de Villareal en a plus que moi, lui qui écoute tout ceci sans trouver un mot à dire !

Guillaume vit que les choses étaient gâtées au point que tout accommodement devenait impossible, et, trouvant, pour son compte, que la patience était beaucoup trop revenue à d'Alvimar , il se retourna vers lui et lui dit avec vivacité :

— Voyons, mon cher, répondez donc; je ne dis point à ce défi, qui n'est pas fondé, mais à une accusation que vous ne pouvez pas mériter.

D'Alvimar avait réfléchi pendant le débat. Il affecta dès lors un calme dédaigneux et ironique.

— J'accepte le défi, monsieur, répondit-il, et je ne pense pas avoir grand mérite à le faire, étant, comme vous savez, de première force à toutes les armes. Quant à l'accusation, elle est si ridicule et si injuste, que j'attends pour la repousser que vous me l'expliquiez vous-même; car je ne sais point encore ce que le marquis vous a dit de moi, vous parlant à l'oreille, et je souhaite qu'il le répète tout haut.

— Je le veux bien, et ce ne sera pas long, répliqua Bois-Doré. J'ai dit que vous étiez bandit, assassin et larron. Vous en voulez davantage, mais, moi, je ne puis rien trouver de pis contre vous que la vérité.

— Vous me dites-là d'étranges douceurs, monsieur le marquis ! reprit l'Espagnol froidement. Vous m'avez déjà régalé, en votre logis, d'une lugubre histoire où il vous a plu de faire tuer par moi monsieur votre frère.

C'est là une chose que j'ignore, je vous l'ai dit; je sais seulement que j'ai fait tuer par mon domestique un homme vêtu en marchand colporteur, lequel emmenait de force une dame dont je vous ai dit avoir pris la défense et vengé, l'honneur.

— Ah! ah! s'écria le marquis, c'est là votre thèse, à présent? Celle qui fuyait avec mon frère était emmenée malgré elle, et vous ne vous souvenez plus de m'avoir dit qu'elle était votre...

— Plus bas, monsieur, je vous prie... Si M. d'Ars veut bien m'entendre à deux pas d'ici, je lui dirai qui était cette femme, à moins qu'il ne vous plaise outrager et salir son nom devant vos laquais.

— Mes laquais valent mieux que vous et les vôtres, monsieur! N'importe! je veux très-fort que vous disiez votre secret à M. d'Ars, mais devant moi, à qui vous l'avez dit à votre mode.

Ils s'éloignèrent du groupe tous les trois, et le marquis, parlant le premier :

— Allons, dit-il, expliquez-vous! Vous alléguez pour votre défense que cette femme était votre sœur!

— Et vous, monsieur, reprit d'Alvimar, vous prétendez maintenant soulager votre fureur fantasque en me donnant un nouveau démenti?

— Nullement, monsieur. Je vous demande le nom de votre sœur; ca.' vous ne vous appelez point Villareal, apparemment?

— Et pourquoi non, monsieur.

— Parce que je le sais maintenant. Osez dire le contraire devant M. d'Ars, que vous trompez aussi par un nom supposé!

— Nullement! dit Guillaume; monsieur se cache sous

1. 9

un des noms de sa famille, et celui qu'il porte, je le sais fort bien.

— Alors, mon cousin, qu'il le dise, et je jure que, si c'est le véritable nom de ma défunte belle-sœur, je me retire d'ici en vous faisant à tous les deux des excuses.

— Et moi, dit d'Alvimar, je refuse de le dire. Je croyais qu'entre gentilshommes une simple parole devait suffire ; mais vous m'insultez sans trève et sans prudence. C'est un duel que vous voulez, et il doit être fait selon votre désir.

— Non ! cent fois non ! s'écria Guillaume. Finissons-en ; et, puisqu'il ne faut au marquis que de savoir votre nom pour se retirer en paix, je...

— N'oubliez pas, je vous prie, reprit d'Alvimar, que vous m'exposez...

— Point ! Mon cousin est un trop galant homme pour vous livrer à vos ennemis. Sachez donc, marquis, et je mets ceci sous la sauvegarde de votre honneur, que monsieur s'appelle Sciarra d'Alvimar.

— Oui-dà ! répondit le marquis avec ironie. Alors monsieur a pour chiffre les propres initiales de la marque de fabrique de Salamanque ?

— Que voulez-vous dire ?

— Rien ! C'est un mensonge de monsieur que je signale au passage ; mais celui-là est si petit au prix des autres...

— Quels autres ? Voyons, marquis, vous êtes trop obstiné !

— Laissez, Guillaume ! dit d'Alvimar affichant toujours le dédain. Il faut que tout ceci finisse par un coup d'épée. Nous en serons plus tôt débarrassés.

— Eh bien, moi, dit le marquis, je ne suis plus si hâté ! Je tiens à savoir le nom de baptême et le nom de famille

de la sœur de M. de Villareal, de Sciarra et d'Alvimar.
Je sais que les Espagnols ont beaucoup de noms; mais,
s'il me dit seulement le véritable et principal que portait
cette dame...

— Si vous le savez, répondit d'Alvimar, votre insistance pour me le faire dire est un outrage de plus.

— Eh! d'Alvimar, ne le prenez pas ainsi! s'écria Guillaume impatienté. Mettez-y du vôtre, à moins que vous
ne vouliez nous faire passer la nuit ici!

— Laissez, mon cousin, dit le marquis; c'est moi qui
dirai ce nom mystérieux. La prétendue sœur de M. de
Villareal s'appelait Julia de Sandoval.

— Eh bien, pourquoi pas, monsieur? dit d'Alvimar
relevant avec vivacité ce qu'il crut être encore une in-
signe maladresse du vieillard. Je ne voulais pas le dire,
ce nom. Il ne me convenait pas de le trahir, et je pensais que vous l'ignoriez. Puisque, vous aussi, en affirmant
ce dernier point, vous m'avez fait un de ces mensonges
que vous reprenez si aigrement chez les autres, sachez
que Julie de Sandoval était la fille de ma mère et née
d'un premier lit.

— Alors, monsieur, répliqua Bois-Doré se découvrant,
me voilà prêt à me retirer, et même à me repentir de ma
violence, si vous voulez bien me jurer sur l'honneur que
vous aviez reconnu votre sœur de mère, Julie de Sandoval, sous son voile, dans la voiture de mon frère, à
l'auberge de...

— Je vous le jure, pour vous satisfaire. Je l'avais
même aperçue sans voile dans cette auberge.

— Et pour la troisième fois... Pardonnez mon insistance, je dois ceci à la mémoire de mon frère! Pour la
troisième fois, c'était bien votre sœur, Julie de Sandoval?
L'anneau qu'elle portait au doigt, qui est maintenant au

mien, et qui porte ce nom en toutes lettres, ne pouvait
être que son anneau? Vous le jurez?

— Je le jure! Êtes-vous content?

— Attendez? il y a un blason dans le chaton de cette
bague; un écusson d'azur au chef d'or. Sont-ce les armes
des Sandoval de votre famille?

— Oui, monsieur, précisément.

— Alors, monsieur, dit Bois-Doré remettant son cou-
vre-chef, je déclare, une fois de plus, que vous avez
menti comme un impudent et un lâche que vous êtes;
car je viens de me moquer de vous : l'anneau de votre
prétendue sœur porte le nom de Maria de Mérida, et ses
armes sont de sinople à la croix d'argent. Je puis en
fournir la preuve.

XXXII

Guillaume fut fortement ébranlé ; mais d'Alvimar ré-
fléchissait vite.

La lune, eût-elle éclairé beaucoup, n'eût pas encore
permis de voir les petits caractères et les écussons mi-
croscopiques cachés dans une bague, et, dans ce temps-
là, on n'avait pas, comme aujourd'hui, du feu tout
prêt dans sa poche.

Il fallait donc nécessairement remettre à un autre
moment l'examen de cette preuve. Il ne s'agissait pas,
pour le criminel, d'éviter, mais, au contraire, de chercher un duel. Ce qu'il redoutait, c'est qu'on ne lui refu-
sât l'honneur de cette chance de salut, et qu'on ne le
fît prisonnier du marquis ou de la prévôté.

Il attira précipitamment Guillaume à part, et, se
mettant à rire :

— Je suis pris, dit-il. J'ai voulu être complaisant
comme vous l'exigiez, pour en finir et vous débarrasser
de ce vieux lunatique. J'ai dit tout ce qu'il a voulu me
faire dire, et maintenant sa fantaisie prend un autre
vol, où je ne puis la suivre. Tout ceci est de ma faute;
j'aurais dû vous raconter, en sortant de chez lui, qu'il
était depuis deux jours en démence, à preuve qu'il a
été hier, on pourra vous le dire, demander la main de
madame de Beuvre, et que, tout aujourd'hui, il a fait
sur la mort de son frère les plus étranges romans, prenant pour des assassins tantôt moi, tantôt son muet,
tantôt son petit chien. Je n'ai pu éviter de me prendre
à la gorge avec lui qu'en lui faisant des contes qui
étaient la monnaie de sa pièce; mais il ne s'est calmé
qu'en vous voyant arriver.

— Que ne disiez-vous tout cela? s'écria Guillaume.

— Je n'ai pas voulu me plaindre des ennuis que j'ai
essuyés en sa compagnie; vous eussiez cru que je vous
faisais un reproche de m'y avoir laissé. A présent, il ne
me reste qu'un moyen d'en finir. Laissez-moi me battre
avec lui.

— Avec un vieillard en démence? Je ne le puis
souffrir.

— Allons, Guillaume, s'écria Bois-Doré impatienté,
voulez-vous, maintenant, me laisser venger mon injure,
et faudra-t-il que, pour réveiller M. d'Alvimar, j'aille
lui faire l'honneur de le souffleter?

— Nous sommes à vous, monsieur, répondit d'Alvimar en haussant les épaules. Allons, mon cher, dit-il
tout bas à Guillaume, vous voyez qu'il le faut! N'ayez
peur! J'aurai vite raison de cette vieille marionnette, et
vous promets de lui faire sauter son épée autant de fois
qu'il vous plaira. Je me charge de le fatiguer assez pour

qu'il ait besoin de s'aller vitement coucher, et demain
nous rirons de l'aventure.

Guillaume se rassura en le voyant si gai.

— Je suis aise de vous voir dans le vrai, lui dit-il
tout bas, et je vous avertis qu'en prenant l'escrime à
cœur avec ce vieillard, vous ne feriez pas acte de vail-
lance et me causeriez une grande peine. Je le crois
fou ; mais c'est une raison de plus pour ménager vos
forces et le renvoyer avec une courbature pour tout
mal.

Guillaume savait pourtant que Bois-Doré était fort
à l'escrime. Mais c'était une vieille méthode que dé-
daignaient les jeunes gens, et il savait aussi que si le
marquis avait encore le poignet souple, il n'avait plus
le jarret assez ferme pour tenir plus de deux ou trois
minutes. D'ailleurs, d'Alvimar était de première force,
et il ne cessa de l'exhorter à la générosité.

Les champions ayant mis pied à terre, les valets
restèrent pour garder les chevaux et le prisonnier
Sanche, que Guillaume donna l'ordre de ne pas remettre
en liberté avant l'issue du combat, afin de ne pas voir
compliquer, par quelque intervention imprévue, la
difficulté de la situation.

Sanche eût fort désiré d'être libre ; il sentait, lui qui
ne reculait devant aucune résolution extrême, qu'il eût
été encore utile à son maître ; mais il avait trop d'orgueil pour se plaindre et pour réclamer ; il resta, stoï-
que et impassible, sous la garde des gens de Bois-Doré.

Pendant que Guillaume cherchait, avec les deux
champions, un emplacement convenable entre la route
et les rochers, Adamas et Aristandre s'entretenaient
avec feu dans l'oreille l'un de l'autre. Aristandre était
désespéré, Adamas avait la fièvre ; mais l'idée que son

maître pût être victime de sa magnanimité, ne pouvait
lui entrer dans la tête. Il se grisait dans sa confiance en
l'habileté et la force du marquis.

— Qu'as-tu à trembler comme un enfant ? disait-il
au carrosseux. Ne sais-tu pas que monsieur en mange-
rait trente-six comme ce freluquet d'Espagnol ? Il n'y
aurait qu'une trahison pour avoir raison d'un si vaillant
homme ; mais le coquin de Sancho est bien gardé, et
nous avons l'œil sur toutes choses, M. Guillaume et
moi. Ne suis-je pas témoin ? Monsieur l'a dit. Tu l'as
entendu. Nous sommes deux bons témoins, et nous ne
laisserons pas faire un mouvement ni une passe qui
ne soient dans les règles.

— Mais tu ne les sais pas plus que moi, les règles
du combat des gentilshommes ? Tiens, j'ai envie de
grimper là-haut sans qu'on me voie, et si l'Espagnol a
trop de chances, de lui faire rouler sur le corps un de
ces grosses pierres.

— Pour cela, si je pouvais compter que tu n'écrase-
rais pas monsieur avec son ennemi, je ne t'en détour-
nerais pas, non plus que je ne me ferais un crime de lui
envoyer deux balles dans la tête, si je n'étais témoin.
Mais mon maître m'appelle, et tu peux être tranquille,
tout ira bien !

Cependant le terrain était choisi, assez espacé, et
bien éclairé par la lune.

Les épées furent mesurées, Guillaume faisant les
fonctions de témoin impartial pour les deux champions,
qui avaient juré de s'en rapporter à lui ; car Adamas
ne pouvait être là que pour la forme.

Le combat commença.

Alors, malgré sa foi et son enthousiasme, Adamas
sentit un frisson dans tous ses membres ; il devint

muet ; la bouche ouverte, les yeux hors de la tête, il ne sentait pas la sueur et les larmes qui coulaient sur sa figure attendrissante et burlesque.

Guillaume s'était battu les flancs, lui aussi, pour se persuader que rien de funeste ne devait résulter de cette étrange affaire. Mais, quand les armes furent engagées, il sentit tomber sa confiance, et se reprocha de n'avoir pas réussi à empêcher, à quelque prix que ce fût, une rencontre qui, dès le début, menaçait de devenir sérieuse.

D'Alvimar avait promis de se rendre maître de la vie de son adversaire et de lui faire grâce ; mais, autant que la clarté de la lune pouvait faire distinguer l'expression de ses traits, il semblait à Guillaume que la colère et la haine s'y montraient avec une énergie croissante, et son jeu sec et serré n'annonçait pas la moindre intention prudente ou généreuse. Heureusement, le marquis était encore calme et tenait pied avec plus de vigueur et de souplesse qu'on n'en eût attendu de sa part.

Guillaume ne pouvait rien dire, et il se contenta de tousser deux ou trois fois pour avertir d'Alvimar de se modérer, sans éveiller la susceptibilité du marquis, lequel eût pu perdre la tête, s'il eût craint de n'être pas pris au sérieux.

Mais le combat était sérieux. D'Alvimar sentait qu'il avait un adversaire moins fort que lui en théorie ; mais il se sentait troublé et préoccupé, et inférieur à lui-même, cette fois, dans la pratique. Sa partie était difficile à jouer. Il voulait tuer le marquis et paraître le tuer malgré lui.

Il cherchait donc à le faire enferrer en jouant à la défensive ; et le marquis semblait s'apercevoir de sa ruse. Il se ménageait.

Le combat se prolongeait sans résultat. Guillaume comptait sur la fatigue du marquis, ne croyant pas que d'Alvimar le frapperait à terre. D'Alvimar sentait que le marquis ne faiblissait pas ; il cherchait à l'irriter par des feintes, espérant qu'un mouvement d'impatience le ferait sortir de l'étonnante prudence de son jeu.

Tout à coup la lune fut voilée par un gros nuage, et *Guillaume* voulut intervenir pour suspendre la lutte ; il n'en eut pas le temps : les deux adversaires venaient de rouler l'un sur l'autre.

Un troisième champion se précipita vers eux, au hasard de se faire embrocher : c'était Adamas, qui perdait la tête et qui, ne sachant où était l'avantage, se jetait sans armes, à corps perdu, dans la bataille. Guillaume le repoussa vivement et vit le marquis à genoux, sur le ventre de d'Alvimar.

— Grâce, mon cousin ! s'écria-t-il ; grâce pour celui qui vous eût épargné !

— Il est trop tard, mon cousin, répondit le marquis en se relevant. Justice est faite.

D'Alvimar était cloué en terre par la grande rapière du marquis : il avait cessé de vivre.

Adamas était évanoui.

Au cri de grâce, les valets de Bois-Doré étaient accourus.

Le marquis, essoufflé et brisé de fatigue, s'appuya contre le rocher. Mais il ne faiblit pas, et, la lune s'étant dégagée du nuage, il se remit sur ses jambes pour regarder et toucher le cadavre.

— Il est bien mort ! lui dit Guillaume d'un ton de reproche. Vous m'avez tué un ami, monsieur, et je ne saurais vous en faire mon compliment ; car vos soupçons ne pouvaient être qu'injustes.

— Je vous prouverai qu'ils ne l'étaient point, Guillaume, répondit Bois-Doré avec une dignité qui l'ébranla de nouveau; jusque-là, suspendez votre ressentiment contre moi, et vos regrets pour ce méchant homme. Quand vous saurez la vérité, vous vous reprocherez peut-être de m'avoir forcé à exposer ma vie pour avoir la sienne.

— Et que ferons-nous maintenant de ce malheureux corps? dit Guillaume, abattu et consterné.

— Je ne vous laisserai point dans des embarras pour mon compte, répondit Bois-Doré. Mes gens vont le porter au couvent des carmes de La Châtre, lesquels lui donneront la sépulture comme ils l'entendront. Je ne prétends cacher à personne l'action que j'ai faite, d'autant qu'il me reste à punir l'autre assassin. Mais je ne saurais faire de sang-froid cette laide besogne, et je compte le livrer au lieutenant de la prévôté, pour que son châtiment soit exemplaire. Adamas, tu vas le conduire. Mais où donc est mon fidèle Adamas?

— Hélas! monsieur, répondit Adamas d'une voix caverneuse, je suis là, à vos genoux, et bien malade de cette affaire. Un instant j'ai cru que vous étiez mort, et je crois que j'ai été mort moi-même pendant un bon quart d'heure. Ne m'envoyez nulle part; je n'ai plus de jambes, et j'ai comme une roue de moulin dans la tête.

— Or donc, mon pauvre ami, si tu n'es plus bon à rien, nous enverrons quelque autre. Je te l'avais bien dit que tu n'étais plus d'âge à supporter les émotions!

Le marquis retourna vers les chevaux, tandis que ses gens et ceux de Guillaume enlevaient le cadavre et le roulaient dans un manteau; mais, lorsqu'on chercha le prisonnier, ce fut en vain.

On n'avait pas eu la précaution de lui lier les jambes.

Profitant d'un moment de trouble et de confusion, où
les valets, inquiets de l'issue du combat, avaient aban-
donné les chevaux à deux d'entre eux qui avaient eu
beaucoup de peine à les contenir, il avait pris la fuite,
ou plutôt il s'était glissé et caché quelque part dans le
ravin.

— Soyez tranquille, monsieur le marquis, dit Aristandre à Bois-Doré. Un homme qui a les mains liées
ne peut ni courir bien vite ni se cacher bien adroitement; je vous réponds de le rattraper. Je m'en charge.
Rentrez chez vous et vous reposez; vous l'avez bien
gagné !

— Non pas, dit le marquis; il me faut revoir cet
assassin. Que deux de vous le cherchent, tandis qu'avec
les deux autres j'accompagnerai M. d'Ars au couvent
des carmes.

On coucha d'Alvimar en travers de son cheval, et les
domestiques de Guillaume aidèrent ceux de Bois-Doré
à le transporter.

Bois-Doré prit les devants avec Guillaume pour aller
faire ouvrir les portes de la ville, en cas de besoin; car
il était près de dix heures.

Chemin faisant, Bois-Doré donna à son jeune parent
des détails si précis sur la mort de son frère, sur la recouvrance de son neveu, sur la circonstance du couteau
catalan, sur l'aveu que la colère avait arraché au coupable, enfin sur la circonstance de la bague ouverte,
que Guillaume ne put persister à défendre l'honneur de
son ami.

Il avoua qu'en somme il le connaissait fort peu, s'é-
tant lié avec lui à la légère, et qu'à Bourges il lui était
revenu, sur le duel pour lequel ce gentilhomme était
forcé de se cacher, des détails peu honorables, s'ils

étaient vrais. M. Sciarra-Martinengo aurait été frappé,
contre toutes les lois de l'honneur, dans un moment
où il demandait à suspendre le combat, son épée s'étant
rompue.

Guillaume n'avait pas voulu croire à cette accusation ;
mais les révélations de Bois-Doré commençaient à la lui
faire regarder comme sérieuse, et il promit de se rendre
à Briantes dès le lendemain, pour voir les preuves et
pour faire connaissance avec le beau Mario.

XXXIII

A mesure que la conviction entrait dans son esprit,
Guillaume redevenait expansif et amical avec le marquis,
autant par un sentiment d'équité naturelle que par sa
facilité innée à se livrer tout entier à sa dernière im-
pression.

— Par ma foi ! lui disait-il lorsqu'ils furent proches
de la ville, vous avez agi en vaillant homme, et le coup
que vous lui avez porté de part en part jusqu'à le clouer
au gazon, est un des plus beaux coups d'épée dont j'aie
ouï parler. Je n'avais jamais vu le pareil, et, quand vous
m'aurez prouvé que ce pauvre Sciarra était une aussi
grande canaille que vous le dites, je ne serai point fâché
d'avoir vu ceci. Si j'eusse été moins peiné, je vous en
eusse fait compliment. Mais quelque regret ou contentement que je puisse avoir de cette mort, j'avoue que vous
êtes une belle lame, et que je voudrais être de votre force
à ce jeu-là.

Nos deux cavaliers étaient déjà sur le pont des Scabi-
nats (aujourd'hui des Cabignats), se dirigeant vers la

porte du ravelin, lorsque Adamas, qui avait recouvré
ses esprits et fait ses réflexions, vint les rejoindre et
prier qu'on l'écoutât.

— Ne pensez-vous point, messires, leur dit-il, que l'entrée de ce cadavre va faire grand bruit dans la ville ?

— Eh bien, dit le marquis, penses-tu que je me veuille
cacher d'avoir vengé mon honneur et la mort de mon
frère ?

— Oui, monsieur, vous devez vous en vanter comme
d'une belle action, mais seulement quand le corps aura
été rendu à la terre ; car il se fait de grandes rumeurs
pour peu de chose, en ces petits endroits, et le spectacle
d'un gentilhomme apporté ainsi en travers de son cheval va faire ouvrir de grands yeux à ces bourgeois de La
Châtre. Vous avez des ennemis, monsieur, et, à l'heure
qu'il est, monseigneur de Condé est bien chaud catholique. Si l'on apprend que cet Espagnol était couvert de reliques et de chapelets, qu'il s'était confessé à M. Poulain,
dont la gouvernante le prônait déjà dans le bourg de
Briantes comme un parfait chrétien...

— Voyons ! où veux-tu en venir, avec tes histoires
de commères, mon cher Adamas ? dit le marquis impatienté.

Guillaume prit la parole.

— Mon cousin, dit-il, Adamas a raison. Les lois contre le duel ne sont respectées de personne ; mais des
gens mal intentionnés les peuvent toujours invoquer.
Ce d'Alvimar avait quelques amis puissants à Paris ; et
de méchants rapports peuvent, en un temps ou en l'autre, faire tourner ceci contre vous et contre moi, contre
vous surtout, qui ne passez point pour un bien franc
catholique. Croyez-m'en donc, n'entrons point en la
ville et avisons à nous débarrasser de ce mort. Vous

êtes sûr de vos gens, et je réponds des miens. N'ayons point de confidents parmi des gens d'Église et des bourgeois de petite ville, toutes langues bien mauvaises, en ce pays, contre ceux qui ont combattu la Ligue et servi le feu roi

— Il y a du vrai dans ce que vous dites, répondit Bois-Doré ; mais il me répugne de mettre une pierre au cou d'un mort et de le jeter à la rivière comme un chien.

— Eh ! si, monsieur, dit Adamas ; cet homme-là ne valait pas tant !

— Il est vrai, mon ami : je pensais ainsi il y a une heure ; mais je n'ai plus de haine contre un cadavre !

— Eh bien, monsieur, dit Adamas, il m'est venu une idée qui arrange tout pour le mieux : si nous rebroussons chemin, nous trouverons, à cent pas d'ici, le long du pré Chambon, la maison de la jardinière.

— Qui ? Marie la Caille-bottée ?

— Elle est fort dévouée à monsieur, et l'on dit qu'elle n'a pas toujours été laide et grêlée.

— Allons, allons, Adamas, ce n'est pas l'heure de plaisanter !

— Je ne plaisante pas, monsieur, et je dis que cette vieille fille gardera bien le secret.

— Et tu lui veux donner l'embarras de recevoir un mort ? Elle en mourra de peur !

— Non, monsieur, vu qu'elle n'est point seule en sa petite maison écartée. Je jurerais que nous y trouverons un bon carme, lequel enterrera très-chrétiennement M. l'Espagnol dans quelque fossé du clos de la jardinière.

— Vous êtes trop Huguenot, Adamas, dit M. d'Ars. Les carmes ne sont pas aussi débauchés que vous le dites.

— Je ne dis point de mal d'eux, messire ; je parle d'un seul que je connais, et qui n'a du moins que l'habit et les patenôtres. C'est Jean le Clope, qui a servi M. le marquis à la guerre, et que M. le marquis a fait entrer au couvent en qualité de frère oblat.

— Eh! par ma foi, l'avis est bon ! dit le marquis ; Jean le Clope est un homme sûr et qui a vu trop de faces blêmes penchées en terre sur les champs de bataille, pour s'effrayer du soin que nous allons lui confier.

— Alors, hâtons-nous, dit M. d'Ars ; car vous savez que mon intendant se meurt, et que je voudrais le voir, s'il en est temps encore.

— Partez, mon cousin, dit le marquis ; songez à vos affaires ; celles d'ici ne regardent plus que moi !

Ils se serrèrent la main.

Guillaume rejoignit ses gens et prit avec eux la route de son manoir : le marquis et Adamas s'arrêtèrent chez la Caille-bottée, où Jean le Clope était effectivement, et reçut avec effusion son protecteur, qu'il appelait son capitaine.

On sait que le frère oblat était un militaire estropié au service du roi ou du seigneur de la province, et dont le couvent était forcé de prendre soin.

La plupart des communautés religieuses étaient obligées, par contrat, de recevoir et entretenir ces débris des malheurs de la guerre, parfois trop bon vivant pour de pieux solitaires, parfois beaucoup moins corrompu que les moines eux-mêmes.

Quoi qu'il en soit des carmes de La Châtre, dont nous n'avons pas à rechercher ici l'histoire, le frère séculier Jean le Clope s'astreignait fort peu à la règle de la maison, et s'il ne manquait pas les heures de la pitance, il manquait celles de la retraite.

Pendant que le marquis lui expliquait ce qu'il attendait de son dévoûment et de sa discrétion, Adamas faisait entrer le corps dans la maisonnette isolée, et, un
quart d'heure après, Bois-Doré et ses gens repassaient
sur le chemin de la Rochaille.

Ils y trouvèrent Aristandre et ses camarades, bien dé-
sappointés de n'avoir pu découvrir ce que Sanche était
devenu.

— Eh bien, monsieur, dit Adamas, c'est peut-être
Dieu qui le veut ainsi! Ce criminel se gardera bien de
paraître jamais dans un pays où il se sait démasqué, et
il eût été pour vous un nouvel embarras.

J'avoue que je n'ai pas le goût des exécutions à tête
reposée, répondit le marquis, et que j'eusse éloigné
celle-ci de ma vue. En le livrant à la prévôté, il m'eût
fallu dire de quelle façon j'avais agi avec le maître, et,
puisque nous devons, pour le moment, nous taire sur
ce point, tout va mieux ainsi. Je crois la mort de mon
cher Florimond suffisamment vengée, bien que la Morisque n'ait point vu qui, du maître ou du valet, avait
porté le coup qui a tranché sa pauvre vie; mais, en ces
sortes d'affaires, Adamas, le plus coupable et peut-être
le seul vrai coupable, est celui qui dirige. Le valet croit
quelquefois de son devoir d'obéir à un méchant commandement, et celui-ci n'avait point agi pour son compte
ni profité de la dépouille de mon frère, puisqu'il était
resté valet comme au paravant.

Adamas ne partageait pas le besoin d'indulgence
qu'après son acte de vigueur éprouvait le marquis. Il
haïssait Sanche encore plus que d'Alvimar, à cause de
ses airs de hauteur avec ses pareils et à cause de sa
prudence, dont il n'avait pu trouver le défaut.

Il le croyait très-capable d'avoir conseillé et exécuté

le crime; mais ce qu'il redoutait le plus, c'était de voir le marquis persécuté, et il l'aida à se faire illusion sur le peu d'importance de la capture à laquelle il fallait renoncer.

Quand on fut à la porte du manoir de Briantes, on entendit les bonds irréguliers d'un cheval en liberté.

C'était celui de Sanche, qui était revenu à son dernier gîte, et qui échangea avec celui de d'Alvimar, que l'on ramenait par la bride, un hennissement plaintif, presque lugubre.

— Ces pauvres animaux sentent, à ce que l'on assure, les malheurs arrivés à leurs maîtres, dit le marquis à Adamas : ce sont des bêtes intelligentes et qui vivent en l'état d'innocence. Je ne ferai donc point tuer celles-ci; mais, comme je ne veux, en ma maison, rien qui ait appartenu à ce d'Alvimar, et que le profit de ses dépouilles souillerait nos mains, je veux que, dès la nuit prochaine, on conduise ses chevaux à dix ou douze lieues d'ici, et qu'on les y mette en liberté. En profitera qui voudra.

— Et de cette façon, répondit Adamas, nul ne saura d'où elles viennent. Vous pouvez confier ce soin à Aristandre, monsieur. Il ne se laissera point tenter par l'envie de les vendre à son profit, et, si vous m'en croyez, il se mettra en route sur l'heure, sans leur faire franchir la porte. Il est fort inutile que l'on voie demain ces chevaux en votre écurie.

— Fais ce que tu veux, Adamas, répondit le marquis. Cela me fait penser que ce malheureux coquin devait avoir de l'argent sur lui, et que j'eusse dû songer à le prendre pour le faire donner aux pauvres.

— Laissez-en profiter le frère oblat, monsieur, dit le sage Adamas : plus il en trouvera dans les poches de son mort, plus vous serez assuré de son silence.

Il était onze heures du soir quand le marquis rentra dans son salon.

Jovelin accourut se jeter dans ses bras. Sa figure expressive disait assez quelles angoisses d'inquiétude il avait éprouvées.

— Mon grand ami, lui dit Bois-Doré, je vous avais trompé; mais réjouissez-vous, cet homme n'est plus; et je rentre chez moi le cœur léger. Mon enfant dort sans doute à cette heure; ne l'éveillons pas. Je vais vous conter...

— L'enfant ne dort pas, répondit le muet avec son crayon. Il a deviné mes craintes : il pleure, il prie et s'agite dans son lit.

—Allons rassurer ce pauvre cœur! s'écria Bois-Doré; mais d'abord, mon ami, regardez si je n'ai point sur mes habits quelque souillure de ce traître sang. Je ne veux pas que cet enfant connaisse la peur ou la haine, dans l'âge où l'on n'a point encore le calme de la force.

Lucilio débarrassa le marquis de son manteau, de son casque et de ses armes, et, lorsqu'ils eurent monté un étage, ils trouvèrent Mario, pieds nus, sur la porte de la chambre.

— Ah! s'écria l'enfant en s'attachant passionnément aux grandes jambes de son oncle, et en lui parlant avec cette familiarité qu'il ne savait pas encore contraire aux usages de la noblesse, te voilà revenu? Tu n'as pas de mal, mon ami chéri? Dis, on ne t'a pas fait de mal? Je croyais que ce méchant voudrait te tuer, et je voulais qu'on me laissât courir après toi! J'ai eu bien du chagrin, va! Une autre fois, quand tu iras te battre, il me faut emmener, puisque je suis ton neveu.

—Mon neveu! mon neveu! ce n'est point assez, dit le marquis en le rapportant dans son lit. Je veux être ton père. Est-ce que cela te déplaira, d'être mon fils? Et! à propos, fit-il en se baissant pour recevoir les caresses du petit Fleurial, qui semblait avoir compris et partagé les angoisses de Jovelin et de Mario, voilà un petit ami qui ne m'appartient plus. Tenez, Mario, vous en aviez si grande envie! je vous le donne pour vous consoler de votre chagrin de ce soir.

— Oui, dit Mario en mettant Fleurial dans son oreiller, je le veux bien, à condition qu'il sera à nous deux et qu'il nous aimera autant l'un que l'autre... Mais dis-moi donc, père : est-ce que le méchant homme est parti pour tout à fait?...

— Oui, mon fils, pour tout à fait.
— Et le roi le punira pour avoir tué ton frère?
— Oui, mon fils, il sera puni.
— Qu'est-ce qu'on lui fera? demanda Mario rêveur
— Je vous le dirai plus tard, mon fils. Ne songez qu'au bonheur que nous avons d'être ensemble.
— On ne m'ôtera jamais d'avec toi?
— Jamais!
Puis, s'adressant au muet:
— Maître Jovelin, n'est-ce pas une triste chose de penser à changer le doux parler de cet enfant, qui me sonne si mélodieusement dans l'oreille? Tenez, nous le laisserons me dire *tu* dans le particulier, puisque en sa bouche cette familiarité est celle de l'amour.
— Est-ce qu'il faudra que je te dise *vous*? reprit Mario étonné.
— Oui, mon enfant, à tout le moins devant le monde. C'est la coutume.
— Ah! oui, comme je disais à M. l'abbé Anjor-

rant! Mais c'est que je t'aime encore plus que lui...

— Tu m'aimes donc déjà, Mario? J'en suis content!
Mais d'où vient? Tu ne me connais pas encore.

— C'est égal, je t'aime.

— Et tu ne sais pas pourquoi?

— Si fait! je t'aime, parce que je t'aime.

— Mon ami, dit le marquis à Lucilio, il n'y a rien de
beau et d'aimable comme l'enfance! Elle parle comme les
anges se doivent parler entre eux, et ses raisons, qui n'en
sont pas, valent mieux que toute la sagesse des vieilles
têtes. Vous m'instruirez ce chérubin-là. Vous lui ferez
un bel et bon cerveau comme le vôtre; car je ne suis qu'un
ignorant, et je veux qu'il en sache plus long que moi.
Les temps ne sont plus tant à la guerre civile comme
dans ma première jeunesse, et je crois que les gentilshommes doivent se porter vers les lumières de l'esprit.
Mais tâchez de lui laisser ces simples gentillesses que la
vie des bergers lui a données. En vérité, il me repré-
sente au naturel les beaux enfants qui devaient courir,
parmi les fleurs, sur les rives enchantées du Lignon aux
claires ondes.

Le marquis, ayant pris des mains d'Adamas un cordial,
pour se remettre des fatigues de la soirée, se coucha et
s'endormit, le plus heureux des hommes.

En un temps où l'on se faisait justice soi-même, à
défaut de légalité régulière, et où la notion du pardon
eût été considérée comme une faiblesse coupable et lâche,
le marquis, bien qu'exceptionnellement enclin à une
grande douceur, pensait avoir accompli le plus sacré des
devoirs, et, en cela, il suivait les idées et coutumes de la
plus saine chevalerie.

Certes, à cette époque, on n'eût pas rencontré un
gentilhomme sur mille qui ne se fût regardé comme in-

vesti du droit de faire expirer dans les tourments, ou
tout au moins pendre sous ses yeux, un coupable tel
que d'Alvimar, et qui n'eût blâmé ou raillé l'excès de
loyauté romanesque dont Bois-Doré avait fait preuve dans
son duel.

Bois-Doré le savait bien et ne s'en souciait pas. Il avait
trois motifs pour être ce qu'il était: son instinct d'abord,
puis les exemples d'humanité d'Henri IV, qui, un des
premiers de son temps, eut le dégoût du sang versé
sans péril. Henri III, mortellement frappé par Jacques
Clément, avait été soutenu par la colère et la vengeance
au point de frapper lui-même son assassin et de le voir,
avec joie, jeté par les fenêtres; Henri IV, blessé à la
figure par Chastel, avait eu pour premier mouvement
de dire: « Laissez allez cet homme! » Enfin, Bois-Doré
avait pour code religieux les faits et gestes des héros de
l'*Astrée*.

Il était hors d'exemple, dans ce poëme idéal, qu'un
digne chevalier eût vengé l'amour, l'honneur ou l'amitié,
sans s'exposer en personne aux derniers périls. Il ne faut
donc pas trop se moquer de l'*Astrée*, et même il faut
voir avec intérêt la vogue de ce livre. C'est, au milieu
des turpitudes sanguinaires des discordes civiles, un cri
d'humanité, un chant d'innocence, un rêve de vertu qui
montent vers le ciel.

XXXIV

La première pensée du marquis à son réveil fut pour
son héritier, que, pour nous conformer au titre qui pré-
valut, nous appellerons son fils.

Il se rappelait encore assez confusément les graves événements de cette nuit agitée; mais déjà il se représentait avec lucidité les grandes questions de parure soulevées la veille à propos de son cher Mario. Il l'appela pour reprendre avec lui l'entretien commencé dans le *trésor*. Mais il n'en reçut pas de réponse, et déjà il s'inquiétait, lorsque l'enfant, éveillé et levé avant le jour, vint, tout imprégné de la fraîche odeur du matin, se jeter à son cou.

— Et d'où venez-vous sitôt, mon excellent ami? lui dit le vieillard.

— Père, répondit gaiement Mario, je viens de chez Adamas, qui m'a défendu de te dire un secret que nous avons tous les deux. Ne me le demande donc pas, c'est une surprise que nous voulons te faire.

— A la bonne heure, mon fils. Je ne demande rien. Je veux être surpris! Mais n'allons-nous point déjeuner ensemble, là, sur cette petite table, auprès de mon lit?

— Oh! je n'ai pas le temps, mon petit père! Il me faut retourner vers Adamas, lequel te prie de dormir encore une heure, si tu ne veux faire tout manquer.

Le marquis fit tout son possible pour se rendormir, mais en vain. Il se tourmenta de beaucoup de choses. Madame de Beuvre devait venir ce jour-là de bonne heure avec son père; Guillaume aussi, dans le cas où son intendant irait mieux. Le dîner était-il convenablement ordonné? Et pourrait-on présenter Mario à une dame, sous ses habits de berger des montagnes? Et ce pauvre enfant, qui ne savait pas seulement saluer, baiser la main et dire trois mots de compliment! Tout sa charme, toutes ses grâces n'allaient-ils pas être tournés en dérision et pris en mépris par des personnes que la voix du sang ne rendrait pas aveugles?

D'ailleurs, rien n'était préparé comme il convenait pour la chasse. On avait eu trop d'émotions et de soucis pour s'en occuper.

— Si Adamas était là, lui qui ne reste jamais court, il me consolerait, pensait le marquis.

Mais telle était sa condescendance pour son fidèle valet, qu'il eût feint de dormir tout le jour, si Adamas l'eût exigé de lui.

Il resta au lit jusqu'à neuf heures, sans que l'on vînt à son secours, et alors la faim et l'inquiétude le gagnant sérieusement

— A quoi pense Adamas? se dit-il en se résolvant à se lever lui-même. Mes convives vont arriver. Veut-il que l'on me surprenne en robe de chambre et avec cette face blême?

Enfin, Adamas entra.

— Eh ! monsieur, rassurez-vous ! s'écria-t-il. Me croyez-vous capable de vous oublier? Rien ne presse. Vous n'aurez point de compagnie avant deux heures après midi, madame de Beuvre vient de me le faire dire.

— A toi, Adamas?

— Oui, monsieur, à moi, qui me suis ingénié de lui envoyer un exprès pour lui faire savoir que vous aviez une grande surprise à lui faire, mais que rien n'était prêt; j'ai pris sur moi la faute, et l'ai humblement fait supplier de ne point arriver avant l'heure que je vous dis, ajoutant que vous la vouliez garder chez vous, cette nuit, avec monsieur son père, et lui donner seulement demain le régal de la chasse.

— Qu'as-tu fait là, malheureux ! Elle va me croire insensé ou incivil.

— Point, monsieur : elle a très-bien pris la chose,

disant que, de votre part, tout devait être preuve de sagesse ou de galanterie.

— Alors, mon ami, il faut nous inquiéter...

— De rien, monsieur, de rien du tout, je vous en conjure. Vous avez assez fait de votre cervelle et de votre épée la nuit dernière ; à quelles fins Dieu eût-il mis le pauvre Adamas sur la terre, si ce n'est pour vous épargner le détail des choses faciles ?

— Hélas? mon ami, il ne sera point facile, même point possible, en si peu de temps, de rendre mon héritier présentable !

— Vous croyez, monsieur ? dit Adamas avec un indescriptible sourire de satisfaction. Je voudrais bien voir qu'une chose que vous souhaitez ne fût point possible ! Oui, vraiment, là ! je le voudrais voir ! Mais permettez, monsieur, que je vous demande comment je dois faire annoncer votre héritier, lorsqu'il fera son entrée au salon de compagnie.

— Voilà qui est fort grave, mon ami; j'avais déjà songé au nom et au titre que doit porter ce cher enfant. Son père, pas plus que le mien, n'était de qualité; mais, comme je veux, par un acte, et, s'il le faut, avec la permission du roi, le faire succéder à mon titre, ainsi qu'à mes biens, je crois bien pouvoir, par anticipation, le qualifier de la manière que le serait mon propre fils. Ainsi on doit l'appeler, en ma maison, monsieur le comte.

— Ceci n'est pas douteux, monsieur ! Mais le nom Voulez-vous traiter de simple Bouron ce pauvre enfant qui mérite si bien de porter un nom plus illustre ?

— Sachez, Adamas, que je ne rougis pas du nom de mon père, et que ce nom, porté par mon frère, me sera toujours cher. Mais, comme je tiens encore plus à celui

que me donna mon roi, je veux que Mario le porte également et soit Bouron de Bois-Doré; ce qui, par coutume
et abréviation, deviendra Bois-Doré tout court.

— C'est bien ainsi que je l'entendais! Allons, monsieur, habillez-vous, mangez là, en votre chambre, avec
l'enfant; car la salle d'en bas est dans les mains de mes
décorateurs; et puis je vous ferai votre toilette. Seulement, il faudra aujourd'hui prendre les habits que je vous
demanderai de mettre.

— Fais ce que tu veux, Adamas, puisque tu réponds
de tout!

Tout en riant, mangeant et devisant avec son héritier,
le bon Sylvain fut pris tout à coup d'une grande mélancolie. Il réussit à la lui cacher. Mais, quand Adamas,
déclarant que tout allait bien, vint pour l'accommoder,
il lui ouvrit son cœur, tandis que l'enfant jouait et courait par la maison.

— Mon pauvre ami, lui dit-il, je m'étonne de ce que
les *numes célestes* qui ont si paternellement veillé sur
moi dans ces derniers jours, m'aient pourtant laissé
mettre dans un terrible embarras.

— Quel embarras, monsieur!

— Ne te souvient-il déjà plus, Adamas, que j'ai offert
mon cœur et ma vie à une belle enchanteresse, justement le matin du jour où je retrouvais Mario? Or, comme
elle n'avait pas repoussé, mais seulement ajourné mon
dessein, il résulte de ceci que je risque... selon toi!
d'avoir d'autres héritiers que cet enfant, auquel je voudrais consacrer mes jours et laisser mes biens

— Diantre! monsieur, je n'y songeais pas! Mais ne
vous affligez point! Comme c'est moi que vous ai mis ce
fatal projet en l'esprit, c'est à moi de vous trouver une
issue pour sortir d'intrigue. J'y songerai, monsieur, j'y

songerai! Ne pensez qu'à vous embellir et à vous réjouir
aujourd'hui.

— Je le veux bien. Mais quel habit me donnes-tu là,
mon ami !

— Votre habit à la paysanne, monsieur ; c'est un des
plus galants que vous ayez.

— C'est même, je crois, le plus galant ; et il m'en coûte
de me faire si brave, quand mon pauvre Mario...

— Monsieur, monsieur ! laissez-moi faire ; notre Mario
sera fort convenable.

L'habit à la paysanne du marquis était tout en velours
et satin blanc, avec une profusion de galons d'argent et
de dentelles magnifiques.

Le blanc étant alors la couleur des paysans, qui, en
toute saison, étaient vêtus de toile ou de grosse futaine,
dès qu'on se mettait tout en blanc, on se disait habillé à
la paysanne, et c'était une mode des plus recherchées.

Le marquis était certes fort plaisant en cet équipage ;
mais on était si habitué à le voir déguisé en jeune
homme, il était, de la tête aux pieds, orné de si belles
choses et de si curieux joyaux, ses parfums étaient si
exquis, et, malgré tout, il y avait tant de noblesse dans
ses vieilles grâces et de bonté aimable dans ses façons,
que, si on l'eût vu tout à coup sérieux et arrangé selon
son âge, on eût regretté l'amusement qu'il donnait aux
yeux et le contentement qu'il savait donner à l'esprit.

Vers deux heures, un galopin habillé à l'ancienne mode
féodale pour la circonstance, et placé dans l'échauguette
de la tour d'entrée, sonna d'un vieux olifant pour annoncer l'approche d'une cavalcade.

Le marquis, accompagné de Lucilio, se rendit à cette
tour pour recevoir la dame de ses pensées : il eût bien
voulu voir son héritier avec lui ; mais Mario était dans

les mains d'Adamas, et, d'ailleurs, il résultait d'un plan finalement proposé par ce dernier, et adopté avec quelques modifications par son maître, que l'apparition de l'enfant serait retardée jusqu'à la fin d'une explication délicate avec madame de Beuvre.

XXXV

Lauriane arriva, montée sur un charmant petit cheval blanc que son père avait dressé pour elle, et qu'elle gouvernait avec une gentillesse remarquable.

Grâce à son deuil, qu'elle pouvait porter désormais en blanc, elle était habillée aussi *à la paysanne*, avec une amazone de fin drap blanc, un corps de taille tout rayé de galons de soie, et un léger mouchoir de dentelle par-dessus son inséparable chaperon de veuve.

— Oui-dà ! s'écria le gros de Beuvre en voyant la toilette du marquis, vous portez déjà les couleurs de votre dame, monsieur mon gendre?

Sa fille réussit à le faire taire devant les valets ; mais, quand on fut au salon, malgré les promesses qu'il lui avait faites de se priver de toute moquerie sur ce sujet, il n'y put tenir et demanda vivement à quand la noce.

Au lieu d'être piqué ou embarrassé, le marquis fut fort aise de cette ouverture, et demanda à être entendu secrètement pour une affaire sérieuse.

On renvoya les valets, on ferma les portes, et Bois-Doré, mettant un genou en terre devant la belle petite Lauriane, parla en ces termes :

— Dame de jeunesse et de beauté, vous voyez à vos pieds un serviteur fidèle qu'un grand événement a rem-

pli d'aise et de trouble, de joie et de douleur, d'espoir
et de crainte. Lorsque j'offris, il y a deux jours, mon
cœur, mon nom et ma fortune à la plus aimable des
nymphes, je me croyais libre de tout autre devoir et affection. Mais...

Ici, le marquis fut interrompu.

— Ouais! monsieur mon gendre, s'écria de Beuvre en
affectant une grande colère et en roulant des yeux terribles, vous moquez-vous du monde, et pensez-vous que
je sois homme à vous laisser reprendre votre parole,
après avoir décoché le trait mortel de l'amour dans le
cœur de ma pauvre fille?

— Oh! taisez-vous, monsieur mon père! dit gaiement
et doucement Lauriane; vous me compromettez. Heureusement le marquis ne croira pas que je sois si ca-
pricieuse qu'après lui avoir demandé sept ans de réflexions, je me trouve déjà pressée de le sommer de sa
parole.

— Laissez-moi parler, dit le marquis en prenant la
main de Lauriane dans la sienne; je sais, ma souveraine, que vous n'avez nul amour dans le cœur, et c'est
ce qui me donne la hardiesse de vous demander mon
pardon. Et vous, mon voisin, riez de toutes vos forces,
car l'occasion est belle! Et je rirai avec vous aujourd'hui,
bien qu'hier j'aie versé beaucoup de larmes.

— Vrai, mon voisin? dit le bon de Beuvre en lui prenant son autre main. Si vous parlez sérieusement comme
vous en avez l'air, je ne rirai plus. Avez-vous quelque
peine dont on puisse vous aider à sortir?

— Dites, mon cher Céladon, ajouta Lauriane d'un air
affectueux : contez-nous vos chagrins!

— Mes chagrins sont dissipés, et, si vous me gardez
votre amitié, je suis le plus fortuné des hommes. Eh

bien, écoutez, mes amis, dit-il en se relevant avec un
peu d'effort. Vous entendîtes, avant-hier, cette prédiction à moi faite par des gens qui n'étaient pas bien sorciers : « Avant trois jours, trois semaines ou trois mois,
vous serez père? »

— Eh bien, dit de Beuvre revenant a son humeur
narquoise, vous croyez, mon brave homme, que la prédiction se réalisera?

— Elle est réalisée, mon voisin. Je suis père, et ce
n'est plus pour moi que je demande, à vous et à la divine Lauriane, sept ans d'espérance et de sincérité :
c'est pour mon héritier, c'est pour mon fils unique, c'est
pour...

Ici, la porte s'ouvrit à deux battants, et Adamas, en
grande tenue, annonça d'une voix claire et avec un air
de triomphe :

— M. le comte Mario de Bois-Doré!

La surprise fut pour tout le monde ; car le marquis
n'attendait pas si vite l'apparition de son enfant, et il
ne savait encore en quel équipage on réussirait à le
produire.

Quelle fut sa joie lorsqu'il vit entrer Mario vêtu à la
paysanne, c'est-à-dire d'un habit exactement semblable
de forme et de tissus à celui qu'il portait lui-même ; le
pourpoint de satin à mille petits crevés sur les bras ; le
colletin sans ailerons (pourpoint de dessus à épaulettes,
mais sans manches pendantes), en velours blanc crevé
d'argent; les chausses flottantes, de quatre aunes de
large, froncées jusqu'au-dessous du genou, garnies de
boutons de perles et un peu ouvertes de côté pour
laisser sortir *la rose* de la jarretière; les bas de soie,
avec les souliers *à pont-levis* fermés de roses; la fraise
à confusion, c'est-à-dire à plusieurs rangs inégaux avec

les *rebras* assortis, le feutre à plumes, des diamants partout, un petit baudrier tout brodé de perles, et une petite rapière qui était un vrai chef-d'œuvre !

Adamas avait passé la nuit à choisir, à méditer, à tailler et à ajuster; la matinée, à essayer. L'adroite Morisque et quatre ouvrières, levées avant le jour, avaient cousu avec rage. Clindor avait fait dix lieues pour trouver le chapeau et la chaussure. Adamas avait composé, emplumé, orné, inventé, arrangé, et le costume, plein de goût, bien coupé et assez solide pour durer quelques jours sans être refait, allait à merveille.

Mario, enrubané et parfumé comme le marquis, frisé naturellement et portant, sur la mèche ou *moustache* de l'oreille gauche, une *rose* (on dirait aujourd'hui un *chou*) de rubans blancs, avec un gros diamant au milieu et de la dentelle d'argent en dessous, se présenta avec grâce.

Il n'était pas plus emprunté que s'il eût été élevé en gentilhomme. Il portait sa rapière avec aisance, et sa touchante beauté ressortait dans tout ce blanc, qui lui donnait l'air candide d'une jeune fille.

Lauriane et son père furent si émerveillés de sa figure et de ses mouvements, qu'ils se levèrent spontanément comme pour recevoir quelque fils de roi.

Mais ce n'était pas tout. Adamas, en bichonnant son petit seigneur, avait essayé de lui apprendre un compliment, tiré de l'*Astrée*, pour Lauriane. Retenir quelques phrases par cœur, ce n'était pas une affaire pour l'intelligent Mario.

—Madame, dit-il avec un gentil sourire, « il est bien impossible de vous voir sans vous aimer, mais plus encore de vous aimer sans être extrême en cette affection.

Permettez que je baise mille et mille fois vos belles mains, sans pouvoir, par tel nombre, égaler celui des morts que le refus de cette supplication me donnera... »

Ici, Mario s'arrêta. Il avait appris très-vite, sans comprendre et sans réfléchir. Le sens des mots qu'il disait lui parut tout à coup très-comique ; car il n'était nullement disposé à tant souffrir, si Lauriane lui refusait les mille et mille baisers qu'il ne tenait pas à ce point à lui donner. Il eut envie de rire et regarda la jeune dame, qui avait envie de rire aussi, et qui, d'un air sympathique et enjoué, lui tendait les deux mains.

Il mit l'étiquette de côté, et, obéissant à sa confiance naturelle, il lui jeta les deux bras autour du cou et l'embrassa sur les deux joues, en lui disant de son crû :

— Bonjour, madame ; je vous prie de me vouloir du bien, car vous me semblez bonne personne et je vous aime déjà beaucoup.

— Pardonnez-lui, dit le marquis, c'est un enfant de la nature...

— C'est pour cela qu'il me plaît, répondit Lauriane, et je le dispense de toute cérémonie.

— Voyons, voyons ! dit de Beuvre, qu'est-ce que cela signifie, mon voisin, ce beau garçon-là ? S'il est à vous, je vous en fais mon compliment ; mais je ne vous aurais pas cru...

On annonça Guillaume d'Ars avec Louis de Villemort et un des jeunes Chabannes, qui étaient venus chez lui le matin, et à qui il avait conté la merveilleuse recouvrance du fils de Florimond.

— Est-ce lui ? s'écria-t-il en entrant et en regardant Mario. Oui, c'est mon petit bohémien. Mais comme il est joli, à présent, mon Dieu ! et comme vous devez être content, mon cousin ! Tudieu, mon gentilhomme ! dit-il

à l'enfant, que vous avez donc là une belle épée et une
vaillante toilette! Vous voulez faire honte à vos voisins
et amis! Vous nous écrasez, je le vois, et on ne paraît
plus rien auprès de vous. Çà, dites-nous votre petit nom
et faisons connaissance; car nous sommes parents, s'il
vous plaît, et je pourrai peut-être vous servir à quelque
chose, ne fût-ce qu'à vous apprendre à monter à cheval!

— Oh! je sais, dit Mario. J'ai monté sur *Squilindre*!

— Sur le gros cheval de carrosse! Et, dites-moi, mon
maître, lui trouvâtes-vous le trot doux?

— Pas trop, dit Mario en riant.

Et il se mit à jouer et à babiller avec Guillaume et ses
compagnons.

— Ah çà! dit de Beuvre en prenant Bois-Doré à l'écart,
mettez-moi donc dans le secret, car je n'y suis pas. Vous
nous en donnez à garder, mon voisin! vous n'avez point
procréé ce beau petit! Il est trop jeune pour cela. C'est
quelque enfant d'adoption?

— C'est mon propre neveu, répondit Bois-Doré; c'est
le fils de mon Florimond, que vous avez aimé aussi, mon
voisin!

Et il raconta devant tous, avec preuves à l'appui,
l'histoire de Mario, sans toutefois prononcer le nom de
d'Alvimar ou de Villareal, et sans faire entendre qu'il
avait découvert et puni les assassins de son frère.

XXXVI

Devant les lettres, l'anneau et le cachet, il n'y avait
pas moyen de traiter de roman cette romanesque aventure.

Tout le monde fit fête au gentil Mario, qui, par son
bon naturel, son air affectueux et son beau regard, ga-
gnait spontanément et irrésistiblement tous les cœurs.

— Alors, dit de Beuvre à sa fille en la prenant à part,
vous voilà, non plus fiancée à notre vieux voisin, mais
à son marmot ; car il me semble que c'est ainsi qu'il lui
plaît de tourner la chose à présent.

— Dieu le veuille, mon père ! répondit Lauriane, et,
s'il y revient, je vous prie de feindre, comme moi, de
souscrire à cet arrangement, que le bonhomme est capable de prendre au sérieux.

— Il le prenait bien au sérieux quand il s'agissait de
lui ! reprit de Beuvre. La différence d'âge entre vous et
ce petit garçon se compte par années, tandis qu'entre le
marquis et vous, elle se peut bien compter par quarts
de siècle. N'importe, je vois que le cher homme a perdu
la notion du temps pour les autres aussi bien que pour
lui-même ; mais le voici qui vient à nous ! je le veux
faire enrager un peu !

Bois-Doré, sommé par de Beuvre de s'expliquer,
déclara fort gravement qu'il n'avait qu'une parole, et
qu'ayant engagé sa liberté et sa foi à Lauriane, il se regardait comme son esclave, à moins qu'elle ne lui rendît sa
promesse.

— Je vous la rends, cher Céladon ! s'écria Lauriane.

— Mais son père l'interrompit. Il voulait la taquiner
aussi.

— Non pas, non pas, ma fille ; ceci regarde l'honneur
de la famille, et votre père ne se laisse point berner ! Je
vois bien que votre capricieux et fantasque Céladon
s'est pris de tendresse paternelle pour ce beau neveu, et
qu'il aime autant désormais se trouver père sans avoir

L.   10

pris la peine d'être époux. D'ailleurs, je vois bien aussi
qu'il a en la tête de lui léguer ses biens, sans égard pour
ses enfants à venir; c'est ce que je ne souffrirai point et
ce que vous devez empêcher, en le sommant de la foi
qu'il vous a jurée.

M. de Beuvre parlait si sérieusement qu'un instant le
marquis y fut pris.

— Il faut croire, pensa-t-il, que ma fortune me rajeunit
beaucoup, et que mon voisin, qui me raillait tant, ne
me trouve plus si vieux. Où diable Adamas a-t-il pris l'i-
dée de me faire faire cette démarche?

Lauriane vit ses perplexités sur sa figure, et vint gé-
néreusement à son secours.

— Monsieur mon père, dit-elle, ceci ne vous regarde
point, vu que notre marquis ne m'a point demandé ma
main sans mon cœur; or, tant que mon cœur ne m'a
point parlé, le marquis est libre.

— Ta, ta, ta! s'écria de Beuvre, votre cœur vous
parle très-haut, ma fille, et il est aisé de voir, à votre
indulgence pour le marquis, que c'est de lui qu'il vous
parle!

— Serait-il vrai? dit Bois-Doré ébranlé; si j'avais ce
bonheur, il n'y a neveu qui tienne, et, par ma foi!...

— Non, marquis, non! dit Lauriane décidée à en finir
avec les rêveries de son vieux Céladon. Mon cœur parle,
il est vrai, mais depuis un instant seulement : depuis
que j'ai vu votre gentil neveu. La destinée le voulait
ainsi, à cause de la grande amitié que j'ai pour vous,
laquelle ne pouvait me permettre d'avoir des yeux que
pour quelqu'un de votre famille et de votre ressemblance.
Donc c'est moi qui brise nos liens et me déclare infidèle;
mais je le fais sans remords, puisque celui que je vous
préfère vous est aussi cher qu'à moi-même. Ne parlons

donc plus de rien jusqu'à ce que Mario soit en âge d'é-
prouver quelque affection pour moi, si cet heureux jour
doit arriver. En attendant, je tâcherai de prendre patience, et nous resterons amis.

Bois-Doré, enchanté de cette conclusion, baisait avec
effusion la main de l'aimable Lauriane, lorsqu'une effroyable pétarade fit trembler les vitres et *tressauter* tous
les hôtes du manoir.

On courut aux fenêtres. C'était Adamas qui faisait rage
de tous les fauconneaux, arquebuses et pistolets de son
petit arsenal.

En même temps on vit entrer dans le préau tous les
habitants du bourg et tous les vassaux du marquis,
criant à se fendre la mâchoire, de concert avec tous les
employés et serviteurs de la maison :

— Vive M. le marquis ! vive M. le comte !

Ces bonnes gens obéissaient, de confiance à un mot
d'ordre donné par Aristandre, sans savoir de quoi il
était question ; mais ce qu'ils savaient bien, c'est qu'ils
n'étaient jamais mandés au château sans qu'il retournât
de quelque largesse ou régal, et ils y venaient sans se
faire prier.

On ouvrit les fenêtres du salon de compagnie pour
entendre le *discours*, en forme de proclamation, que
débitait Adamas à cette nombreuse assistance.

Debout sur le puits, qu'il avait fait couvrir, afin de se
livrer sans danger à une pantomime animée, l'heureux
Adamas improvisait le morceau d'éloquence le plus étour-
dissant qu'eût jamais produit sa faconde gasconne et
lancé aux échos sa voix claire, aux inflexions toutes mé-
ridionales. Sa gesticulation n'était pas moins étrange
que sa diction.

Quant à la rédaction de ce chef-d'œuvre, il est à re-

grotter que la chronique ne nous l'ait point conservée ;
elle eut le sort des choses d'inspiration : elle s'envola
avec le souffle qui l'avait fait naître.

Quoi qu'il en soit, elle produisit un grand effet. Le
récit de la mort tragique du pauvre M. Florimond fit
verser des larmes ; et, comme Adamas avait le pleur
facile et s'attendrissait naïvement pour son propre
compte, il fut écouté religieusement, même des fenêtres
du salon.

On ne s'égaya qu'aux transports de joie pathétique
avec lesquels il proclama la recouvrance de Mario ; mais
l'auditoire rustique n'y trouva rien de trop.

Le paysan comprend le geste et non les mots, qu'il
ne se donne pas la peine d'entendre ; ce serait un travail, et le travail de l'esprit lui semble une chose contre
nature. Il écoute avec les yeux.

On fut donc enchanté de la péroraison, et des connais-
seurs déclarèrent que M. Adamas prêchait beaucoup
mieux que le recteur de la paroisse.

Le discours terminé, le marquis descendit avec son
héritier et sa compagnie, et Mario charma et conquit
aussi les paysans par ses manières accortes et son doux
parler.

Chargé par son père d'inviter tout le bourg à un grand
festin pour le dimanche suivant, il le fit naturellement en
des termes d'une si parfaite égalité, que Guillaume et
ses amis, et même le républicain M. de Beuvre, eurent
besoin de se rappeler que l'enfant sortait lui-même de
la bergerie, pour n'en être pas un peu choqués.

Le marquis, s'apercevant de leur blâme, se demanda
s'il ne devait pas rappeler Mario, qui s'en allait de groupe
en groupe, se laissant embrasser et rendant les caresses
avec effusion.

Mais une vieille femme, la doyenne du village, vint à lui, appuyée sur sa béquille, et lui dit d'une voix chevrotante :

— Monseigneur, vous êtes béni du bon Dieu pour avoir été doux et humain aux pauvres *ahanniers*. Vous avez fait oublier votre père, qui était un homme rude à vous comme aux autres. Voici un enfant qui tiendra de vous et qui empêchera qu'on ne vous oublie !

Le marquis serra les mains de la vieille et laissa Mario serrer les mains de tout le monde.

Il fit boire à la santé de son fils, et but lui-même à celle de la paroisse, pendant qu'Adamas faisait encore tonner son artillerie.

Comme la foule s'éloignait, le marquis aperçut M. Poulain, qui observait toutes choses sans sortir d'un petit hangar, où il s'était placé comme dans une loge de spectacle. Il lui coupa la retraite en allant le saluer et l'inviter à souper et en lui reprochant de ne venir jamais.

Le recteur le remercia avec une politesse énigmatique, disant, avec un feint embarras, que ses principes ne lui permettaient pas de manger avec des *prétendus*.

On disait dans ce temps-là, selon l'opinion à laquelle on appartenait, *les réformés* ou *les prétendus réformés*. Quand on disait *les prétendus* tout court, c'était l'expression d'une orthodoxie qui n'admettait même pas l'idée d'une réformation possible.

Cette expression dénigrante blessa le marquis, et, jouant sur le mot, il répondit n'avoir point de fiancés en sa maison.

Je croyais M. et madame de Beuvre fiancés avec l'erreur de Genève, reprit le recteur avec un sourire perfide ; auraient-ils divorcé, à l'exemple de M. le marquis ?

— Monsieur le recteur, dit Bois-Doré, ce n'est point

le moment de parler théologie, et je confesse n'y rien entendre. Une fois, deux fois, voulez-vous être des nôtres, avec ou sans parpaillots?

— Avec, je vous l'ai dit, monsieur le marquis, cela m'est impossible.

— Eh bien, monsieur, reprit Bois-Doré avec une vivacité dont il ne fut pas le maître, ce sera quand vous voudrez ; mais, les jours où vous ne me jugerez pas digne de vous recevoir en ma maison, vous ferez peut-être aussi bien de ne pas venir en ma maison pour me le dire ; car je me demande ce que, ne voulant point y entrer, vous venez y faire, à moins que ce ne soit de dénigrer ceux qui me font l'honneur de s'y trouver bien.

Le recteur cherchait ce qu'il appelait la persécution, c'est-à-dire qu'il désirait irriter le marquis, pour le mettre dans son tort vis-à-vis de lui.

— M. le marquis admettant tous les habitants de ma paroisse à une réjouissance de famille, j'ai cru, dit-il, y être appelé comme les autres. Je m'étais même imaginé que cet aimable enfant, dont on célèbre la recouvrance, aurait besoin de mon ministère pour être réintégré dans le sein de l'Église, cérémonie par laquelle il eût fallu peut-être commencer les réjouissances.

— Mon enfant a été élevé par un véritable chrétien et par un véritable prêtre, monsieur! Il n'a besoin d'aucune réconciliation avec Dieu ; et quant à cette Morisque sur le compte de laquelle vous croyez être si bien instruit, sachez qu'elle est meilleure chrétienne que bien des gens qui s'en piquent. Soyez donc en paix, et venez chez moi à visage découvert et sans arrière-pensée, je vous en prie, ou n'y venez point du tout, je vous le conseille.

— La franchise est dans mon intention, monsieur le marquis, répondit le recteur en élevant la voix ; et la preuve, c'est que je vous demande sans détour où est M. de Villareal et d'où vient que je ne le vois point en votre compagnie.

Cette insidieuse brusquerie faillit démonter Bois-Doré.

Heureusement Guillaume d'Ars, qui se rapprochait de lui en ce moment, avait entendu la question, et il se chargea d'y répondre.

— Vous demandez M. de Villareal, dit-il en saluant M. Poulain. Il est parti de ce château avec moi hier au soir.

— Excusez-moi, reprit le recteur en saluant Guillaume avec plus d'égards qu'il n'en montrait à Bois-Doré. Alors c'est chez vous, monsieur le comte, que je puis lui adresser une lettre?

— Non, monsieur, répondit Guillaume dépité de cette instance. Il n'est point chez moi aujourd'hui...

— Mais, s'il a été faire une promenade, vous attendez son retour, ce soir ou demain au plus tard, je suppose?

— Je ne sais point quel jour il rentrera, monsieur : je n'ai pas coutume de questionner les gens. Mais venez donc, marquis; on vous réclame au salon.

Il entraîna Bois-Doré vers les de Beuvre, pour couper court aux investigations du recteur, qui se retira avec un étrange sourire et une humilité menaçante.

— Vous parliez de M. de Villareal, dit de Beuvre au marquis; je vous ai entendu prononcer son nom. D'où vient donc que nous ne le voyons point céans? Est-il malade?

— Il est parti, dit Guillaume, que ces interrogations devant de nombreux témoins gênaient et inquiétaient beaucoup.

— Parti pour ne plus revenir? dit Lauriane.

— Pour ne plus revenir, répondit Bois-Doré avec fermeté.

— Eh bien, dit-elle après une petite pause, j'en suis contente.

— Vous ne l'aimiez point? dit le marquis en lui offrant son bras, tandis que Guillaume marchait auprès d'elle.

— Vous allez me trouver folle, répondit la jeune dame; eh bien, je me confesserai quand même. Je vous en demande pardon, monsieur d'Ars, mais votre ami me faisait peur.

— Peur?... C'est singulier, d'autres personnes m'ont dit de lui la même chose! D'où vient, madame, qu'il vous faisait peur?

— Il ressemble décidément à un portrait qui est chez nous, et que vous n'avez peut-être jamais vu... dans notre petite chapelle! L'avez-vous vu?

— Oui! s'écria Guillaume frappé; je sais ce que vous voulez dire. Il lui ressemblait, sur ma parole!

— Il lui ressemblait? Vous parlez de votre ami comme s'il était défunt!

Mario vint interrompre cette causerie. Lauriane, qui l'avait déjà pris en grande amitié, voulut lui donner le bras pour rentrer.

Guillaume et Bois-Doré restèrent un instant seuls, en arrière de la société.

— Ah! mon cousin, dit le jeune homme au vieillard, n'est-ce point une chose bien déplaisante que d'avoir à cacher mort d'homme, comme si l'on avait à rougir de quelque lâcheté, quand, au contraire...

— Pour moi, j'eusse aimé mieux la franchise, répondit le marquis. C'est vous qui m'avez condamné à cette feinte; mais si elle vous pèse...

— Non, non! Votre recteur semble avoir des soupçons. Mon d'Alvimar faisait fort le dévot. La soutane
serait pour lui, et c'est jouer trop gros jeu dans le pays
où nous sommes. Taisons-nous encore jusqu'à ce que
la manière dont votre frère a été lâchement occis soit
bien répandue, et montrez-en la preuve à tout le monde
sans nommer les coupables. Quand vous les nommerez,
on sera tout disposé à les condamner. Mais, dites-moi,
marquis, savez-vous si le corps de ce malheureux ?...

— Oui, Aristandre s'en est enquis. Le frère oblat a
fait son office.

— Mais comprenez-vous quelque chose à ce d'Alvimar, mon cousin ? Un homme si bien né, et qui montrait
de si bonnes manières !

— L'ambition de cour et la misère d'Espagne ! répondit Bois-Doré. Et puis, tenez, mon cousin, il m'est
venu souvent en la pensée un paradoxe philosophique :
c'est que nous sommes tous égaux devant Dieu, et qu'il
ne fait pas plus de cas de l'âme d'un noble que de celle
d'un vilain. Voilà le point où le populaire calviniste ne
se trompe peut-être point trop ?

— Eh! eh! reprit Guillaume, à propos de calvinistes,
mon cousin, savez-vous que les affaires du roi vont mal,
là-bas, et que l'on ne prend pas du tout Montauban ?
J'ai su à Bourges, de gens bien informés, qu'au premier
jour on lèverait le siége, et ceci pourrait bien changer
encore une fois toute la politique. Tenez, vous vous
êtes peut-être un peu trop pressé d'abjurer, vous !

— Abjurer, abjurer, dit Bois-Doré en hochant la
tête. Je n'ai jamais rien abjuré, moi! Je réfléchis, je
discute avec moi-même, et, selon qu'il me vient de
bonnes raisons, j'admets une forme ou l'autre. Au
fond...

— Au fond, vous êtes comme moi, dit Guillaume en riant, vous ne vous souciez que d'être honnête homme.

— Le souper, quoique très-intime, fut servi avec un luxe inouï. La salle était décorée de feuillages et de fleurs enlacés de rubans d'or et d'argent ; les plus fines pièces d'orfévrerie et de faïencerie furent exhibés ; les mets et les vins les plus exquis furent offerts.

Cinq ou six des meilleurs amis ou voisins étaient arrivés au dernier coup de cloche ; c'était encore une surprise pour le marquis. Adamas avait dépêché des courriers dans tous les environs.

Il n'y eut point de musique durant le repas ; on voulait parler, on avait tant de choses à se dire ! On se contenta d'annoncer chaque service par une fanfare dans le préau.

Lauriane prit place en face du marquis avec Mario à sa droite.

Lucilio fut de la fête ; on ne redoutait la malveillance d'aucun convive.

XXXVII

Une demi-heure après qu'on fut sorti de table, Adamas pria son maître de monter, « avec sa compagnie, en la salle des Verdures, » où une nouvelle surprise était préparée.

C'était un divertissement dans le goût de l'époque, mais tel qu'on avait pu l'exécuter à la hâte dans un petit local.

Le fond de la salle était arrangé en manière de

théâtre avec de riches tapis sur quelques tréteaux, des étoffes pour cadre et des feuillages naturels pour coulisses.

Quand on eut pris place, Lucilio joua un beau morceau d'ouverture, et le page Clindor parut sur la scène, en costume de berger de fantaisie. Il chanta des couplets rustiques assez jolis, vu qu'ils étaient de la façon du maître Jovelin; puis il se mit à garder ses moutons, de véritables agneaux enrubanés et bien lavés, qui se comportèrent assez décemment sur la scène. Flourial, le chien du berger, joua aussi très-convenablement son rôle.

La sourdeline fit entendre une musique somnolente et douce, au son de laquelle le berger s'endormit.

Alors un vénérable vieillard s'avança, cherchant avec angoisse jusque dans les poches du dormeur et dans la laine des moutons. Il avait une si plantureuse barbe, des cheveux et des sourcils blancs tellement touffus, qu'on ne le reconnut pas d'abord; mais, quand il eut à déclamer quelques vers de sa façon pour exprimer le sujet de sa peine, on partit d'un joyeux rire en retrouvant l'accent gascon d'Adamas.

Ce vieillard éploré courait après le Destin, qui lui avait ravi son jeune maître, l'enfant adoré de son seigneur.

Le berger, éveillé en sursaut, lui demanda ce qu'il souhaitait. Il y eut entre eux un dialogue libre, où l'on répéta bien des fois la même chose, ce qui, selon Adamas, avait l'avantage de faire saisir aux spectateurs ce qu'il lui plaisait d'appeler le nœud de la pièce.

Le berger aida le vieillard dans ses recherches, et ils allaient attaquer un petit fort placé dans les branches, au fond du théâtre et censé dans le lointain, lequel fort n'était autre que celui apporté jadis en croupe du château de Sarzay par le marquis, lorsqu'un épouvantable géant, habillé d'une manière fantastique, s'opposa à leur dessein.

Ce géant, représenté par Aristandre, s'exprima d'abord dans une langue inconnue. Comme il s'était déclaré incapable de retenir trois paroles apprises, Lucilio, qui avait bien voulu aider Adamas dans la mise en scène de sa composition, avait autorisé le carrosseux, en sa qualité de géant, à articuler, au hasard, des syllabes sans suite et dépourvues de sens; il suffisait qu'il eût l'air terrible et la voix formidable.

Aristandre se conforma fort bien à cette prescription, mais, comme Adamas l'insultait et le provoquait de la façon la plus vive, le traitant d'ogre, d'enchanteur et de monstre, le bon géant, voulant ne pas rester court, laissa échapper, en franc Berrichon, des juraments si épouvantables que l'on dut se hâter de le tuer pour l'empêcher de scandaliser l'assistance.

Cette scène déplut à Fleurial, qui n'était pas brave, et qui sauta par-dessus la rampe de bougies pour venir se réfugier dans les jambes de son maître.

Quand ce monstre de carrosseux fut étendu de son long sous la vaillante épée de bois d'Adamas, le petit fort s'écroula comme par enchantement, et l'on vit apparaître à sa place une sibylle.

C'était la Morisque, à qui l'on avait confié de belles étoffes d'Orient, et qui s'en était arrangée avec beaucoup de goût et de poésie.

Elle était fort belle ainsi et fut saluée de grands applaudissements.

Pauvre Morisque! élevée dans l'esclavage et brisée dans la persécution, heureuse ensuite d'un toit de paille

et du plus humble travail sous la protection d'un pauvre
prêtre, c'était la première fois de sa vie qu'elle se voyait
richement vêtue, accueillie avec affection par des gens
riches, et applaudie pour sa grâce et sa beauté, sans
arrière-pensée outrageante.

Elle ne comprit pas d'abord; elle eut peur, elle voulut
s'enfuir. Mais Adamas se servit à propos des cinq ou six
mots d'espagnol qu'il savait, pour la rassurer tout bas et
lui faire comprendre qu'elle plaisait.

Mercédès chercha des yeux la personne qui l'inté-
ressait le plus dans l'auditoire, et vit près d'elle
dans la coulisse, le directeur Lucilio qui l'applaudissait
aussi.

Une flamme jaillit de ses yeux noirs; puis, effrayée de
cet éclair de bonheur, dont elle ne se rendait pas compte,
elle abaissa ses longues paupières, qui dessinèrent leurs
ombres veloutées sur ses joues brûlantes. Elle parut
encore plus belle sans que l'on sût pourquoi, et on l'applaudit de nouveau.

Quand elle eut repris courage, elle chanta en arabe;
après quoi, elle fit, aux questions du vieillard Adamas,
des réponses dont il eut l'air de ne se point payer.

Après un débat en pantomime accompagnée de musique, elle lui promit l'enfant qu'il cherchait, à la condition qu'il subirait encore l'épreuve de combattre une
affreuse tarasque de papier doré, qui arriva sur le théâtre
en rampant et en vomissant des flammes.

L'intrépide Adamas, résolu à tout pour ramener au
bercail l'enfant de son maître, s'élança au-devant du
dragon, et il allait le percer de son glaive invincible,
lorsque la tarasque se déchira comme un vieux gant, et
le beau Mario sortit de ses flancs, habillé en Cupidon,
c'est-à-dire en satin rose et or brodé de fleurs, la tête

couronnée de roses et de plumes, l'arc en main et le
carquois sur l'épaule.

La transformation d'un enfant en Cupidon dans le
ventre d'un dragon ne nous est pas facile à saisir, dans
le scenario manuscrit d'Adamas ; mais il paraît qu'elle
fut acceptée comme fort agréable, car cette apparition
eut le plus grand succès.

Mario récita un compliment à la louange de son oncle
et de ses amis, et la sybille lui prédit les plus hautes
destinées. Elle fit sortir du buisson diverses merveilles,
une corne d'abondance pleine de fleurs et de bonbons
que l'enfant jeta aux spectateurs, puis le portrait du
marquis que l'enfant baisa pieusement, puis enfin deux
écussons coloriés en transparent, l'un aux armes des
Bouron du Noyer, l'autre à celles de Bois-Doré, accolés
sous une couronne d'où jaillit un petit feu d'artifice en
forme de soleil rayonnant.

Disons, en passant, un mot de ces armoiries du marquis.
Elles étaient fort curieuses, vu qu'elles avaient été in-
ventées par Henri IV en personne.

En style de blason, on les décrivait ainsi : « De gueu-
les, au dextrochère d'or, mouvant d'une nuée, tenant
une épée la pointe en l'air; accompagnée, en chef, de
trois gelines diadémées d'argent; » c'est-à-dire « un
écusson fond rouge, au milieu duquel un bras droit,
sortant d'une nuée d'or, tenait une épée la pointe en
l'air, dirigée vers trois poules couronnées d'argent, pla-
cées au-dessus. »

Autour de l'écusson, on lisait cette devise : *Tous sont
tels devant moi !*

Si l'on se rappelle comment notre bon Sylvain fut fait
marquis, on comprendra aisément cet emblème qu'on
eût pu regarder comme dérisoire, sans le correctif de la

devise, que l'on pourrait traduire ainsi : « Devant ce bras, il n'est point d'ennemi qui ne montre un cœur de poule. »

Le divertissement fut applaudi avec acclamation.

Le marquis pleura d'aise de voir la gentillesse de son fils et le zèle d'Adamas.

On mangea des friandises, on se disputa les caresses de Mario, et l'on se sépara à onze heures, ce qui était fort tard dans les habitudes campagnardes de ce temps-là.

Le lendemain, il y eut chasse à l'oiseau. Lauriane voulut absolument que Mario fût de la partie; elle lui prêta son cheval blanc, qui était doux et sage, et monta bravement Rosidor. Le marquis ne manquait pas de palefrois de rechange.

La chasse fut anodine, comme il convenait aux personnages qui en étaient les héros.

Mario y prit tant de plaisir que Lucilio craignait que ce ne fût trop d'enivrement subit pour cette jeune tête, et qu'on ne le rendît malade ou insensé. Mais l'enfant montra qu'il avait une excellente organisation : il s'amusait vivement de toutes ces choses nouvelles, et cependant il ne s'en grisait pas trop; au moindre appel à sa raison, il reprenait ses esprits et obéissait avec une douceur d'ange. Ses nerfs ne furent point surexcités, et il entra dans le bonheur comme dans un paradis d'amour et de liberté dont il se sentait digne.

Le souper de ce second jour de fête rassembla encore à Briantes d'autres amis; le lendemain, ce fut la fête offerte aux vassaux, un repas pantagruélique et des danses sous les vieux noyers de l'enclos.

On organisa même, sous la direction de Guillaume d'Ars, un tir à l'arquebuse.

Mario proposa aux gamins du bourg un concours à la course et à la fronde, et obtint la permission de reprendre, pour cette lutte, ses habits montagnards, où il se sentait beaucoup plus à l'aise.

Il montra une agilité et une adresse qui remplirent ses concurrents d'admiration. Aucun ne put songer un instant à lui disputer le prix ; aussi se retira-t-il modestement du concours, afin de donner équitablement le prix aux autres.

Une cérémonie à la fois ingénue et prétentieuse, assez touchante au fond, termina les fêtes.

Au centre du labyrinthe du jardin, s'élevait une petite fabrique couverte en paille et simulant une chaumière.

Le marquis appelait cette fabrique *le palais d'Astrée*.

On y porta les pauvres habits grossiers et rapiécés que Mario avait sur le corps lorsqu'il fit sa première entrée dans le manoir de ses pères. On en composa une sorte de trophée rustique avec l'humble guitare qui lui avait servi de gagne-pain en voyage, et l'on suspendit le tout dans l'intérieur de la cabane, avec des guirlandes de feuillage et un cartel où on lisait, sous la date de ce mémorable jour, ces simples paroles, choisies et calligraphiées par Lucilio : *Souviens-toi d'avoir été pauvre.*

En même temps on présenta à Mario une grande corbeille contenant douze habillements neufs qu'il eut le plaisir de distribuer à douze pauvres groupés sur le petit perron de la chaumière.

Enfin le marquis commanda, pour être placé dans la chapelle de l'église paroissiale, un petit mausolée en marbre, dédié à la mémoire du bon et saint abbé Anjorrant. Lucilio en présenta le plan et en composa l'inscription.

On se sépara des conviés, et le calme se fit au manoir de Briantes.

Le marquis se mit alors à songer sérieusement à l'éducation de son fils. Mais, s'il eût été livré à lui-même, au milieu des préoccupations d'habillement qui prenaient tant de place dans sa vie, son héritier eût fort bien pu oublier ce que l'abbé Anjorrant lui avait appris, pour n'acquérir que des notions ès-sciences de tailleur, de bottier, d'armurier et de tapissier. Heureusement Lucilio était là, et il sut arracher chaque jour quelques heures à ces frivoles influences.

Lui aussi, ce tendre cœur, il se mit à chérir ardemment l'enfant de son ami, et non-seulement à cause de l'ami, mais aussi à cause de l'enfant lui-même, qui, par sa tendre docilité et la clarté de son intelligence, rendait attrayante la tâche, d'ordinaire si fâcheuse et si maussade, de l'instituteur.

Cette tâche de Lucilio n'était cependant pas facile. Il sentait qu'il avait charge d'âme, et précisément celle d'une âme infiniment précieuse et pure. Il voulait, avant tout, faire à cette jeune conscience une forteresse de croyances et de convictions contre les orages de l'avenir. On vivait dans un temps si troublé!

Certes on ne manquait ni de lumières acquises ni d'excellentes notions de progrès. C'était l'époque des nouveautés, disait-on : nouveautés détestables selon les uns, providentielles selon les autres. La discussion était partout et chez tous et alors comme aujourd'hui, comme hier, comme toujours, le vulgaire des intelligences croyait tenir des vérités infaillibles.

Mais le monde de l'intelligence avait perdu son unité. Les esprits calmes et désintéressés cherchaient désormais la justice, tantôt dans un camp, tantôt dans l'autre; et, comme dans les deux camps il y avait souvent intolérance, erreur et cruauté, le scepticisme trouvait bien son compte à se croiser les bras et à décréter l'aveuglement et la faiblesse incurables du genre humain.

On était alors au lendemain des luttes sanglantes entre les gomaristes et les arminiens. Arminius n'était plus; mais Barnevelt venait de monter sur l'échafaud. Hugo Grotius avait été condamné à la prison perpétuelle, où il rêvait à son bel ouvrage, sa fameuse *Théorie du droit des gens*. La Réforme était profondément divisée sur la question de la prédestination. Le calvinisme, avec son effroyable doctrine fataliste, était condamné dans la conscience des hommes justes. Les luthériens de France, imitant le retour de Mélanchthon à la vérité, et abandonnant les funestes maximes de Luther sur le *self-arbitre*, défendaient maintenant la justice divine et la liberté humaine.

Mais en tout temps les hommes justes sont clairsemés. Le peuple calviniste et ses ardents ministres protestaient dans une grande partie de la France, contre ce qu'ils appelaient un retour à l'hérésie de Rome.

Ce qui se passait dans nos provinces du Midi, les fougueuses assemblées s'acharnant à une résistance devenue antifrançaise, l'esprit républicain mal entendu, secondant par entêtement et par ignorance, les funestes projets de la politique austro-espagnole, qui voulait la guerre civile en France; la résistance glorieuse, mais fâcheuse, de Montauban; tant de sang versé, tant d'héroïsme dépensé pour éterniser la lutte où Rome et l'Autriche trouvaient leur compte, prouvaient bien que la lumière était derrière un nuage, et qu'aucune conscience généreuse ne pouvait se dire : « J'irai dans cette église, j'irai dans cette armée, et j'y trouverai pure la meilleure vérité sociale de mon temps. »

Il fallait donc ne pas trop se préoccuper des faits, et, quand on était instruit et intelligent, croire à une vérité quand même, au-dessus de toutes celles qui se prêchaient par le monde, puisque le glaive, la corde, le bûcher, le meurtre, le viol et le pillage étaient les moyens de conversion des partis vis-à-vis les uns des autres.

Lucilio Giovellino réfléchit à toutes ces choses et résolut d'aller selon l'Evangile, commenté par son propre cœur; car il voyait trop bien que ce divin livre, entre les mains de certains catholiques et de certains protestants, pouvaient devenir et devenait chaque jour un code de fatalisme, une doctrine d'abrutissement et de fureur.

Il se mit donc à enseigner à Mario la philosophie, l'histoire, les langues et les sciences naturelles tout ensemble, tâchant de faire ressortir de toutes choses la logique et la bonté de Dieu. Sa méthode fut claire et ses explications concises.

Jadis éloquent, le pauvre Lucilio avait eu d'abord bien du dégoût pour la parole écrite, et même encore parfois il souffrait d'être obligé de resserrer en peu de mots sa pensée; mais à quelque chose malheur est toujours bon pour les esprits d'élite. Il lui arriva que la paresse d'écrire longtemps et l'impatience de se révéler le forcèrent et l'habituèrent à se résumer avec une clarté et une énergie transcendantes, et que l'enfant fut nourri des choses, sans détails inutiles et sans redites fatigantes.

Les leçons furent d'une étonnante brièveté, et portèrent avec elles dans ce jeune esprit la certitude, si rare en ce temps-là, et pour cause.

De son côté, Bois-Doré, tout en occupant son fils de
puérilités et de fadaises, le conserva pur et bon, grâce
à cette mystérieuse insufflation qui d'une bonne nature
se communique à une autre, sans y songer et sans le
savoir.

Tous les enfants sont portés à réagir contre l'enseignement trop formulé; ils suivent plus volontiers un
instinct qui les mène, sans savoir lui-même où il va.

Lorsque, au milieu de ses futiles préoccupations, le
marquis était dérangé pour service à rendre ou secours
à donner, il n'en témoignait jamais ni dépit ni lassi-
tude. Il se levait, écoutait, questionnait, consolait et
agissait.

Naturellement flâneur et débonnaire, il ne s'ennuyait
d'aucune plainte et ne s'impatientait contre aucun bavar-
dage de pauvre commère. Ainsi, tout en ayant l'air de
consacrer sa vie à des riens, il ne passait guère de moments dans cette vie facile et bénévole sans qu'il fît du
plaisir ou du bien à quelqu'un.

Aussi sa journée, toujours commencée avec de beaux
projets de travail pour son fils (il appelait travail le soin
de la toilette et l'enseignement des belles manières), se
passait à ne se décider sur rien, à ne rien entreprendre,
et à laisser toutes choses aux sages conclusions d'Adamas
et aux aimables caprices de l'enfant.

XXXVIII

Cependant, au bout de quelques semaines, grâce à
l'activité d'Adamas et à l'intelligence de la Morisque, on
avait réussi à équiper Mario en gentilhomme de qualité,

et même le marquis était venu à bout de lui donner
quelques notions de manége et d'escrime.

Il y avait, en outre, tous les matins, de plaisantes
séances entre le vieillard et l'enfant pour la leçon de grâces.

Le marquis faisait entrer et sortir dix fois de suite son
élève, pour lui apprendre la façon de s'introduire avec
élégance et courtoisie dans un salon, et celle de se retirer avec modestie et politesse.

— Voyez-vous, mon cher comte, lui disait-il (c'était
l'heure où il fallait se parler avec de gracieuses céré-
monies), lorsqu'un gentilhomme a passé le seuil de la
porte et fait trois pas dans un appartement, il est déjà
jugé par les personnes de mérite ou de qualité qui s'y
trouvent. Il faut donc que tout son mérite à lui et toute
sa qualité s'annoncent dans l'attitude de son corps et
dans l'air de son visage. Jusqu'à ce jour, on vous a accueilli avec des caresses et de tendres familiarités, vous
dispensant des convenances que vous ne pouviez point
savoir ; mais cette indulgence cessera vite, et, si l'on
vous voyait garder des manières rustiques sous les habits que voilà, on s'en prendrait à votre naturel ou à
mon indifférence. Travaillons donc, mon cher comte ;
travaillons sérieusement : recommençons cette révérence
qui manque de brillant, et refaisons cette entrée qui a
été molle et sans noblesse.

Mario s'amusait de cet enseignement, qui était une
occasion de se carrer dans ses plus beaux habits, de se
voir dans les glaces et de se remuer énergiquement par
la chambre. Il était si adroit et si souple, qu'il ne lui en
coûtait presque rien d'étudier cette sorte de ballet majes-
tueux auquel on l'initiait minutieusement ; et son vieux
père, beaucoup plus enfant que lui, savait rendre la leçon
divertissante.

C'était un cours complet de pantomime, où le marquis, malgré son âge, était encore excellent comédien.

— Voyez, mon fils, disait-il en se coiffant et en se drapant d'une certaine façon, voici les manières d'un matamore; regardez bien ce que je vais faire pour ne le faire jamais, sinon par jeu, et vous en abstenir en bonne compagnie.

Alors il représentait un capitan bravache au naturel, et Mario riait à se rouler par terre.

On lui permettait, pour s'amuser, de faire le capitan à son tour, et c'était le tour du marquis de rire à tomber dans son fauteuil : tant le lutin était un singe adroit et gentil!

Mais il fallait revenir à la leçon.

Le marquis lui montrait alors le personnage d'un rustre lourd, tranchant et importun, ou celui d'un pédant amer et désagréable, ou celui d'un niais décontenancé; et, comme il fallait des acteurs pour rendre la scène parlante, on faisait venir les gens de la maison. Heureux quand on pouvait retenir Adamas et Mercédès, qui s'y prêtaient avec beaucoup de gaieté ou d'esprit. Mais Adamas était actif et la Morisque laborieuse : ils demandaient toujours à s'en aller travailler pour Mario.

On se rabattait sur Clindor, qui était de bonne volonté, mais bâti comme un pantin, et sur la Bellinde, qui aimait bien à représenter une dame de qualité, mais qui faisait ce rôle de la manière la plus ridicule et la plus absurde. Le marquis l'en reprenait gaiement, et relevait ses balourdises au profit de l'enseignement de Mario, qui était passablement moqueur, et qui s'en réjouissait de manière à mortifier singulièrement la gouvernante.

Elle se piquait en s'en allant, et Mario, dans ses grands rires, oubliant que c'était l'heure de la tenue, sautait sur les genoux du marquis et l'embrassait en le tutoyant, ce que le vieillard n'avait pas le courage d'empêcher; car lui aussi s'amusait pour son compte, et ne trouvait rien de plus doux que de voir son enfant s'amuser avec lui comme un bon camarade.

Après le dîner, on montait à cheval. Le marquis s'était procuré, pour son héritier, les plus jolis genets du monde, et il était un excellent professeur. Ainsi de l'escrime; mais ces exercices fatiguaient beaucoup le vieillard, et il avait des suppléants qu'il se bornait à diriger.

Il y avait aussi un maître de blason, qui venait deux fois par semaine. Ce dernier ennuyait considérablement Mario; mais il prenait sur lui-même, avec un courage bien rare chez un enfant, pour ne rien repousser de ce que son père lui imposait avec tant de douceur.

Il se consolait de la science héraldique avec ses bons petits chevaux, ses belles petites arquebuses et les leçons de Lucilio, qui l'attachaient et l'émouvaient vivement.

Il avait pour ce muet un respect dont il ne se rendait pas compte, soit que sa belle âme sentit la supériorité d'une grande âme, soit que la vénération enthousiaste de Mercédès pour Lucilio exerçât sur lui son magnétisme; car il restait dans son cœur le fils de la Morisque, et, sentant qu'il y avait entre elle et le marquis une tendre jalousie à cause de lui, il avait l'adroite délicatesse d'être tout à l'un et à l'autre, sans éveiller l'inquiétude de ces deux cœurs d'enfants, à la fois généreux et susceptibles.

Il avait déjà fait cet apprentissage de délicatesse avec sa mère adoptive, lorsqu'ils vivaient auprès de l'abbé Anjorrant; il ne lui était pas difficile de continuer.

L'étude qui lui plaisait le plus était celle de la musique.

Lucilio, en cela encore, était un admirable maître. Son délicieux talent charmait l'enfant et le jetait dans des rêveries extatiques. Mais ce goût, qui eût absorbé tous les autres, était un peu contrarié par le marquis, lequel trouvait qu'un gentilhomme ne devait point étudier un art au point de devenir un artiste, mais savoir à fond d'abord ce que l'on appelait le métier des armes, ensuite un peu de tout, « le mieux possible, disait-il, mais rien de trop ; car un homme très-savant en une chose dédaigne les autres, et n'est plus aimable dans le monde. »

Au milieu de toutes ces préoccupations et amusements, Mario devenait le plus joli garçon de la terre. Sa peau, naturellement blanche, prenait, sous le tiède soleil d'automne de nos provinces, un ton fin comme celui d'une fleur. Ses petites mains, rudes et couvertes d'égratignures, maintenant gantées et soignées, devenaient aussi douces que celles de Lauriane. Sa magnifique chevelure châtain faisait l'admiration et l'orgueil de l'ex-perruquier Adamas.

Le marquis avait eu beau lui démontrer la grâce par principes, il avait conservé sa grâce naturelle, et, quant à celle du gentilhomme, il l'avait rencontrée dès le premier jour, en endossant le justaucorps de satin.

Les savantes études chorégraphiques qu'on lui faisait faire ne servaient donc qu'à le développer dans le sens de son organisation, qui était de celles que l'on ne fausse pas.

Dès qu'il fut nippé, le marquis le mena rendre des visites à dix lieues à la ronde.

Ce fut l'événement du pays que l'apparition de cet enfant, dont les jaloux et les commères s'étaient moqués d'abord comme d'une chimère et d'un fantôme, mais qui, chaque jour, prenait consistance et réalité.

Quand on le vit passer lestement sur son petit cheval, escorté de Clindor et d'Aristandre, à travers les rues de La Châtre, on commença à écarquiller les yeux et à se dire :

— C'était donc vrai ?

On demanda comment il s'appelait et comment il s'appellerait. Le marquis, homme de qualité, se résignerait-il à avoir pour héritier un simple petit gentillâtre ? Mais avait-il le droit de léguer son titre et ses trois gelines diadémées d'argent à un Bouron ? Le roi actuel permettrait-il cela ? N'était-ce pas contraire aux lois et aux usages de la noblesse ?

Grave question !

On en parla quinze jours durant, et puis on n'en parla plus ; car on se lasse vite des choses ardues, et, quand on voyait le vieux marquis et son petit comte aller dîner chez quelque voisin, tous deux habillés identiquement de même, soit en blanc à la paysanne, soit en bleu de ciel cannetillé d'argent, ou en satin abricot avec les plumes blanches, ou en *vert gai*, ou en *rose de pêche*, avec des rubans tissus d'argent et d'or, et tous deux gracieusement étendus sur les coussins cramoisis de la belle carroche, traînés par leurs beaux grands chevaux aussi empanachés qu'eux-mêmes, et, suivis d'une escorte de laquais qu'on eût pris pour des seigneurs, tant ils étaient bien montés, bien armés et reluisants de dorures, il n'était, soit dans la ville, soit dans les villages, soit dans les châteaux, noble, bourgeois ou vilain qui ne se levât en disant :

— Sus ! sus ! j'entends venir la grande carroche au

marquis ! Courons vitement voir passer les beaux messieurs de Bois-Doré !

Pendant que ces choses se passaient dans l'heureux pays de Berry, le midi de la France croissait en effervescence.

Vers le 15 novembre, on avait appris d'une manière certaine, à Bourges, que le roi avait été forcé de lever le siége de Montauban.

Le jeune roi était brave ; il avait pleuré en se retirant.

Luynes, qui avait prétendu réduire le parti par la corruption des chefs , avait échoué auprès de Rohan, général de la province et défenseur de la ville. Il était malheureusement prouvé que ce noble seigneur était au nombre des rares exceptions, et que le système de Luynes était efficace avec la plupart des nobles révoltés ; mais ce système d'*achètement* ruinait la France et dégradait la royauté.

Louis XIII le sentait par moments et voyait ses efforts paralysés par l'incapacité et l'indignité de son favori.

L'armée était mal tenue et mal payée. Le désordre était scandaleux ; le roi soldait trente mille combattants, et n'en avait pas douze mille effectifs pour tenir la campagne. Les officiers étaient découragés. Mayenne venait d'être tué. Le carme espagnol Domingo de Jesu-Maria, à la sainteté et à l'enthousiasme duquel les dévots allemands attribuaient la victoire de Prague, avait prophétisé en vain sous les murs de Montauban.

Les faux miracles sont plus difficiles en France qu'ailleurs. Les calvinistes relevaient donc la tête, et, dans les premiers jours de décembre, M. de Bois-Doré vit arriver chez lui M. de Beuvre, très-animé, lequel lui dit en confidence :

— Mon voisin, je viens vous consulter sur une affaire

d'importance. Vous savez qu'allié de près au duc de
Thouars, chef de la maison de la Trémouille, dont j'ai
l'honneur d'être, j'ai songé, le printemps dernier, à me
joindre aux gens de La Rochelle. Vous m'avez retenu,
m'assurant que le duc fondrait comme neige devant le
roi, ce qui est arrivé comme vous me l'annonciez. Mais
de ce que le duc mon parent a fait une faute, il ne
résulte point que j'aie eu raison de la faire aussi, et je
me reproche d'abandonner ma cause, surtout au moment
où elle reprend vigueur.

— Sans doute que la langue vous fourche, mon voisin, répondit Bois-Doré naïvement : vous voulez dire
que la cause a grand besoin de vous ; car, si vous cou-
rez à son secours parce qu'elle a le dessus, je ne vois
pas où est le mérite.

— Mon cher marquis, reprit de Beuvre, vous vous
êtes toujours piqué de chevalerie, je le sais ; mais, moi,
je suis un homme positif, et je dis les choses comme
elles sont. Vous êtes riche ; votre fortune est faite,
votre carrière est finie, vous pouvez philosopher. Moi,
sans être pauvre, j'ai perdu beaucoup du mien pour
avoir mal joué ma partie dans ces derniers temps. Je
me sens encore dispos, et l'inaction m'ennuie. Et puis
je ne peux souffrir les airs de supériorité que prennent,
en notre pays, les vieux ligueurs. Les tracasseries des
jésuites m'enragent. Si je veux vivre en paix comme
vous, il faut donc que j'abjure !

— Comme moi ? dit le marquis en souriant.

— Je sais bien que votre abjuration n'a pas fait
sonner grand'cloches, reprit de Beuvre ; mais, si peu
que ce soit, c'est encore trop tôt pour moi : j'aime mieux
me battre, et j'ai encore cinq ou six ans d'activité et de
santé pour le faire.

— Eh ! vous êtes bien gros, mon voisin !

— Vous croyez me voir grossir, parce que vous ne vous voyez point mandrer, mon voisin ! C'est vous qui devenez plus creux, et non moi qui deviens plus rebondi.

— Soit ! J'entends bien vos raisons pour faire encore cette campagne. Vous croyez qu'elle sera bonne ; mais vous vous trompez. Les chefs et les soldats, les bourgeois et les pasteurs, tout cela combat bravement à un jour donné ; mais, le lendemain, on se divise ; on se déteste, on s'injurie, et chacun tire de son côté. La partie est perdue depuis la Saint-Barthélemy, et le roi des huguenots ne l'a regagnée qu'en abandonnant la cause. Il voulut être Français avant tout ; et ce que vous voulez faire ne profitera ni à la France, ni à vous-même.

De Beuvre ne souffrait pas la contradiction. Il s'obstina et querella le marquis sur son absence de principes religieux, lui, le plus sceptique des hommes.

En le laissant causer, Bois-Doré vit bien qu'il était alléché par les bonnes conditions que la royauté était forcée de faire aux seigneurs calvinistes chaque fois qu'elle éprouvait un échec. De Beuvre n'était pas homme à se vendre, comme tant d'autres, mais à se bien battre, et à profiter, sans scrupule, de la victoire, pour se montrer très-exigeant pour son compte.

— Puisque vous êtes décidé, lui dit le marquis avec douceur, il fallait donc me le dire toute suite, et ne pas me demander mon avis. Je n'ai plus qu'une chose à vous représenter. Vous aller vous équiper et emmener les meilleurs de vos gens pour cette campagne. Songez-vous au mauvais parti que l'on peut faire à votre fille, s'il passe par la tête des jésuites de signaler votre absence à M. de Condé? Et croyez qu'ils n'y manqueront point, que le château de la Motte-Seuilly sera exposé à quelque occupation au nom du roi, exécutée, comme il arrive toujours, par de mauvaises gens ; votre fille en danger de recevoir quelque insulte...

— Je ne crains point cela, dit de Beuvre. Je serai censé à Orléans, où l'on sait que j'ai un procès. Je me dirigerai de là, sans bruit, vers la Guyenne, où je prendrai quelque vieux nom de guerre, comme c'est l'usage, pour couvrir mes biens et ma famille en mon absence; je serai le capitaine Chandelle, ou le capitaine La Paille, ou le capitaine... n'importe quoi.

— Tout cela se fait, je le sais, reprit Bois-Doré, mais ne réussit point toujours : je vous promets de défendre votre manoir autant qu'il dépendra de moi et de mon monde ; mais, si je ne craignais de vous proposer une chose inconvenante, je vous offrirais de prendre en mon logis votre Lauriane pendant cette absence.

— Offrez, offrez, mon voisin; car j'accepte et ne vois point où serait l'inconvenance. Il n'y a inconvenance pour une femme que là où il y a danger pour sa vertu ou pour sa renommée, et je ne vois nullement qu'entre vous qui seriez son grand-père, votre petit qui n'est qu'un écolier, votre philosophe à qui la langue ne saurait repousser, et votre page qui a la mine d'un singe, ma fille risque de perdre son cœur ou sa raison. Donc je vous l'amène dès demain et vous la laisse jusqu'à mon retour, certain qu'elle sera heureuse et en sûreté chez vous, et que vous serez pour elle, comme pour moi, le meilleur des amis et des voisins.

— Vous y pouvez compter, répondit Bois-Doré. J'irai la chercher moi-même. Ma carroche est assez grande; elle y pourra mettre ses effets les plus précieux, sans que l'on sache trop vite au pays qu'elle fait autre chose qu'une de ses promenades accoutumées.

XXXIX

En effet, dès le lendemain, Lauriane était installée à Briantes, dans la salle des Verdures, que l'ingénieux Adamas convertit rapidement en appartement luxueux et confortable.

La Morisque demanda à servir la jeune dame, qui lui inspirait confiance et sympathie, et Lauriane, qui avait aussi beaucoup d'estime et d'attrait pour elle, la pria de coucher dans le cabinet auprès de sa vaste chambre.

Lauriane se sépara de son père avec beaucoup de courage.

La généreuse enfant ne soupçonnait en lui aucun calcul, elle qui vivait de foi et d'enthousiasme. Elle eût difficilement compris ce que c'était que raisonner, douter et conclure en vue d'un intérêt personnel. Elle savait son père brave comme un lion, et le voyait franc par vivacité d'humeur et fierté de gentilhomme : c'en était assez pour qu'elle se fît de lui un héros.

Il sentait, lui, la candeur et la grandeur des instincts de cette jeune tête, et n'eût osé se diminuer devant elle, en montrant combien il était, plus qu'elle ne le pensait, l'*honnête homme* de son temps, c'est-à-dire celui qui faisait le moins de mal possible, tout en songeant bien à tirer son épingle du jeu.

Ce n'était plus le temps de l'idéal : on était entré « dans les ronces de cet affreux xvii° siècle; grandiose désert où la subsistance morale et matérielle va tarissant, où la nature finit par ne plus nourrir l'homme, où la terre épuisée manque sous lui (1). » Ce n'étaient pas les hommes vieillis dans les luttes du siècle précédent qui pouvaient rajeunir le siècle nouveau; mais les enfants avaient du cœur ; ils en ont toujours quand on les laisse faire !

Lauriane, enthousiasmée de la belle conduite des Rohan et des La Force à Montauban, poussait donc son père au départ, croyant qu'il ne songeait qu'à relever l'honneur de la cause, et qu'il ne voyait dans tout cela, comme elle, que la dignité et la liberté de la conscience, octroyées par Henri IV, à conserver au prix de la fortune, de la vie, s'il le fallait.

Elle ne versa pas une larme en lui donnant le dernier baiser; elle le suivit des yeux sur le chemin, tant qu'elle put le voir; et, quand elle ne le vit plus, elle rentra dans sa chambre et se mit à sangloter.

Mercédès, qui travaillait dans le cabinet, l'entendit, vint sur le seuil, et n'osa approcher. Elle regrettait de ne pas savoir sa langue pour essayer de la consoler.

Cette fille aux instincts maternels ne pouvait voir souffrir un jeune cœur sans souffrir elle-même et sans avoir besoin de le secourir. Elle imagina d'aller chercher Mario : il lui semblait qu'aucune douleur ne pouvait résister à la vue et aux caresses de son bien-aimé.

Mario vint doucement sur la pointe du pied, et se trouva tout près de Lauriane, sans qu'elle l'eût entendu venir. Lauriane était déjà sa sœur chérie. Elle était si bonne pour lui, si enjouée à l'ordinaire, si soigneuse de le faire amuser, quand il passait la journée chez elle !

En la voyant pleurer, il fut intimidé : il croyait,

(1) Michelet, lettre inédite.

comme tout le monde, que M. de Beuvre n'était absent
que pour quelques jours.

Il restait à genoux sur le bord du coussin où elle avait
posé ses pieds, et il la regardait, tout interdit; enfin il
se hasarda à lui prendre les mains.

Elle tressaillit et vit devant elle cette figure d'ange,
qui lui souriait à travers des yeux humides. Touchée de
la sensibilité de cet enfant, elle le pressa avec effusion
sur son cœur en baisant ses beaux cheveux.

— Qu'est-ce que vous avez donc, ma Lauriane? lui
demanda-t-il enhardi par cette effusion.

— Eh! mon pauvre mignon, lui répondit-elle, ta
Lauriane a du chagrin comme tu en aurais si tu voyais
partir ton bon père le marquis.

— Mais il reviendra bientôt, votre papa; il vous l'a
dit en s'en allant.

— Hélas! mon Mario, qui sait s'il reviendra? Tu sais
bien que quand on voyage...

— Est-ce qu'il va bien loin?

— Non, mais... Allons, allons, je ne veux pas te faire
de peine. Je veux aller prendre l'air. Veux-tu venir retrouver avec moi ton bon père?

— Oui, dit Mario, il est dans le jardin. Allons-y.
Voulez-vous que j'aille chercher ma chèvre blanche
pour vous amuser de ses gambades?

— Nous irons la chercher ensemble; viens!

Elle sortit en lui donnant le bras, non pas comme
une dame s'appuyant sur celui d'un cavalier, mais, tout
au contraire, comme une petite maman, passant celui
du garçonnet sous le sien.

En descendant l'escalier, ils trouvèrent Mercédès,
dont les beaux yeux doux les caressaient en passant.
Lauriane, qui se faisait entendre d'elle par signes, n'a-

vait besoin que de la regarder pour la comprendre. Elle devina sa tendre sollicitude, et lui tendit sa main, que Mercédès voulut baiser. Mais Lauriane ne le souffrit pas et l'embrassa sur les deux joues.

Jamais une chrétienne n'avait embrassé la Morisque, toute chrétienne qu'elle était elle-même. Bellinde se fût crue déshonorée de lui faire la moindre caresse, et, la tenant pour païenne, elle répugnait même à manger en sa compagnie.

L'effusion toute charmante de la noble petite dame fut donc une des grandes joies de la vie de cette pauvre fille, et, dès ce moment, elle partagea presque son amour entre elle et Mario.

Elle s'était toujours refusée à essayer d'apprendre un mot de français, s'efforçant même d'oublier le peu d'espagnol qu'elle savait, dans la crainte exagérée d'oublier la langue de ses pères, comme elle l'avait vue se perdre dans les habitudes et dans la mémoire de quelques Morisques isolés à l'étranger, dont elle n'avait pu se faire comprendre. Il lui avait suffi, jusqu'à ce jour, de pouvoir parler avec le savant abbé Anjorrant, avec Mario, et maintenant avec Lucilio. Mais le désir de parler avec Lauriane et le bon marquis lui fit surmonter sa répugnance. Elle sentit même qu'elle devait accepter la langue de ces êtres affectueux, qui la traitaient comme un membre de leur race et de leur famille.

Lauriane se chargea d'être son institutrice, et, en peu de temps, elles purent se faire entendre l'une de l'autre.

Lauriane ne tarda pas à se trouver fort heureuse à Briantes, et, si ce n'eût été l'absence de son père, dont, au reste, elle reçut vite de bonnes nouvelles, elle s'y fût même sentie plus heureuse qu'elle ne l'avait été de sa vie.

Elle était presque toujours seule à la Motte-Seuilly, le robuste de Bauvre chassant par tous les temps, aimant à se fatiguer, et n'ayant pas, malgré son affection pour elle, les mille petits soins, les délicates prévenances, les gâteries ingénieuses que le marquis savait mettre au service des femmes et des enfants.

Élevée avec un peu de rudesse, elle avait dû s'efforcer d'être un peu rude à elle-même, surtout depuis que la pensée d'un long veuvage s'était présentée à elle comme une éventualité du milieu et des circonstances où elle se trouvait. Il y avait eu des moments où, sans désirer encore de s'appuyer sur un cœur assorti à l'âge du sien, elle avait senti que son propre courage la froissait, comme une armure trop lourde pour ses membres délicats. Elle s'était endurcie par des élans de piété et de volonté ; elle s'était déjà presque imposé l'habitude de rire quand elle se sentait envie de pleurer ; mais la nature reprenait ses droits.

Seule, elle pleurait souvent malgré elle, appelant malgré elle une société, une affection, une mère, une sœur, un frère, quelque sourire, quelque condescendance qui l'aidât à respirer et à s'épanouir dans un air plus suave que l'ombre froide de son vieux manoir, le lugubre souvenir des Borgia et les récriminations politiques de son père moqueur et froissé.

Il se fit donc un rapide changement en elle à Briantes. Elle y redevint ce qu'elle avait besoin d'être, ce qu'elle ne pouvait cesser d'être que par une tension pénible de sa volonté, ce que la nature voulait encore qu'elle fût : une enfant.

Le marquis, débarrassé avec joie de la pensée d'en faire sa femme, en fit résolûment sa fille, se plaisant même à l'idée qu'elle était si jeune, qu'il pouvait bien, sans se trop vieillir, la regarder comme la sœur aînée de Mario.

D'ailleurs sa bizarre coquetterie arriva à s'accommoder de deux enfants encore mieux que d'un seul. Ces jeunes compagnons, dont il aimait à porter les couleurs tendres et à partager les amusements naïfs, le rajeunirent dans son estime, au point qu'il se persuadait parfois être lui-même un adolescent.

— Tu vois, disait-il à Adamas, il y a des gens qui vieillissent ; moi, je ne saurais leur ressembler, puisque je ne me plais qu'avec la jeunesse innocente. Je te jure, mon ami, que je suis revenu à mon âge d'or, et que j'ai les idées aussi pures et aussi riantes que cette mignonne et ce chérubin.

Lauriane, Mario et le marquis devinrent donc inséparables, et leur vie s'écoulait dans une continuité d'amusements entremêlés de bonnes études et de bonnes actions.

Lauriane n'avait pas été élevée du tout. Elle ne savait rien. Elle voulut assister aux leçons que Jovelin donnait à Mario dans le grand salon. Elle écoutait, en brodant un siége de tapisserie aux armes du marquis, et, quand Mario avait lu ou récité sa leçon, il mettait sur ses genoux les démonstrations écrites de Lucilio pour les lire avec elle. Lauriane s'étonnait de comprendre aisément des choses qu'elle avait cru être au-dessus de l'intelligence d'une femme.

Elle se plaisait beaucoup à la leçon de musique et faisait quelquefois sa partie de téorbe avec agrément, tandis que la Morisque chantait ses douces complaintes.

Le marquis, étendu sur sa grande chaise, regardait, pendant ces petits concerts, les personnages de la tapisserie d'Astrée, et, croyant les voir agir ou les entendre

chanter eux-mêmes, il s'assoupissait dans une béatitude
délicieuse.

Lucilio prenait aussi sa part de ce bonheur de famille,
qui lui faisait oublier un peu la solitude de son cœur et
l'effroi de son avenir.

L'austère et naïf philosophe était encore en âge d'aimer ; mais il croyait ne devoir plus aspirer à l'amour,
et, après en avoir connu plus d'une fois les nobles flammes, il redoutait de tomber dans quelque liaison sen-
suelle, où son âme ne serait point comprise. Il se rési-
gnait donc à vivre de dévouement aux autres et d'oubli
définitif et absolu de toute illusion.

Lui qui avait supporté la prison, l'exil, la misère et
subi le martyre, il s'exhortait à vaincre le désir du bonheur comme il avait vaincu tout le reste, et sortait toujours de ces méditations apaisé et triomphant , mais
triomphant comme on l'est après la question ; un mélange de fièvre et d'anéantissement, l'âme d'un côté, le
corps de l'autre, une vie dont l'équilibre est rompu et
où l'esprit ne sait plus bien dans quel monde il se
trouve.

Lucilio s'exagérait pourtant son malheur. Il était
aimé, non par une intelligence, — c'est là ce qu'il lui
eût fallu, du moins il le croyait, pour se réconcilier
avec sa tragique destinée, — mais par un cœur.

Mercédès était, devant sa science et son génie, comme
une rose devant le soleil. Elle en buvait les rayons sans
les comprendre ; mais elle était éprise de sa douceur,
de son courage et de sa vertu, et son âme tendre était
prosternée devant lui. Elle ne s'en défendait pas, car
elle s'en faisait une religion et un devoir ; seulement,
elle ne disait rien, parce qu'elle avait plus de crainte
que d'espérance.

Nous ne devons pas oublier de mentionner en son lieu une petite révolution domestique qui arriva au château de Briantes, quelques jours après le départ de M. de Beuvre ; car l'importance de ce mince événement de famille se fit sentir gravement plus tard aux trop heureux habitants du manoir.

Bien que, des beaux messieurs de Bois-Doré, le plus jeune ne fût pas toujours le plus enfant, Mario avait bien quelquefois ses accès d'espièglerie, surtout quand, selon l'expression d'Adamas, « il se montait la tête avec la mignonne madame. » Il était trop bon et trop aimant pour molester jamais bêtes ni gens; jamais il n'eut à se reprocher d'avoir tiré l'oreille à Fleurial, ni adressé un mot désagréable à Clindor ; mais les choses inanimées ne lui inspiraient pas toujours le respect que certaines d'entre elles inspiraient au marquis. De ce nombre étaient les petites statues du roman d'*Astrée*, qui décoraient les jardins d'*Isaure* et le fameux labyrinthe, et l'antre de la vieille Mandrague, dont il s'était beaucoup amusé dans les premiers jours, mais qui, peu à peu, l'ennuyèrent comme des jouets trop immobiles.

Un jour qu'il essayait un assez grand sabre de bois qu'Aristandre avait taillé pour lui, il fit mine d'en menacer un personnage de stuc, qui représentait le *dissimulé* Filandre, c'est-à-dire le *feint* Filandre, parce que, ressemblant *à s'y méprendre* à sa sœur Callirée, il prit, comme l'on sait, ses habits de femme pour s'introduire dans l'intimité de la nymphe qu'il aimait.

Le berger était représenté sous ce déguisement féminin, et l'artiste chargé de la création des personnages, se fiant à la ressemblance bien avérée du frère et de la sœur, s'était permis une petite épargne d'imagination, en faisant servir un même modèle aux deux exemplaires placés en face l'un de l'autre, avec ceux d'Amidor, de Daphnis, etc., dans la rotonde de verdure, dite *bosquet des méprises d'amour*.

Aussi, pour distinguer le frère de la sœur, le marquis avait-il écrit au crayon, sur le piédestal du frère, un fragment de ce long monologue qui commence ainsi : « O outrecuidé Filandre, qui pourra jamais excuser ta faute ? etc. »

La figure de ce malin personnage était si stupide, que Mario, sans le haïr précisément, aimait à le railler et à le menacer. Il lui avait bien appliqué déjà quelques soufflets inoffensifs ; mais, ce jour-là, voyant que le défi qu'il lui portait faisait rire Lauriane, il lui lança un coup de sabre plus fort qu'il ne l'avait prévu, et fit voler dans les gazons le nez du pauvre Filandre.

A peine cet exploit fut-il accompli, que l'enfant en eut regret. Son père aimait Filandre tout autant que les autres bergers.

Lauriane, après beaucoup de recherches, retrouva ce malheureux nez dans l'herbe, et Mario, grimpant sur le piédestal, le recolla de son mieux avec de la terre glaise. Mais on était aux premières gelées, et, dès le lendemain, le nez était par terre ! On le recolla encore ; mais le dissimulé Filandre était si bêté, qu'il ne put jamais garder son nez, et que le marquis vint enfin à passer dans un moment où il ne l'avait pas.

Mario s'accusa ; le bon Sylvain vit ses remords et ne gronda point. Mais, le lendemain, ce ne fut pas seulement Filandre qui manquait de nez, c'était sa sœur Callirée, et, le surlendemain, ce fut Filidas et l'incomparable Diane elle-même !

Cette fois, Bois-Doré fut sérieusement ému et adressa de douloureux reproches à son enfant, qui se mit à pleu-

rer à grosses larmes, jurant avec sincérité qu'il n'avait
de sa vie, cassé d'autre nez que celui de l'*outrecuidé*
Filandre. Lauriane aussi protestait de l'innocence de
son jeune ami.

— Je vous crois, mes enfants, je vous crois, dit le
marquis, tout bouleversé des pleurs de Mario. Mais pourquoi ce chagrin, mon fils, puisque vous n'êtes point
coupable? Là! voyons, ne pleurez plus; je vous ai blâmé trop vite : ne m'en punissez point par vos larmes.

On s'embrassa avec effusion, mais on s'étonna de ce
massacre de nez, et Lauriane observa au marquis que
quelque méchante et sournoise personne avait dû le
faire à dessein d'en rendre Mario coupable à ses yeux.

— Cela est certain, répondit le marquis tout pensif.
L'action est des plus noires, et j'en voudrais bien tenir
l'auteur pour le condamner à perdre son propre nez!
Je lui en ferais la peur, sur ma parole!

Cependant on essaya encore de ne voir là qu'un enfantillage, et les soupçons tombèrent sur le plus jeune
commensal du manoir après Mario. Mais Clindor montra une si vertueuse indignation, que le marquis dut le
consoler aussi.

Le jour suivant, il manqua encore deux ou trois nez,
et Adamas, indigné, fit monter la garde jour et nuit dans
les jardins.

Le dommage cessa, et le bon Lucilio, touché du souci
de Bois-Doré, composa une pâte italienne au moyen de
laquelle il récolla patiemment et proprement tous ces
nez.

Mais qui pouvait être l'auteur du crime? Adamas le
soupçonnait; mais le marquis, se refusant à croire que
quelqu'un de sa maison fût capable d'une pareille infa-
mie, la rejetait sur quelque suppôt de M. Poulain.

— Ce cagot, disait-il, puisqu'il nous tient pour païens et idolâtres, se sera imaginé que nous rendions un culte à ces statues ! Et pourtant, Adamas, elles sont toutes pudiques et décemment vêtues, comme il convient qu'elles soient en un lieu où se promènent nos enfants !

— Je dirais avec vous que c'est quelque bigot qui a bien plus clairement l'envie scélérate de faire gronder M. le comte. Or, tout le monde ici se ferait tuer pour lui, tant on l'aime, hormis une personne détestable...

— Non, non, Adamas ! reprenait le généreux marquis. C'est impossible ! Ce serait trop odieux de la part d'une personne du sexe.

On commençait à oublier cette grosse affaire, lorsqu'il en arriva une pire.

FIN DU TOME PREMIER

ÉMILE COLIN — IMPRIMERIE DE LAGNY

Début d'une série de documents
en couleur

(TYPOGRAPHIE)

COLLECTION DES CHEFS D'ŒUVRE DE FRANCE

Les Beaux Messieurs
de
Bois-Doré

N° 2   GEORGE SAND

COLLECTION DES CHEFS-D'ŒUVRE DE FRANCE

Les Beaux Messieurs

de

Bois-Doré

N° 3   GEORGE SAND   10ᶜ

Les Beaux Messieurs

de

Bois-Doré

N° 4

par
GEORGE SAND

10ᶜ

COLLECTION DES CHEFS D'ŒUVRE DE FRANCE

Les Beaux Messieurs

de

Bois-Doré

par
GEORGE SAND

N° 6   10°

COLLECTION DES CHEFS-D'ŒUVRE DE FRANCE

Les Beaux Messieurs

de

Bois-Doré

N° 6

par

GEORGE SAND

10ᵃ

Les Beaux Messieurs
de
Bois-Doré

N° 7   par   **10ᶜ**
GEORGE SAND

COLLECTION DES CHEFS-D'ŒUVRE DE FRANCE

Les Beaux Messieurs

de

Bois-Doré

N° 8

par

GEORGE SAND

10c.

COLLECTION DES CHEFS-D'ŒUVRE DE FRANCE

Les Beaux Messieurs

de

Bois-Doré

N° 9

par
GEORGE SAND

10ᶜ·

COLLECTION DES CHEFS-D'ŒUVRE DE FRANCE

Les Beaux Messieurs
de
Bois-Doré

N° 10   par   10ᶜ

GEORGE SAND

Tout le monde aura sa Bibliothèque

La *Collection des Chefs-d'Œuvre de France* renferme les noms les plus célèbres de la littérature contemporaine et le choix le plus varié d'œuvres consacrées par le succès.

Chaque fascicule de trente-deux pages est mis en vente au prix de *dix centimes* : il en paraît deux par semaine, le mardi et le vendredi.

Il est offert gratuitement

avec le dernier fascicule de chaque roman, un titre et une *couverture spéciale illustrée*, d'une composition inédite, avec une explication permettant à chaque lecteur de brocher lui-même le volume.

DÉJA PARU :

**LA DAME AUX CAMÉLIAS
SCÈNES DE LA VIE DE BOHÈME
LE CHEVALIER DE MAISON-ROUGE
SOUS LES TILLEULS
LE CHEVALIER D'HARMENTAL
LES QUATRE SERGENTS DE LA ROCHELLE
LES COUPS D'ÉPÉE DE M. DE LA GUERCHE
LE COMTE DE MONTE-CRISTO
JOSEPH BALSAMO
LE COLLIER DE LA REINE
ANGE PITOU
LA COMTESSE DE CHARNY
LES TROIS MOUSQUETAIRES
CONFESSIONS DE MARION DELORME**

EN VENTE PARTOUT

Imp. Vᵛᵉ ALBOUY, 75, Avenue d'Italie, Paris.

Tout le monde aura sa Bibliothèque

Tout le monde aura sa Bibliothèque

La *Collection des Chefs-d'Œuvre de France* renferme les noms les plus célèbres de la littérature contemporaine et le choix le plus varié d'œuvres consacrées par le succès.

Chaque fascicule de trente-deux pages est mis en vente au prix de *dix centimes* ; il en paraît deux par semaine, le mardi et le vendredi.

Il est offert gratuitement

avec le dernier fascicule de chaque roman, un titre et une *couverture spéciale illustrée*, d'une composition inédite avec une explication permettant à chaque lecteur de brocher lui-même le volume.

DÉJÀ PARU :

LA DAME AUX CAMÉLIAS
SCÈNES DE LA VIE DE BOHÈME
LE CHEVALIER DE MAISON-ROUGE
SOUS LES TILLEULS
LE CHEVALIER D'HARMENTAL
LES QUATRE SERGENTS DE LA ROCHELLE
LES COUPS D'ÉPÉE DE M. DE LA GUERCHE
LE COMTE DE MONTE-CRISTO
JOSEPH BALSAMO
LE COLLIER DE LA REINE
ANGE PITOU
LA COMTESSE DE CHARNY
LES TROIS MOUSQUETAIRES
CONFESSIONS DE MARION DELORME

EN VENTE PARTOUT

Imp. Vᵉ Alhoüy, 75, Avenue d'Italie, Paris.

Tout le monde aura sa Bibliothèque

La *Collection des Chefs-d'Œuvre de l'roure* renferme les noms les plus célèbres de la littérature contemporaine et le choix le plus varié d'œuvres consacrées par le succès.

Chaque fascicule de trente-deux pages est mis en vente au prix de *dix centimes* ; il en paraît deux par semaine, le mardi et le vendredi.

Il est offert gratuitement

avec le dernier fascicule de chaque roman, un titre et une couverture spéciale illustrée, d'une composition inédite, avec une explication permettant à chaque lecteur de brocher lui même le volume.

DÉJA PARU :

**LA DAME AUX CAMÉLIAS
SCÈNES DE LA VIE DE BOHÈME
LE CHEVALIER DE MAISON-ROUGE
SOUS LES TILLEULS
LE CHEVALIER D'HARMENTAL
LES QUATRE SERGENTS DE LA ROCHELLE
LES COUPS D'ÉPÉE DE M. DE LA GUERCHE
LE COMTE DE MONTE-CRISTO
JOSEPH BALSAMO
LE COLLIER DE LA REINE
ANGE PITOU
LA COMTESSE DE CHARNY
LES TROIS MOUSQUETAIRES
CONFESSIONS DE MARION DELORME**

EN VENTE PARTOUT

Imp. V⁰ Alamny, 76, Avenue d'Italie, Paris.

Tout le monde aura sa Bibliothèque

Tout le monde aura sa Bibliothèque

Tout le monde aura sa Bibliothèque

La *Collection des Chefs-d'Œuvre de France* renferme les noms les plus célèbres de la littérature contemporaine et le choix le plus varié d'œuvres consacrées par le succès.

Chaque fascicule de trente-deux pages est mis en vente au prix de *dix centimes :* il en paraît deux par semaine, le mardi et le vendredi.

Il est offert gratuitement

avec le dernier fascicule de chaque roman, un titre et une *couverture spéciale illustrée,* d'une composition inédite, avec une explication permettant à chaque lecteur de brocher lui-même le volume.

DÉJA PARU :

LA DAME AUX CAMÉLIAS
SCÈNES DE LA VIE DE BOHÈME
LE CHEVALIER DE MAISON-ROUGE
SOUS LES TILLEULS
LE CHEVALIER D'HARMENTAL
LES QUATRE SERGENTS DE LA ROCHELLE
LES COUPS D'ÉPÉE DE M. DE LA GUERCHE
LE COMTE DE MONTE-CRISTO
JOSEPH BALSAMO
LE COLLIER DE LA REINE
ANGE-PITOU
LA COMTESSE DE CHARNY
LES TROIS MOUSQUETAIRES
CONFESSIONS DE MARION DELORME

EN VENTE PARTOUT

Imp. Vᵉ ALBOUY, 75, Avenue d'Italie, Paris.

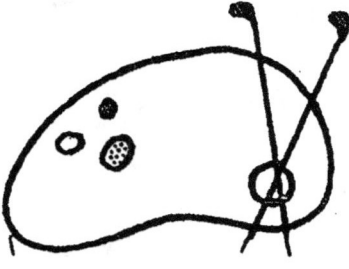

Fin d'une série de documents
en couleur

(TYPOGRAPHIE)